Psicanálise DE TRANSTORNOS ALIMENTARES

VOLUME III

ORGANIZAÇÃO

Patricia Gipsztejn Jacobsohn

Psicanálise DE TRANSTORNOS ALIMENTARES

VOLUME III

PRIMAVERA
EDITORIAL

Sumário

Apresentação

Nos últimos 22 anos, a CEPPAN firmou-se como instituição de referência nos transtornos alimentares. Temos dois grandes vieses: a pesquisa em psicanálise e o atendimento social em psicoterapia psicanalítica para pacientes com transtornos alimentares. Por atendimento social entende-se aquele adequado à possibilidade financeira de cada paciente. A importância desse tipo de atendimentos se dá, principalmente, pelo alto custo do tratamento. Uma vez que entendemos os transtornos alimentares como multideterminados, seu tratamento é multiprofissional. E, por isso, custoso. Sendo, assim, difícil – quando não impossível – para as classes menos favorecidas.

A CEPPAN tem ainda a missão de contribuir com a formação de psicanalistas de transtornos alimentares. Dessa forma, seus membros têm a possibilidade tanto de atuar clinicamente quanto de realizar o estudo teórico sistemático em transtorno alimentar. Importante mencionar aqui que todos os analistas da CEPPAN trabalham voluntariamente.

Hoje, a instituição constitui-se como um grupo forte, ativo e pulsante. Tem raízes fortes, fincadas numa teoria consistente e numa prática atual conectada com a realidade de nosso país, podendo contribuir com a atuação social, fruto da necessidade em voltar também para nós a responsabilidade da construção de uma sociedade mais justa.

Cybelle Weinberg e Ana Paula Gonzaga fundaram a CEPPAN no ano 2000. Ana Paula coordenou nosso grupo até 2013 ao lado de Cybelle. Atualmente, é colaboradora e parceira importante e querida ao nosso grupo. Cybelle esteve à frente da CEPPAN até a sua morte em 2019. Foi incansável em fortalecer nosso grupo. Ocupava-se com afinco em publicar e organizar textos sobre a psicanálise dos transtornos alimentares. Atualmente, a CEPPAN conta, além desta atual publicação, com seis livros[1] e mais um no prelo.[2] Cybelle sempre teve como grande objetivo a divulgação dos conhecimentos adquiridos, a qual fazia por meio de aulas, palestras, apresentação de trabalhos em congressos, artigos, livros e entrevistas em TV, rádio e internet. Ela tem inúmeras publicações.

Sua grandeza, porém, transcende a atuação profissional. Foi também uma mulher excepcional. De uma doçura, classe e delicadeza indescritíveis. Sua simplicidade e bom gosto na vida, penso, eram as características que ficavam patentes também nos textos acadêmicos. Poucos escrevem sobre temas tão complexos de forma tão simples quanto ela. Só ela sabia escrever com tanta profundidade e de forma tão leve. Assim era também sua presença: marcante e delicada.

A mim, pessoalmente, a despeito da herança profissional, Cybelle me ensinou a importância de aproveitar da vida, de curtir cada momento. Cybelle era pura vida. Eu dizia a ela que ela fruía a vida. Perdi uma grande amiga, mentora e coordenadora. A psicanálise e a clínica perderam uma apaixonada encantadoramente competente.

Após a dolorosa perda da Cybelle, decidimos homenageá-la colocando o seu nome na clínica. Passamos a nos chamar CEPPAN – Clínica Cybelle Weinberg de Estudos e Pesquisas em Psicanálise da Anorexia e Bulimia. Assumi, junto com a Ana Carolina Saraiva, a coordenação da CEPPAN, como era o desejo de Cybelle.

---

1 GONZAGA, A. P.; Weinberg, C. (Orgs). *Psicanálise de transtornos alimentares*. Vol. 1. São Paulo: Primavera Editorial, 2010.
WEINBERG, C. (Org.). *Psicanálise de transtornos alimentares*. Vol. 2. São Paulo: Primavera Editorial, 2016.
WEINBERG, C. *Faces do martírio*: anorexia e santidade. São Paulo: Sá, 2019.
MALZYNER, G. *Atendimento de pacientes com transtornos alimentares*: revisitando a técnica psicanalítica. São Paulo: Sá, 2019
ADAMI LAUAND, C. B. *A quem pertence essa história*: compreendendo a transgeracionalidade nos transtornos alimentares. São Paulo: Sá, 2020.
FIBE, M. *Muito corpo, poucas palavras*: clínica dos casos-limite. São Paulo: Sá, 2020.

2 JACOBSOHN, P. G. *O psicoterapeuta de transtorno alimentar: uma compreensão psicanalítica*. São Paulo: Sá.

> A psicanálise pode ser viva, frutífera e servir de base para novas pesquisas, quando trabalhada em um grupo de estudos e atendimento, nos moldes da CEPPAN.

Foi assim que a Cybelle apresentou a CEPPAN no último volume do *Psicanálise de Transtornos Alimentares*. Uma psicanálise fecunda, engajada e arejada foi seu mote – tanto com relação a sua própria atuação profissional quanto no seu desejo de que a pesquisa em psicanálise acontecesse de forma crescente.

E aqui estamos, tentando honrar o seu legado.

A primeira publicação da nossa clínica com esta nova configuração e com o novo nome é este livro que orgulhosamente apresento a vocês.

Toda a sua idealização e concepção foi planejada por Cybelle. Desde a editora, as autoras e os temas, todos foram escolhidos por Cybelle. Cada uma dessas autoras tinham especial importância e relevância para ela. Seja porque foram filhas da CEPPAN ("minhas meninas", como ela carinhosamente se referia a nós), seja porque foram interlocutoras ativas que compuseram as bases da psicanálise brasileira dos transtornos alimentares e obesidade. Muitas dessas autoras foram amigas próximas de Cybelle.

Agradeço aqui a todas as autoras, que depositaram em mim a confiança em fazer acontecer o projeto da Cybelle. E àquelas autoras que não fazem parte da CEPPAN, agradeço, mais uma vez, a valiosa contribuição e parceria conosco.

Decidimos, como forma de tentar (alucinatoriamente) presentificar a Cybelle e presentear nossos leitores, republicar um lindo texto dela na abertura do nosso livro. E no final do livro – já que fins são tristemente inevitáveis – publicar uma crônica sua justamente sobre sua doença e transtornos alimentares.

E assim temos um livro que apresenta uma psicanálise viva e frutífera tão almejada por Cybelle. O leitor encontrará aqui um rico e importante material, tanto teórico, como clínico. Autoras que se debruçaram sobre uma temática densa e complexa, sem perder a unicidade de cada manifestação ou novidade de cada recorte teórico ou de cada paciente.

Cada artigo aqui presente ajuda a firmar a importância da psicanálise como abordagem reconhecida e eficaz no tratamento dos transtornos alimentares.

Boa leitura!

– PATRICIA GIPSZTEJN JACOBSOHN

Non Ducor Duco[1]

Sobre a necessidade imperativa de controle nos transtornos alimentares

CYBELLE WEINBERG

Sentada na poltrona à minha frente, Julia, de 17 anos, conta mais uma vez como foram as brigas em sua casa. Na maioria das vezes, elas ocorrem porque os pais insistem para que ela coma, ainda que Julia acredite já ter comido o suficiente. Muito magra e com sinais de anorexia nervosa, não aceita que decidam o que e quanto ela deve comer. Por esse motivo as brigas ocorrem, principalmente, na hora das refeições. Mas, desta vez, o motivo da discussão não foi a comida. Ela está revoltada porque a mãe interfere demais em seu namoro, questionando e "se intrometendo em tudo". E na noite anterior a esta sessão, depois de ouvir a mãe contar ao pai algo que havia descoberto sobre ela e o namorado, começou a gritar e correu para o seu quarto, onde se trancou por várias horas até se acalmar.

Esse fato chamou minha atenção, porque não era a primeira vez que dizia que trancada em seu quarto, quieta e olhando para as paredes, conseguia certa tranquilidade. Diferentemente de outros adolescentes, não era no computador, ao celular ou com o som alto que conseguia se acalmar. Era na quietude e na imobilidade que parecia se recuperar. Pedi, então, que o descrevesse para mim. De início, uma descrição de um quarto comum de

1 A frase em latim *Non Ducor Duco*, que aparece escrita no brasão da cidade de São Paulo, significa "Não sou conduzido, conduzo".

garotas, com livros, CDs, bichos de pelúcia, posters... E, de repente, um item inusitado: uma grande bandeira da cidade de São Paulo, esticada na parede em frente à sua cama. Eu lhe digo apenas: *Non Ducor Duco!* E ela sorri para mim, satisfeita por ter sido compreendida: não quer que se intrometam na sua vida, que decidam o que deve vestir, comer, com quem deve namorar, que faculdade deve cursar. Enfim, que deseja conduzir sua própria vida.

Mas podemos ir um pouco adiante desse fato. A clínica nos mostra que além de quererem conduzir suas vidas, como acontece com a maioria dos adolescentes, jovens com anorexia controlam a fome e outras necessidades corporais, a família – que fica impotente frente a uma vontade férrea que as deixa à beira da morte – e, se possível, também a equipe que conduz o tratamento.

O desejo de Julia de conduzir e não ser conduzida – porque em sua vida sempre a conduziram –, ou controlar e não ser controlada, é apenas um dos muitos exemplos que ouvimos na clínica dos transtornos alimentares. Antônio, um jovem anoréxico, dizia odiar quando, na puberdade, tinha ereções espontâneas, porque não as controlava. Lúcia, 29 anos, com bulimia desde os 12, come descontroladamente, mas "decide" o que vai vomitar: come primeiro os alimentos calóricos e os vomita em seguida, repetindo esse comer e vomitar até se sentir cansada. Só depois de ter "vomitado tudo", come a salada e a deixa no estômago.

"Com Lactopurga, VOCÊ controla seu intestino!"

Impossível não associar a frase anterior, de uma propaganda de laxante veiculada nos meios de comunicação, com os relatos de pacientes que exigem de seu corpo uma submissão total às suas determinações: peso, altura (uma paciente anoréxica queria chegar a medir 1,80 m, a qualquer custo), o que e quanto comer, vomitar, evacuar, ainda que, para isso, conduzam seu corpo a um estado de sofrimento indescritível.

Como compreender, então, o sentido dessa guerra, cuja batalha final leva à morte do corpo e impede que a vitória seja saboreada pelo vencedor? O que levaria alguém a viver de um modo miserável em nome de algo estabelecido como meta? A resposta pode ser encontrada no comentário de uma jovem anoréxica, a respeito de uma modelo morta por inanição: "Tiro o chapéu para quem morre magro. Mas tem que morrer magro de anorexia, não vale morrer magro de câncer ou de aids". Uma frase como esta, impactante e absurda num primeiro momento, pode, no entanto, trazer alguma luz para o entendimento desse conflito. Porque, em última instância, trata-se de um conflito. Um conflito entre aquilo que se quer e aquilo de que o corpo necessita para continuar vivendo. Em outras palavras, entre um superego massacrante e um corpo indefeso que sucumbe nesse embate.

Diante desse quadro, a questão apresentada ao clínico é a seguinte: seriam essas manifestações expressões de uma necessidade de controle obsessivo ou sintomas de um quadro melancólico? A que se deve esse desejo de controle?

Independentemente de ser um sintoma melancólico ou obsessivo, a necessidade vital de controle é um recurso último, radical, surgido diante da impossibilidade de controlar qualquer outro aspecto da vida. Frases como "Minha mãe sempre falou por mim", "Nunca pude decidir nada", são clássicas na clínica dos transtornos alimentares e mostram como, caso não controlem ainda que apenas as necessidades corporais, a sensação é de impotência absoluta.

Outra característica marcante desses pacientes é o seu discurso autoacusatório, do tipo "Coitada da minha mãe, como eu a faço sofrer...", e sempre protetor da figura materna. Como entender essa fala, constatada facilmente na clínica? E por que essas mães permitem que seus filhos ou filhas arrisquem a vida gastando até a última de suas calorias em atividades físicas, ou que deixem filhos com ideação suicida administrarem a própria medicação?

Essas observações nos fazem lembrar, primeiramente, do conceito de identificação com o agressor, mecanismo de defesa inicialmente descrito por Ferenczi em 1932 e depois por Anna Freud em 1936. Como explicam Kahtuni e Sanches no *Dicionário do Pensamento de Sándor Ferenczi*:

> Sendo um dos possíveis efeitos do trauma na criança, a identificação com o agressor é um tipo de defesa psíquica na qual o sujeito confrontado com o objeto traumatogênico – normalmente uma figura de autoridade significativa – identifica-se com seu agressor, compreendendo suas razões e introjetando sua culpa. Isso explicaria o fato surpreendente e comum de o sujeito traumatizado comumente sair em defesa de seu agressor. (2009, p. 211)

Pensemos sobre o processo da adolescência, momento crítico e propício para o desenvolvimento de um transtorno alimentar: em um certo momento do desenvolvimento – a puberdade –, é natural e esperado que a criança comece a ter uma visão mais crítica de seus pais. Pais heróis caem por terra e é preciso suportar a raiva e a dor da perda, aceitando os pais reais e encarando a necessidade de entrar no mundo adulto, precisando abandonar o "paraíso" da infância. Porém, para a menina sem forças emocionais para elaborar esse luto, restaria apenas uma saída: incorporar a mãe idealizada, afastando a dor da desidealização. Ao comprometer o processo de identificação, ela estaria impedida de seguir em frente no caminho em direção à feminilidade: quando deveria imitar a mãe, busca apagar em si qualquer traço lembrando um corpo de mulher. Negando a perda, vive em um eterno presente, controlando tudo: o outro incorporado, a realidade, o corpo, o tempo e até a morte, se pensarmos como vivem à beira do abismo... A acusação dirigida a si mesma revelaria, por um lado, a raiva sentida por essa mãe (por não ser a mãe amorosa, idealizada por ela) e, por outro, o quanto está unida a ela.

Em *Luto e Melancolia*, de 1915, Freud nos diz que se observarmos com atenção um paciente nessas condições, veremos que as críticas e depreciações feitas contra si não se aplicam verdadeiramente a si mesmo, mas a alguém que ele "ama, amou, ou deveria amar". E que "as autorrecriminações são recriminações feitas a um objeto amado, que foram deslocadas desse objeto para o ego do próprio paciente" (1974, p. 280).

Ao considerarmos esses aspectos – necessidade de controlar, recusa em aceitar a realidade, dificuldade em elaborar perdas, discurso autoacusatório –, podemos associar os transtornos alimentares à melancolia e, com isso, chamar a atenção para a sua gravidade, pois, como afirma Berlinck (2011), "em suas manifestações mais intensas, a melancolia pode ser vista como psicose".

Referências bibliográficas

BERLINCK, M. T. "Prefácio". Em: BURTON, R. *A anatomia da melancolia*. Curitiba: UFPR, 2011.

KAHTUNI, H. C.; SANCHES, G. P. *Dicionário do pensamento de Sándor Ferenczi:* uma contribuição à clínica psicanalítica. Rio de Janeiro: Elsevier; São Paulo: Fapesp, 2009.

FREUD, S. "Luto e melancolia". Em: Edição Standard Brasileira das Obras Completas de Sigmund Freud. Vol. XIV. Rio de Janeiro: Imago, 1974.

Artigo publicado originalmente em *Eating Disorders*, suplemento da Revista Latinoamericana de Psicopatologia Fundamental, v. 15, n. 3, setembro de 2012.

O encontro dos corpos na clínica: o oco do corpo obeso e o corpo do analista

ALINE EUGÊNIA CAMARGO

> Tirando a arte, as rosas, o mar, (…) que interesse tem a vida? Tirando a fantasia que nos arranca à escuridão parada dos dias sucedendo-se indistintamente, o que vale o tempo que nos foi dado ou que viemos procurar?
> **– Figueiredo, 2018, p. 199**

Falar de obesidade é, antes de tudo, falar da diferença dos corpos. Que efeito produz em nós o corpo do semelhante? E quando o corpo do outro é dissemelhante, portando uma diferença significativa que nos provoca a digerir a diferença? O que podemos pensar dos afetos que brotam nesse encontro?

Isabela Figueiredo (escritora moçambicana) em seu livro *A Gorda* (2018), na maestria de sua escrita, nos convida a entrar no universo afetivo do gordo e a nos afetar com seus deleites e seus sofrimentos, com seu modo próprio de viver e contar sua história. Ela fala de modo contundente da dolorosa rejeição que sofre, e é nesse sentido que os convidamos a entrar nesse universo, acreditando que a reflexão sobre essa questão possa trazer mudança em nosso modo de olhar e sentir a relação com este outro.

Assim começa…

> Quarenta quilos é muito peso. Foram os que perdi após a gastrectomia: era um segundo corpo que transportava comigo. Ou seja, que arrastava. Foi como se os médicos me tivessem separado de um gêmeo siamês que se suicidara de desgosto e me dissessem, no final, "fizemos o nosso trabalho, faça agora o seu e aguente-se. Aprenda a viver sozinha!". (2018, p. 17)

Maria Luísa em reflexões dos tempos da adolescência: "[...] nesse tempo, já sei que não sou uma rapariga que se ame, mas um trambolho acima do peso" (2018, p. 109).

Quando adulta:

> O meu namoro foi piorando [...]. Só namorada que os amigos aprovassem. [...] A sua vergonha de mim impunha-se como uma ferida impossível de sarar, constantemente esmagada pela confessada rejeição, que era a dos outros, mais que sua, e encerrava um preconceito que o amor teria que transpor [...]. Todo esse discurso confirmava a minha impossibilidade de inclusão no mundo feminino. Eu não era uma mulher, mas uma massa disforme de carne sem valor. (2018, p. 161)

O tema da rejeição das diferenças tem sido trabalhado por diversos autores e reflete as questões narcísicas no campo das relações sociais. Muito se tem produzido sobre o tema da intolerância, e considero que a rejeição do gordo na sociedade ocidental deva ser incluída nas reflexões que se tecem sobre as intolerâncias raciais e de gênero, com o estrangeiro, no sentido amplo do termo: o diferente de mim.

Sabemos que o olhar da psicanálise se distingue, de saída, daquele da medicina e da cultura na medida em que aborda o sujeito do desejo, sua subjetividade. Quanto à alimentação, nos cabe olhar as marcas da história de sua inscrição pulsional, o que ocorre no seio da cultura de uma certa sociedade, na qual o trabalho do analista também está imerso. Nele, destacamos os ditames da ordem médica sobre a vida cotidiana no contexto de uma sociedade neoliberal.

Uma observação intrigante é a de que existe pouca bibliografia em psicanálise sobre a questão da obesidade frente ao grande problema de saúde pública que ela representa. Diferentemente dos quadros de transtornos alimentares (anorexia, bulimia e compulsão), que apresentam prevalência muito mais baixa e para os quais tem se produzido uma vasta e rica produção, chama a atenção também ter se consagrado o termo transtornos alimentares nos trabalhos psicanalíticos, já que se refere ao campo dos manuais médicos. Sobre esse tema, considero relevante o esforço de alguns autores que utilizam títulos jocosos para marcar as especificidades dos campos do saber,[1] bem como é possível notar nos manuais de clínica médica, nos quais a obesidade está inserida, pouca centralidade aos aspectos psicológicos que se mostram tão evidentes!

Seria uma rejeição ou recusa do campo médico e psicanalítico?

Não podemos tratar um tema tão incrustado em questões problemáticas da cultura sem citar seu aspecto social e político. Roizman (2017), em seu livro *A Obesidade "Não Toda" ou Quando a Gordura Fala*, tece sua análise passando por diferentes campos da cultura lembrando-se da carga de positivismo que incide sobre o CID e o DSM, com tendência à biologização, e deixando de fora o intrincado jogo do qual resulta a percepção do corpo no universo humano. Sabemos que não há neutralidade nas ciências e nos critérios entre o normal e o patológico. Variam com a cultura e com a ideologia do país ou com as tendências de forças políticas globais, o que incide fortemente na autoimagem dos sujeitos em dada cultura.

O autor lembra que é conhecida a influência econômica sobre os congressos de endocrinologia patrocinados pela indústria alimentícia, e os de psiquiatria, pela indústria farmacológica. Conclui-se que o corpo abordado, em questão, se torna "objeto de compra e venda" no contexto da indústria da saúde. Somos atingidos pelo apelo contraditório da propaganda propondo: "Coma muito! Alimentos hipercalóricos!", mensagem veiculada pela propaganda alimentícia. E outra: "Coma pouco e saudável! Seja magro!", mensagem veiculada pela propaganda da medicina e da ciência. Afirma que ambas são mensagens invasivas e de apelo consumista, mesmo que em sentido inverso (Roizman, 2017).

---

1 Sobre essa questão, recomendo a discussão de Fernandes (2006) sobre a especificidade dos campos da psicanálise e da medicina, sugerindo a utilização no campo da psicanálise do termo problemáticas alimentares.

É a partir dessas questões que o autor faz a crítica da "cultura de dieta", ligada ao segundo imperativo. Isso, seguramente, afeta as mães ansiosas e inseguras em sua relação alimentar com os filhos, pois já não é raro ouvir na clínica sobre dietas restritivas para bebês.

Outro aspecto interessante trazido por Roizman é o de fazer um paralelo do ideal da figura do magro em nossa sociedade pela perspectiva da *teoria queer*, que trabalha o quanto a heteronormatividade e a padronização dos corpos está a serviço do controle sociopolítico do desejo e da singularidade: pensamento que segue na esteira do pensamento de Foucault sobre o biopoder. As dietas perseguem os gordos e os magros, restringe a liberdade com seus corpos.

Sobre a obesidade

A palavra "obesidade" se refere a quem acumula uma quantidade excessiva de gordura no organismo, origem latina – *obesitas*. Para a medicina, o termo se refere à acumulação patológica de gordura no tecido subcutâneo e ao redor de certos órgãos internos. Em nossa cultura, rapidamente associa-se o sentido de doença à obesidade, vista como desvio da norma.

O tema da epidemia de obesidade tem sua relevância, já que tem aumentado muito o número de obesos, e o aumento de peso da população está relacionado aos grandes problemas de saúde pública na atualidade. Os altos índices de obesidade apontam para doenças crônicas que comprometem a saúde. Sua causa está ligada não somente a múltiplos fatores como a ingestão de dieta hipercalórica, sedentarismo, como também a fatores genéticos e a padrões de interação alimentar que deixam marcas psíquicas e somáticas precoces. Os fatores sociais apontados anteriormente em termos de pressão cultural ao consumo e ao modelo ideal de corpo magro também têm um importante papel nessa problemática apontada por muitos autores.

Que relevância têm essas questões para o analista e como se entrecruzam em seu trabalho clínico? Qual é sua relação com as vivências contratransferências que acompanham esse trabalho? Qual sua importância na clínica e no desenvolvimento das pesquisas na área?

A escuta psicanalítica se direciona para o sujeito em sua singularidade; a obesidade não será pensada como questão isolada. É preciso entender a dinâmica psíquica à qual se relaciona. A obesidade pode se manifestar em diferentes funcionamentos psíquicos. Pode ser contextualizada em quadros neuróticos ou relacionada a outros funcionamentos psíquicos não neuróticos.[2] A psicopatologia contemporânea tem trabalhado com o tema dos funcionamentos psíquicos que não se enquadram nas categorias clássicas psicanalíticas.

> Uma das principais contribuições da pesquisa atual é ter demonstrado a complexidade do funcionamento mental individual e a justaposição, numa mesma pessoa, de modalidades de funcionamento diferentes. Neste caso, o objetivo da psicanálise não é o de reduzir estes funcionamentos a um modelo ideal, nem de avaliá-los com relação a este modelo, mas o de tentar permitir ao sujeito funcionar da melhor maneira possível com relação as suas possibilidades e com os seus próprios meios. (Aisenstein, 2013, p. 147)

Consideramos fundamental a postura ética colocada por essa autora, que se posiciona muito fortemente com relação ao respeito às formas de funcionamento psíquico encontradas no sujeito em sua história de vida. Aisenstein é uma autora do campo da Psicossomática Psicanalítica, da Escola de Paris, fundada por Pierre Marty.

Marty se inquietava com as dinâmicas psíquicas que até então tinham sido pouco abordadas pela psicanálise e que eram encontradas em pacientes que apresentavam somatizações. É característica desses pacientes não apresentarem em seu discurso a possibilidade de associação livre e demonstrarem impasses nos processos de simbolização – elementos considerados fundamentais até então para a realização de um processo de análise. Frente a essa diferença, o autor desenvolveu um outro modo de escuta ao construir um campo de pesquisa teórico-clínico psicanalítico junto aos pacientes com tendência a somatização (Marty, 1993)[3] – uma produção inserida em um contexto histórico de desenvolvimento e ampliação da psicanálise, realizada também por vários autores, para os casos não neurótico, estados-limite e *borderline.*

---

2 Referência às categorias de estados-limite, *borderline* e somatizações. Sobre esse termo recomendamos o livro de Minerbo, *Neurose e Não Neurose* (2014).

3 Sobre a história e o desenvolvimento da Escola Psicossomática de Marty, indicamos o artigo de Lacerda e Camargo (2020). Seminário com Claude Smadja em 24 jan. 2020.

O modelo teórico da Psicossomática Psicanalítica tem se mostrado muito rico para a abordagem nas especificidades e impasses da clínica psicanalítica com pacientes obesos, já que muitos casos apresentam uma configuração clínica que se aproxima da dinâmica psíquica dos pacientes somatizadores. Nesse campo, há uma compreensão de continuidade entre os processos somáticos e psíquicos, segundo uma perspectiva genética, estrutural, econômica e relacional (Volich, 2010).

Destacamos dois conceitos, fundamentais no campo da psicossomática, muito úteis para a reflexão sobre a obesidade: a *mentalização* e o *pensamento operatório*. O primeiro se refere à comunicação entre as instâncias psíquicas, à capacidade de assimilação mental do sujeito e aos movimentos mentais de reflexão interna. Estes se constituem ao longo do desenvolvimento nas experiências com o próprio corpo, com o outro e no brincar, propiciando os mecanismos necessários aos processos de simbolização e, portanto, para a elaboração psíquica. O segundo se refere ao funcionamento psíquico que se instala ao longo da vida quando aparecem obstáculos na construção da mentalização ou em períodos pós-traumáticos. O pensamento operatório se caracteriza por uma relação com a realidade não mediada pelo universo psíquico, sem a mediação da fantasia, e mais voltado para a percepção e para a ação (Volich, 2010).

A mentalização está relacionada ao risco somático para doenças e às expressões corporais como comportamento de descarga, atuações e compulsões, e incluem algumas formas de obesidade que podem estar ou não associadas a quadros de compulsão, bulimia e adições.

Kreisler (1999), outro autor da escola de Psicossomática Psicanalítica de Paris, divide as obesidades em neuróticas e aquelas nas quais predomina o funcionamento psicossomático. Estas "representam mais da metade das obesidades, e as de funcionamento psíquico neurótico são as que aparecem depois da puberdade; as psicossomáticas, entretanto, aparecem até os dois anos, são as mais resistentes e estão ligadas a traços de caráter e associada a mães que encontram no excesso alimentar uma forma de defesa contra a insegurança, aos sentimentos ambivalentes ligados às suas próprias questões alimentares.

O autor trata do tema do núcleo psicossomático originário da obesidade como de características fisiopatológicas e psicopatológicas que se constituíram pela persistência de desvios interativos ligados à sobrecarga alimentar e têm como resultado a polifagia e a bulimia. Alguns aspectos que se destacam são: o excesso de investimento no alimento em detrimento da relação objetal e a satisfação antecipada que impede o espaço entre demanda e saciação. Tema trabalhado por muitos autores que apontam seus efeitos sobre o espaço temporal necessário para a satisfação alucinatória do desejo, envolvida na gênese da representação simbólica. A resposta alimentar a qualquer demanda atrapalharia a negociação pela via da elaboração mental. Aparece aqui uma submissão alimentar à solicitação materna que implica em uma passividade.[4]

Retomo um tema trabalhado em outras ocasiões sobre os aspectos transferenciais e contratransferenciais, peculiares da clínica, das problemáticas alimentares nas quais o corpo do analista também está implicado como lugar de ressonância e processamento do trabalho analítico (Gurfinkel, 2008a e 2008b).[5] O fascínio apontado por muitos autores do corpo anoréxico, tão desencarnado e potente, não é o mesmo que se encontra na clínica da obesidade.

O que diz a clínica a partir da personagem do romance de Figueiredo (2018): Sobre a cirurgia bariátrica:

> [...] O meu corpo diminuía, [...] comecei a ficar leve, quase a levantar voo, como não me sentia desde a infância. Subia oito andares sem ficar a arfar [...]. Não me tornei invencível. Ainda penso como gorda. Serei sempre uma gorda. Sei que o mundo das pessoas normais não é para mim. Continuo a ter um defeito, mas não se vê tanto. (p. 17)
>
> O monstro da fome é um grande amigo quando está saciado. Sinto-me consolada. Se não, vai me espetando no estômago o seu ferrão, para que não me esqueça. Não esqueço. Calma-te fome, eis as tuas oferendas. (p. 111)

Do que trata a gordura sentida como um gêmeo colado ao corpo do sujeito, tal como descrito por Maria Luísa, personagem do romance? De que monstro ela nos fala? Como pode ser companheiro e devorador?

---

4 Desenvolvo mais amplamente este tema no artigo "Obesidade como sintoma psicossomático" (2021).

5 A partir do ano 2015, a autora Gurfinkel, A. C. passa a assinar suas publicações como Camargo, A. E.

Como aparecem esses aspectos na transferência?

Aisenstein (2009) traz importante perspectiva do diálogo corporal no campo da psicanálise. Começa por nos lembrar de que a transferência não se limita à situação analítica, pois é próprio do humano termos uma verdadeira compulsão por transferir. A diferença é que, pelo enquadre analítico, ela pode ser interpretada. A autora coloca que a transferência pode se dar em três níveis: o primeiro é o do somático ao psíquico; o segundo sobre a linguagem; e o terceiro sobre o objeto, quando ocorre o deslocamento de um objeto para o outro, sendo este o nível que mais frequentemente interpretamos.

A análise desses três níveis vem destacar que nosso pensamento se constrói a partir das vivências corporais, se dá por analogia, e existe uma comunicação primitiva na produção da linguagem. Na clínica dos pacientes não neuróticos, essa analogia muitas vezes não acontece, e o resultado do discurso que se produz não é destinado a abrir trocas.

Tal situação se liga a experiências traumáticas precoces, que produzem defesas de sobrevivência psíquica, acionando mecanismos de clivagem que têm por efeito apagar a polissemia de toda ligação entre o verbo e o objeto e entre o verbo e o corpo (Aisenstein, 2009, p. 3). Nessas situações, a transferência fica restrita à passagem do somático para a linguagem, mas dentro do funcionamento do pensamento operatório.

O foco colocado no corpo, pelo sujeito, é o meio de *desobjetalizar*, de enfraquecer o vínculo e assim eliminar o destinatário da comunicação e os perigos da relação de objeto pelos riscos narcísicos desta. Nessas situações, é preciso trabalhar com o que nos é acessível, portanto, se trabalha sobre a transferência da linguagem.[6] Nesses casos, a sensorialidade ocupa muito espaço e, segundo ela, o único canal é o da "contratransferência em carne viva", com a sensorialidade aberta aos afetos dos interlocutores, paciente e analista. Não funcionam as interpretações sobre a infância, pois o sujeito não apresenta recordações neste sentido.

Trata-se de deslocamentos de afeto sobre uma sensorialidade bruta. Aisenstein (2009) dá como exemplo que, a partir de uma dor de barriga, o paciente se pergunta se estaria sentindo medo. Ela faz uma distinção entre

6 Aqui, Aisenstein faz referência a André Green sobre o trabalho do negativo.

corpo, já que o corpo é o conhecido, e a soma que representa o desconhecido em termos de representação e erotização.

A autora retoma o pensamento no qual a transferência não será pensada como resistência, mas como possibilidade de ligar elementos do campo de pensamento cogerado com o paciente.[7] O trabalho com esses pacientes permitiu ampliar a teoria da transferência e possibilitou "construir, inventar e escutar o inaudível". Daí a importância de se incluir o funcionamento mental do analista, o que traz não apenas uma modificação do campo, mas para o objeto da psicanálise, que Aisenstein nomeou como "processo interpretativo" (p. 9).

Nesse tipo de encontro, o analista é invadido pela destrutividade do paciente. Situação difícil de metabolizar, a qual pode levar a descaminhos por atuações de ambas as partes. A destrutividade canaliza a luta contra o *objeto vivo* e contra *o corpo como primeiro objeto* do erotismo. É uma clínica na qual se dá a *negação* do ódio e da submissão. Nesse ponto, assemelha-se ao tema levantado por Kreisler sobre a importância da passividade nesses casos e da submissão alimentar exercida pela mãe.

Considero muito relevante essas contribuições na medida em que a clínica com pacientes obesos exige a capacidade de suportar um peso que nem sempre se explicita e que se manifesta no corpo e no comportamento, algumas vezes muito sutis, de ataque ao enquadre e à capacidade de pensar do analista. Entendo que é por isso que muitas análises de casos de obesidade acabam sendo interrompidas abruptamente, sem possibilidade de elaboração do acontecimento transferencial desencadeante do movimento de ruptura.

Os sistemas percepção-consciência, dentro-fora, não estão assegurados nesses casos e exigem do analista um investimento objetal para o reforço do envelope psíquico. Aparece uma transferência adesiva que se cola no psiquismo do analista e identifica nele estados afetivos que não estão na cadeia associativa. A doença é uma reorganização psíquica, há nela um trabalho de somatização.[8] daí a importância de todo cuidado para não desestruturar o paciente.

7 Aisenstein se refere às concepções de André Green.

8 Conceito que se refere a um processamento pulsional que não é exclusivamente psíquico, no qual a somatização pode cumprir um importante papel no processo de elaboração.

Outro autor que traz importantes contribuições aos temas aqui trabalhados é Pierre Fédida (1977), que teorizou sobre os casos não neuróticos a partir de sua investigação sobre a melancolia e a depressão. Ele reflete sobre os primórdios dos processos de constituição psíquica que envolvem a construção do objeto interno e a experiência de perda do objeto, cuja elaboração permite o luto ao invés da melancolia. Permite a construção do que chamou de "depressividade".[9]

Fédida realiza essa aproximação teórica, trazendo para o campo da obesidade o modelo clínico da melancolia como um circuito maníaco-depressivo que se caracteriza por ser vivido no corpo. Para ele, a obesidade constituiria uma defesa depressiva somática.

O autor propõe a ideia de que a depressão é a doença do humano e está intimamente ligada à constituição do aparelho psíquico. É o que cria a possibilidade de integração entre o amor e o ódio dos primórdios. Sua visão contribui para pensar os quadros das chamadas psicopatologias contemporâneas.

Alguns aspectos de sua visão da depressão, e que esclarecem questões das dificuldades transferenciais com o paciente obeso, tal como já colocado anteriormente, é pela sua compreensão da destrutividade, no ódio que se expressa em negativo e em sua dinâmica com relação à temporalidade. Com o incremento do ódio, o amor de si e do objeto fica ameaçado e é preciso fechar-se. É preciso tempo para digerir. Essas questões estão relacionadas com o fracasso do ambiente, no qual não se pode construir um suporte de perlaboração da violência psíquica primordial que surge das pulsões sensoriais e afetam a simbolização da ausência.

Fédida (2009) também enfatiza a dinâmica de ataque à vida psíquica do analista. Lembra que uma reação contratransferencial frente à imobilidade do depressivo é a atitude forçada de reanimar, impeli-lo à ação, do mesmo modo que não se pode reanimar a imobilidade do paciente obeso. Isso leva ao risco de produzir o efeito contrário. Já bem conhecido o efeito de que pensar em regime leva o sujeito a comer, quanto mais a mídia prega a valorização do corpo magro, impossível ao obeso, mais este reage com um

---

9 Desenvolvo mais amplamente o conceito de depressividade na clínica das problemáticas alimentares no artigo "Depressividade e manejo clínico no tratamento das problemáticas alimentares" (Gurfinkel, A. C., 2010).

impulso de engordar. Ele sente, muitas vezes, que a sociedade e o profissional querem "fazê-lo emagrecer a qualquer custo".

Haveria um ciclo maníaco-depressivo na obesidade, como em um corpo do sono sem sonho, que se envelopa e se protege (Fédida, 1977). O corpo do obeso exigiria, portanto, uma infinita ternura no olhar. Haveria necessidade de um amor exclusivo e fusional por parte desses pacientes, pela impossibilidade de construir um espaço interior que lhes permitiria simbolizar e, com isso, elaborar a perda do objeto. O autor entende que são sujeitos para os quais os cuidados maternos não teriam permitido ao bebê elaborar uma metáfora do seio.

Pacientes obesos demandam uma atitude normativa do profissional, em geral, do médico, exigindo um profundo investimento na relação, e que, muitas vezes, acabam produzindo um efeito contrário, uma rejeição na medida da intensidade que porta e pela demanda do paciente de relação adesiva. O paciente não busca a análise para emagrecer, mas para falar da angústia frente aos rituais alimentares.

Junto ao paciente obeso entende-se que a reação terapêutica negativa está desde sempre colocada, desde a demanda. Há um apelo à lei e ao desejo de interdição; aparece por trás desses aspectos a dimensão de um contrato masoquista, pela demanda de interdição e limite (Fédida, 1977). Na mesma direção, Aisenstein (2009) pensa função da contratransferência em termos de paraexcitação, que permite que o analista evite irrupções violentas dos afetos do paciente e dos próprios.

Na esteira do pensamento de Aisenstein e Fédida, Fontes (2010) em *Psicanálise do Sensível,* vem lembrar que o corpo traz impressões da infância precoce que não podem ser rememoradas por meio da linguagem, já que foram impressas em um registro sensorial. Temos acesso a elas na análise por meio da regressão alucinatória, que se dá no contexto da transferência.

Esta autora, cujo pensamento segue a trilha de Fédida, coloca que:

> [...] podemos pensar que a transferência é propícia ao despertar da memória corporal do paciente. Na relação analítica, entre os fenômenos que fazem aparição, o analisando pode sentir experiências sensoriais já vividas, revelando assim que elas fizeram parte de sua história. A história do indivíduo ficou no corpo. (p. 17)

Há uma estranheza da transferência por efeitos da memória corporal despertada de modo inesperado que surge no espaço analítico, que pode ser comparada a um ato falho. É a imaginação do analista que restaura o traumático na análise pela imaginação analógica e metafórica deste no contexto da regressão formal.

Fontes relata o caso clínico de uma jovem obesa:

> No paciente obeso, apareceria uma busca por consistência através do corpo volumoso, 'encorpar para não desaparecer'. A paciente conta que sua amamentação foi conturbada. Contou da morte de dois bebês gêmeos antes do seu nascimento. Na análise, a paciente estava às voltas com seu tamanho, seu volume e seu valor. Fontes coloca ainda que o enquadre e o espaço físico do consultório lhe dão contenção e contorno. Aliados a isso, meu olhar firme e doce para com ela, minha voz não tão 'doutora' oferecem gradativamente certo envelopamento. (p. 93)

Concluindo: diferença de corpos, diferentes obesidades, diferença psíquica?

Nossa reflexão sobre o tema das diferenças procurou colocar em relevo o quanto o par analítico está imerso na cultura e sofre com seus reflexos: é preciso olhar para a questão da intolerância à diferença dos corpos e aqui especificamente a da obesidade. Do contrário, corremos o risco de repeti-la quando nos defrontamos com as dificuldades desse campo clínico, lembrando que as problemáticas alimentares são muito sensíveis às questões da cultura e por isso a relevância de pesquisas que nos auxiliem a avançar com relação à essas questões.

Tratar do tema da obesidade também nos convida a olhar para as diferenças quanto às configurações clínicas que se apresentam por trás do sintoma. Enfocamos as situações clínicas de funcionamento não neurótico para as quais o modelo da Psicossomática Psicanalítica e o modelo da melancolia e da depressão, bem como o tema da memória corporal, têm muito a contribuir, abrindo outros canais de percepção da problemática que se apresenta.

Nesse sentido, a abordagem de Aisenstein (2003 e 2009), de Fédida (1977 e 2009) e de Fontes (2010), na convergência de suas leituras, trazem aspectos importantes da transferência com esses pacientes, em concepções ampliadas, em cujo foco está incluso o psiquismo e o corpo do analista, necessariamente envolvido no "processo transferencial", em elaborações que só serão possíveis se feitas a dois.

A contratransferência aparece como poderoso instrumento para lidar com a rejeição e intolerância ao corpo obeso: rejeição que se dá na conjunção das questões da cultura e das peculiaridades do sujeito obeso, na relação com o próprio corpo e com o corpo do outro.

Fontes, em seu destaque à memória corporal, vem nos lembrar que se a origem do pensamento e da linguagem é o corporal, o trabalho analítico, junto a esses pacientes, deve marcar a presença do objeto, a presença viva do analista, restaurando a linguagem à vida utilizando sua capacidade sensorial.

A teoria da Psicossomática Psicanalítica da Escola de Marty, através de Kreisler (1999), nos aguça a ouvir a continuidade das primeiras experiências do bebê com seu corpo e seus primeiros vínculos, seus efeitos na passividade e submissão que a obesidade vem destacar. As peculiaridades psíquicas e de pensamento do paciente obeso devem ser entendidas como solução, como o melhor recurso encontrado para os excessos pulsionais, respeitados seu tempo e ritmo. Os espaços vazios para reflexão precisarão ser construído a dois.

De volta à Maria Luísa

Do que trata a gordura sentida como um gêmeo colado ao corpo? Ela acrescenta, referindo-se aos pais de quem era filha única: "Gêmeos triplos monoplacentários. Três num único organismo" (2018, p. 112). E o que dizer dos irmãos gêmeos mortos, da paciente de Fontes (2010), incrustados em seu corpo no luto impossível da mãe?

> Todos me mandam fechar a boca. Todos dizem que é fácil. Não é. Não consigo. [...] Preciso saborear os meus pãezinhos com manteiga, de os sentir na língua, contra o céu da boca, degluti-los, fazê-los transpor a garganta, senti-los chegar ao estômago, sossegando o bicho escuro da fome que aí mora. (p. 123)

Afinal, quem é o monstro da fome, companheiro e devorador? Sabemos bem que todos temos em nós esse bicho da fome a nos espetar com seu ferrão... Como bem dizia a poeta Adélia Prado: "Não quero a faca nem o queijo, eu quero a fome."

Referências bibliográficas

AISENSTEIN, M. "Face a face, corpo a corpo". *TRIEB*. v. 11, p. 145-155, 2003.

______. "Contratransferência e transferência nos casos difíceis". Disponível em:

www.scribd.com/document/203012009/Contratransferencia-e-Transferencia-nos-Casos-Dificeis-Marilia-Aisenstein. Acesso em: jan. 2021.

CAMARGO, A. E. "A obesidade como sintoma psicossomático". Em: SEGAL, A., KUSSUNOKI, D. K. FREIRE, C. C. *Cirurgias bariátricas e metabólicas*: tópicos de psicologia e psiquiatria. Rio de Janeiro: Rubio, 2021, p. 33-40.

FÉDIDA, P. *Corps de vide e espace de séance.* Paris: Jean Pierre Delarge, 1977.

______. *Dos benefícios da depressão*: elogio da psicoterapia. São Paulo: Escuta, 2009.

FERNANDES, M. H. *Transtornos alimentares*: anorexia e bulimia. São Paulo: Casa do Psicólogo, 2006.

FIGEIREDO, I. *A gorda.* São Paulo: Todavia, 2018.

FONTES, I. *Psicanálise do sensível:* fundamentos e clínica. Aparecida: Ideias & Letras, 2010.

GURFINKEL, A. C. "A mesa posta: alguns aspectos da transferência na clínica dos sintomas alimentares". Em: ALONSO, S. L.; BREYTON, D. M.; ALBUQUERQUE, M.F.M. (Orgs.) *Interlocuções sobre o feminino na clínica, na teoria, na cultura.* São Paulo: Escuta/Instituto Sedes Sapientiae, 2008a.

______. "Corpo e transferência na clínica dos sintomas alimentares". Em: VOLICH, R. M.; FERRAZ, F.C.; RANÑA, W. (Orgs.) *Psicossoma IV, corpo história e pensamento.* São Paulo: Casa do Psicólogo, 2008b.

______. "Depressividade e manejo clínico no tratamento das problemáticas alimentares". Em: WEINBERG, C.; GONZAGA A. P. (Orgs.) *Psicanálise de transtornos alimentares.* São Paulo: Primavera Editorial, 2010.

KREISLER, L. *A nova criança da desordem psicossomática.* São Paulo: Casa do Psicólogo, 1999.

LACERDA, E. T.; CAMARGO, A. E. "Seminário com Claude Smadja em 24/01/2020". *Trama, revista de psicossomática psicanalítica.* 28 nov. 2020. Disponível em: www.sedes.org.br/Departamentos/Revistas/psicossomatica_psicanalitica/index.php?apg=artigo_view&ida=44&ori=edicao. Acesso em: jan. 2020.

MARTY, P. *A psicossomática do adulto*. Porto Alegre: Artes Médicas, 1993.

MINERBO, M. *Neuròse e não neurose.* São Paulo: Casa do Psicólogo, 2014.

VOLICH, R.M. *Psicossomática*: de Hipócrates à psicanalise – 8 ed. São Paulo: Blucher, 2022.

ROIZMAN, D. H. *A obesidade "não toda" ou quando a gordura fala.* São Paulo: Escuta, 2017.

Cuidado ou controle? Cuidado com controle? Cuidado e controle?

Na clínica dos transtornos alimentares: o controle e a relação entre pais e filhos

ANA CAROLINA SARAIVA

Nos últimos anos, tenho estado mais sensível a observar uma tentativa de controle de pais na formação e desenvolvimento de seus filhos. A frequência com a qual me deparei com esse aspecto nos atendimentos no consultório, nas conversas entre mães e nos grupos de aplicativos de mensagem, chamou minha atenção. Somado a isso, ler uma crônica de Luiz Felipe Pondé, *A morte do amadurecimento,*[1] foi o gatilho para me debruçar sobre o tema e produzir esse artigo. No texto, Pondé nos faz refletir sobre relevantes questões da contemporaneidade: o esvaziamento dos vínculos familiares, uma recusa ao amadurecimento tanto dos pais como de seus filhos, uma tentativa de controlar o desenvolvimento psíquico, as experiências de vida, o relacionamento com o externo e as relações interpessoais, envolvendo, inclusive, o Estado e as escolas para a manutenção dessa dinâmica.

Ao investigar alguns pontos relevantes sobre o tema, tendo em vista a especificidade das relações parentais na clínica dos transtornos alimentares, e o quanto acompanhar esses casos nos obriga compreender sob quais circunstâncias esses vínculos conflituosos foram estabelecidos, pretendo

1 Publicado em 24 de setembro de 2018 em sua coluna na *Folha de S.Paulo*.

levantar alguns tópicos, sob o olhar psicanalítico, que possam contribuir na construção de uma hipótese sobre o que pode estar por trás dessa dinâmica. Afinal, a tentativa de controle está em função do quê? O que ela denuncia? E quais podem ser seus efeitos na vida dos filhos?

A resposta do ambiente

Muitos autores apontam a importância da mãe nos cuidados iniciais com seu bebê. Aquele ser tão pequenino, indefeso e dependente precisa dessa intermediação para sobreviver. Os processos identificatórios dos primeiros enlaces entre a mãe e o filho são determinantes.[2] Winnicott (1983, p. 81-82), em 1963, coloca a importância da "preocupação materna primária" e o fato de que para conseguir cuidar desse bebê a mãe precisa, de certo modo, estar identificada com ele. O autor define a "preocupação materna primária" como a fase na qual a mãe está profundamente envolvida nos cuidados com seu bebê, muito identificada com ele, como se este fosse parte dela mesma, podendo, assim, perceber muito bem o que o filho está sentindo e do que precisa.

As experiências subjetivas do início da vida estão sujeitas à maneira como o ambiente as reconhece. Por isso, a possibilidade de se ver através dessa mãe, no sentido de ter o reconhecimento, a decodificação e a legitimação de suas demandas, será determinante para o desenvolvimento da vida psíquica que se inicia. Sobre esse processo, Roussillon (apud De Cicco, 2016, p. 162) afirma que:

> As experiências subjetivas no início da vida só adquirem valor de mensagem quando a resposta do ambiente as reconhece como tal; a partir daí, as expressões, os gestos, movimentos e gritos variados do bebê são definidos como mensagem significante. Se não for assim, se não houver um outro disposto e apto a ler o esboço de sentido embutido no comportamento do bebê, este sentido degenera, "perde seu valor protossimbólico

2 Colocarei aqui essa função preferencialmente na figura materna, mas entendo que ela possa ser realizada por qualquer outro adulto cuidador.

potencial, é ameaçado de não ser mais que evacuação significante, é anulado em seu valor expressivo e protonarrativo".

Nos primórdios, são as sensações corporais desagradáveis que dominam a cena. Como já foi dito, o estado simbiótico com seu bebê, no momento em que o corpo deste não lhe pertence mais, permitirá à mãe uma escuta, interpretação e resposta adequadas às necessidades dele. E para que a mãe esteja apta a atender o apelo de seu filho e aquietar seu desconforto, é preciso haver um investimento libidinal materno. O investimento inicial materno garante a sobrevivência do indivíduo, bem como "a constituição como sujeito desejante, habitante de seu próprio corpo" (Fernandes, 2006, p. 168). A mesma autora complementa: "Esse investimento supõe que a mãe é capaz de transformar esse 'corpo de sensações' em um 'corpo falado'. Isso vem naturalmente assinalar à mãe a importância de sua função na constituição dos processos de simbolização da criança" (2006, p. 168).

As respostas às demandas fisiológicas do bebê vêm acompanhadas de outras sensações e experiências. A mãe o investe também com seu desejo, sua presença, seu toque e aconchego, seu olhar e sua voz. Esses investimentos maternos sinalizam a maneira pela qual a criança será acolhida logo ao nascer e marcam as condições do nascimento psíquico da criança.

O lugar que o filho[3] ocupa

Ao entrar em contato com a ideia de ter um filho (seja biológico ou adotado), é comum a mãe criar idealizações com relação a ele antes mesmo do nascimento. A imagem de uma criança idealizada, preconcebida na realidade psíquica da mãe antes de carregá-la em seus braços, tem origem no próprio narcisismo materno, ou seja, tem relação com seus investimentos libidinais.

Em *Sobre o narcisismo: uma introdução*, de 1914, Freud coloca que o processo de desenvolvimento do ego compreende um afastamento do narcisismo primário (no qual o investimento da libido é direcionado a si mesmo) e,

3 No decorrer do texto, farei referência à figura do filho de maneira mais ampla, sem me ater às diferenças entre meninos e meninas.

posteriormente, uma incessante busca para reaver esse estado. Esse afastamento é motivado pelo deslocamento da libido em direção a um ideal de ego imposto de fora, sendo a satisfação – da libido – resultante da realização desse ideal (Freud 1990, p. 106). Podemos observar, então, o narcisismo dando lugar à escolha de um objeto de amor. O objeto é escolhido para ser amado e passa a ser investido pela libido, pois possui a excelência que falta ao ego a fim de aproximá-lo de seu ideal. A partir desse entendimento, faz-me sentido compreender o filho como uma escolha de objeto do tipo narcísica. Uma escolha objetal que é feita baseada na relação que o sujeito estabelece consigo mesmo, e cujo objeto deve representar a própria pessoa sob alguma característica que é valorizada por ela (ideal). Quando observamos a atitude emocional de pais amorosos com seus filhos, podemos reconhecer que ela é "uma revivescência e reprodução de seu próprio narcisismo, que de há muito abandonaram" (Freud 1990, p. 97). Dessa maneira, conseguimos contextualizar o que tanto ouvimos no discurso do senso comum: o desejo de realizar-se através do filho, o filho como aquele que terá aquilo que não tive, que será aquilo que não puder ser; referir-se ao filho como se fosse extensão de si mesmo, na maioria das vezes, como uma versão melhor e mais próspera.

Quando prestamos atenção no comportamento de pais com relação aos seus filhos, certos aspectos evidenciam e corroboram a característica narcisista que permeia essa relação. É muito comum observarmos a supervalorização de qualidade e virtudes, não permitindo uma visão mais crítica e real, a amenização e/ou negação dos "defeitos" e imperfeições, a contestação e a proteção frente às rupturas, às dores, às privações e aos desconfortos inerentes à vida. A esse respeito, Freud (1990, p. 97) escreve que os pais:

> Sentem-se inclinados a suspender, em favor da criança, o funcionamento de todas as aquisições culturais que seu próprio narcisismo foi forçado a respeitar, e a renovar em nome dela as reinvindicações aos privilégios de há muito por eles próprios abandonados. A criança terá mais divertimentos que seus pais; ela não ficará sujeita às necessidades que eles reconheceram como supremas na vida. A doença, a morte, a renúncia ao prazer, restrições a sua vontade própria não a atingirão; as leis da natureza e da sociedade serão ab-rogadas em seu favor; ela será mais uma vez realmente o centro e o âmago da criação.

Na relação mãe-bebê, ambos são beneficiados por experiências de completude e integração. De um lado, a mãe revive a sensação primária de satisfação e dominância do princípio do prazer (que foram abandonadas no percurso de seu desenvolvimento) ao cuidar e atender às demandas de seu objeto de amor, o filho, a quem ela dirige sua libido, sua presença e cuidado. De outro, o bebê tem a mãe como seu primeiro objeto de amor, cujo olhar e desejo lhe possibilitam constituir-se como sujeito. O vínculo com a mãe faz com que o bebê tenha as primeiras sensações de prazer compartilhado e os primeiros contatos consigo mesmo e com o existir (Smith, 2012).

A diferenciação: dura, porém necessária

A literatura psicanalítica aponta a importância da estreita relação entre mãe e filho no início da vida e do subsequente distanciamento da unidade mãe-filho que, gradativamente, deve se tornar uma mãe e um filho como sujeitos independentes e autônomos. O envolvimento completo e fusional da mãe deve ser temporário e, conforme o bebê amadurece, faz-se necessário que a mãe deixe de se comportar como se fosse indispensável, dando oportunidade para a diferenciação, a separação e a autonomia.

Ocorre que o processo de diferenciação depende, principalmente, das condições psíquicas da mãe. Quando a mãe está diante do bebê, ela se confronta com um núcleo ativo (e inconsciente) das marcas deixadas e, muitas vezes, "esquecidas" do que foi experienciado no decorrer do seu desenvolvimento. Acolher o filho nas suas demandas exige da mãe um (re)colocar em cena suas próprias questões. Ao maternar, dificilmente a mãe deixará de esbarrar em suas questões com o corpo, com a feminilidade, com os vínculos, com acolhimento, com vivências de ausências e faltas etc. Desse modo, se apresenta, então, uma oportunidade para ressignificar e reelaborar suas próprias experiências primordiais na relação com o filho, fundamental para diferenciar o que é dela e o que é do outro, e para evitar que sejam transmitidas psiquicamente na relação com ele.

Em *Sobre o narcisismo: uma introdução*, de 1914, Freud coloca que "a finalidade e satisfação em uma escolha objetal narcisista consiste em ser amado" (1990, p. 104). Assim, conseguimos compreender o quanto a mãe pode se sentir ameaçada pela diferenciação e pela separação do filho. As fantasias ligadas ao medo de perder o amor, o olhar e o reconhecimento desse objeto, experimentando um sentimento de inexistência, falta de valor e um esvaziamento daquilo que considera vital para sobreviver, podem influenciar, e muito, o desenrolar desse processo.

Observa-se também que o afastamento e a diferenciação causam sentimentos ambivalentes tanto para a mãe quanto para o filho. Se, por um lado, há certo esforço para investir na separação e, conscientemente, sabe-se da importância dela, por outro, nos deparamos com a possibilidade de ser uma experiência que desperta medo e ressentimento. No movimento de se afastar e se diferenciar da mãe, o filho também pode criar fantasias de que perderá o olhar desejante materno, indispensável para o desenvolvimento de sua subjetividade. A mãe, não se reconhecendo mais naquele objeto, com certo estranhamento e sentindo-se ameaçada, não o investe como outrora. O filho procura parar de satisfazer somente aos desejos maternos, mas sente falta do apoio da mãe, por não ser compreendido e legitimado em seus próprios desejos. Diante dessa ambivalência, identifica-se a alternância entre seguir adiante com a diferenciação ou retornar à trama narcísica com a mãe. Percebe-se uma dupla mensagem de ambas as partes. O filho diz para a mãe: "quero minha autonomia, mas não quero perder seu olhar desejante. Quero sentir que esse olhar apoia e incentiva meu desenvolvimento e minhas novas escolhas", e a mãe devolve: "cresça e se torne independente, mas não me abandone e não se afaste do que sou" (Smith, 2012, p. 31)

Por fim, gostaria de citar, mas sem aprofundar, que a função paterna e a função do social são de extrema importância, enquanto instâncias simbólicas, na diferenciação da relação mãe-filho. Elas interferem na diferenciação como mediadores e facilitadores na medida em que introduzem, na dupla, as noções de limite, falta e ambivalência.

Afeto saudável x afeto tóxico

Dentre as responsabilidades da mãe está a de propiciar a experiência da ausência. Tão importante quanto atender às demandas do filho é a mãe não ter a preocupação de atendê-lo assim que é solicitada. Dito em outras palavras, introduzir intervalos de tempo entre demanda e resposta, de forma a considerar o quanto o filho pode suportar, evidentemente, possibilita a experiência do vazio. E esta, por sua vez, dá lugar ao pensamento e elaboração, tão relevantes para o processo de simbolização e constituição psíquica.

Entretanto, presenciar a experiência de falta de um filho pode acionar na mãe sentimentos de culpa, ansiedade, fracasso e impotência. Como já foi dito, muito provavelmente, resultado de suas próprias experiências primordiais. Isso faz com que ela atue considerando suas próprias necessidades, não conseguindo ser sensível ao que o filho, de fato, solicita. Aquelas mães superprotetoras, que se adiantam às necessidades do filho, ao invés de serem benéficas, produzem indivíduos inseguros afetiva e cognitivamente. A esse respeito, De Cicco assinala:

> O não reconhecimento e a não qualificação das comunicações corporais e afetivas da criança constituem ataques narcísicos repetidos que fragilizam globalmente o ego do indivíduo, e as mensagens degeneradas vão se manifestar nos quadros psicopatológicos da criança, do adolescente ou do adulto. (2016, p. 162)

O estilo de vinculação materna guiado pela excessiva intrusão, proximidade e pelo controle é, justamente, o que despertou meu interesse pelo tema, destacando sua etiologia e suas consequências. Considerando o que já foi exposto até aqui, é possível pensar que diante da diferenciação e do afastamento, a mãe se sinta narcisicamente ameaçada com a possibilidade de não poder mais contar com esse objeto de amor da mesma maneira. Frente a esse "estranho" e "desconhecido" que o filho pode se tornar, a mãe atua colocando-o num lugar ímpar, que requer cuidados especiais e diferenciados. Sendo assim, observamos como imperativo dessa maternagem a ideia de que o mundo lá fora é muito ameaçador e que, por isso, é preciso continuar essa mediação. Como se a mãe dissesse: "eu preciso continuar interferindo e controlando o contato do meu filho com o mundo, e como a realidade será apresentada a ele". De um lado, para não "traumatizar" o filho, não deixá-lo sofrer como ela sofreu ao ter que fazer as renúncias inerentes à existência; de outro, para diminuir as chances de encantamento e novas aquisições, pois o contato com o mundo pode abalar a relação mãe-filho. A mãe permanece presa no desejo de completar-se através do filho e procura manter o *status quo* de uma relação indiscriminada, que não possibilita autonomia e não abre espaço para questionamentos.

Na perspectiva dos filhos, o que se observa é uma fragilidade egoica muito importante e preocupante. Frente à impotência e à dependência do objeto primário, presenciamos a dificuldade do sujeito em se perceber habitante de seu próprio corpo. A mãe se faz indispensável no reconhecimento de estados internos e no enfrentamento das experiências. Não há a apropriação "de sua identidade separada, que lhe dá, ao mesmo tempo, a posse de seu corpo, de suas emoções e de sua capacidade de pensar" (McDougall, 1986, p. 17 apud Fernandes, 2006, p. 222).

Na clínica dos transtornos alimentares[4]

> Nosso corpo diz algo com seus sintomas, com suas restrições involuntárias, com seus medos irracionais e com suas repetições insensatas. (Dunker, C.; Thebas, C., 2019, p. 40)

Como já foi destacado, o lugar que um filho ocupa na realidade psíquica da mãe e a "confusão" que acontece no momento no qual deveria haver a diferenciação têm repercussões avassaladoras. O que quero pontuar, neste momento do capítulo, é a violência a que as mães, inconscientemente, submetem seus filhos. Na minha experiência clínica dos transtornos alimentares, pude compreender o surgimento da doença,[5] como um recurso psicopatológico na tentativa de "lutar" por sua sobrevivência psíquica e garantir a integridade do eu, ou seja, uma maneira desesperada de sair desse ciclo indiferenciado e preso ao desejo da mãe. Uma tentativa de resgatar o controle da própria vida e de sua identidade de sujeito desejante, no entanto, pela via da doença.

---

4 Nesse trecho, terei predileção por citar as filhas meninas, visto a alta predominância de casos de transtornos alimentares em pacientes do sexo feminino.

5 Sabe-se que os transtornos alimentares possuem uma etiologia multifatorial, composta por fatores genéticos, socioculturais, biológicos e psicológicos.

No decorrer do trabalho psicoterapêutico, nota-se que algumas dinâmicas são características desses casos. Dentre elas, gostaria de destacar que no discurso das mães as filhas sempre foram tranquilas, obedientes e que não tinham dado trabalho até então. São meninas que não puderam contar com a função paterna de interditor, enquanto instância simbólica, no processo de diferenciação com a mãe. São pais que ou se apresentam realmente ausentes e desinteressados, ou que são presentes, mas que não conseguem espaço para entrar na díade mãe-filha. A questão da *transgeracionalidade* também merece destaque: "histórias rejeitadas pelas mães, guardadas no 'porão de suas mentes', lutos não elaborados, segredos, traumas, silêncios parecem encontrar um terreno fértil no psiquismo de suas filhas, caracterizando um processo de transmissão psíquica entre as gerações" (Adami-Lauand; Moura; Pessa, 2016, p. 87). O que a mãe não conseguiu realizar passa a ser imperativo na relação com a filha e repassado a ela como projeto narcísico a ser cumprido, e "se a filha ousa recusar esse projeto de vida, sua existência fora dessa extensão narcísica não é reconhecida pela mãe" (Ribeiro, 2010, p. 158). Por último, gostaria de citar o empobrecimento da vida psíquica e muita dificuldade de contato com o mundo mental, com as emoções e com os sentimentos que são verificados nessas meninas. A esse respeito, as autoras Adami-Lauand, Moura e Pessa colocam:

> As necessidades foram respondidas pela mãe de modo contraditório ou com extrema solicitude, conduzindo a filha a um reconhecimento ineficaz de seus estados internos, a respostas insuficientemente diferenciadas e a deficiências conceituais ou perceptuais. A criança não receberia um retorno confirmatório de suas sensações e sentimentos, o que traria grande insatisfação e insegurança por não ter clareza acerca das próprias necessidades, dificultando, assim, o desenvolvimento de seu sentido de self. Seu sentimento de autonomia estaria prejudicado e ela se perceberia como uma mera extensão da mãe. Isso provocaria, mais tarde, um medo de se separar do convívio íntimo e da zona de influência dos pais. (2016, p. 86)

E acrescentam:

> O regime narcísico das funções de apropriação e de intrusão forçam a geração seguinte a uma adaptação alienante, na qual há a transmissão de

uma história, que não lhe pertence, porém habita-lhe a mente, e impede qualquer possibilidade de desejo e existência de um mundo mental próprio. (p. 94)

Considerações finais

Levando em conta que o tema tratado, a meu ver, é tão presente, polêmico e instigante, gostaria de finalizar esta escrita destacando o quanto o controle é considerado algo comum e expectável em certas situações, sem dar a devida importância para suas repercussões e para a possibilidade de danos significativos. O controle pode trazer muito sofrimento e adoecer os envolvidos. Quando uma mãe se coloca na relação com o filho, mas o faz apesar dele, ou seja, porque considera que sabe o que é melhor para ele, e leva isso como verdade absoluta e inquestionável, o cuidado se dá de forma impositiva e intrusiva, sem considerar o outro. O que se observa é que o cuidado acontece segundo as próprias necessidades da mãe, o que não favorece a autonomia e provoca dependência. Nas palavras de Dunker e Thebas:

> Contudo, o controle não é uma atitude ruim em si. Adoramos controlar coisas e queremos ser controlados também... Mas o controle torna-se uma experiência indesejável quando o outro é colocado no lugar de instrumento, sem o seu óbvio consentimento e satisfação. Quando lidamos com o outro como se fosse uma extensão de nós mesmos, o outro começa a ser tratado como coisa ou como objeto [...]. (2019, p. 13)

Diante desse tipo de vínculo, os pais criam indivíduos reféns dos seus próprios desejos. O cuidado acaba interferindo de forma limitante o desenvolvimento psíquico dos filhos e demanda uma força egoica significativa para poder sair dessa dinâmica e buscar autonomia de forma saudável.

É fato que lidar com o filho real pode evidenciar pais insatisfeitos narcisicamente. Perceber o filho como ele realmente é pode resultar no enfrentamento das preteridas semelhanças indesejadas e das diferenças desagradáveis. O narcisismo dos pais em relação aos filhos faz com que eles se identifiquem com o que consideram positivo nos filhos e se apropriem dessa identidade; entretanto, quando se trata dos aspectos que rejeitam, nem os reconhecem (Adami-Lauand; Moura; Pessa, 2016).

Em tempos nos quais a cultura valoriza as idealizações, as postagens de perfeições, e nos deparamos com muitas "regras" de como se deve agir e como se deve ser, verificamos um padrão de comportamento que não preza o acolhimento e a legitimação do que se é de fato. O excesso de informações, de cuidados e de investimentos idealizados, ao invés de promover o desenvolvimento genuíno, podem ser considerados desamparo, abandono e controle. Quando nos perguntamos: "Quem é esse filho que os pais veem diante deles? Há um acolhimento genuíno desse indivíduo? O cuidado que lhe é dispensado promove o crescimento psíquico?", nos deparamos com inúmeras projeções. O olhar dos pais com relação ao filho acaba sendo influenciado pelos seus conteúdos psíquicos de forma excessiva, podendo denunciar uma forma de controle. Como diz Winnicott:

> A mãe e o pai não produzem um bebê como um artista produz um quadro ou o ceramista um pote. Eles iniciam um processo de desenvolvimento que resulta em existir um habitante no corpo da mãe, mais tarde em seus braços, e após, no lar proporcionado pelos pais; este habitante se tornará algo que está fora do controle de qualquer um. (1963[1981], p. 81)

Os pais devem ter em mente que, ao conceber um filho (seja no próprio ventre ou não), certamente, a vulnerabilidade, o desconhecido e o estranho entrarão em cena. Não há dúvida sobre a importância e a indispensabilidade da presença, da participação e da interferência dos pais; contudo, elas devem ser limitadas. Para se desenvolver psiquicamente, ou seja, pensar e agir com mente própria, o indivíduo precisa vivenciar suas experiências de forma individual e intransferível. Só assim conquistará, à sua maneira, a expansão e a construção de algo novo e autêntico. Só assim,

> [...] descobrirá seu próprio eu (self) e será capaz de existir e sentir-se real. Sentir-se real é mais do que existir; é descobrir um modo de existir com si mesmo, relacionar-se aos objetos como si mesmo e ter um eu (self) para o qual retirar-se, para relaxamento. (Winnicott, 1975, p. 161)

Referências bibliográficas

ADAMI-LAUAND, B. C.; MOURA, E. G. A. F.; PESSA, P. R. "Relação mãe-filha: repercussões psicológicas dos cuidados maternos". Em: WEINBERG, C. (Org.). *Psicanálise de transtornos alimentares*. Volume II. São Paulo: Primavera Editorial, 2016.

DE CICCO, F. M. "Que conversa é essa? Sobre o lugar das palavras e do corpo no diálogo analítico". Em: WEINBERG, C. (Org.). *Psicanálise de transtornos alimentares*. Volume II. São Paulo: Primavera Editorial, 2016.

DUNKER, C.; THEBAS, C. *O palhaço e o psicanalista:* como escutar os outros pode transformar vidas. São Paulo: Planeta Brasil, 2019.

FERNANDES, M. H. *Transtornos alimentares*. São Paulo: Casa do Psicólogo, 2006.

FREUD, S. "Sobre o narcisismo: uma introdução". Em: FREUD, S. *Edição standard brasileira das obras psicológicas completas de Sigmund Freud*. v. 14. Rio de Janeiro: Imago, 1990.

RIBEIRO, F. R. M. "A ilusão simbiótica e a cilada narcísica entre mãe e filha: um caso de bulimia". Em: GONZAGA, A.; WEINBERG, C. (Orgs.). *Psicanálise de transtornos alimentares*. São Paulo: Primavera Editorial, 2010.

______. "Entrelaces psíquicos entre mães e filhas: reflexões a partir do filme Sonata de Outono". Em: WEINBERG, C. (Org.). *Psicanálise de transtornos alimentares*. Volume II. São Paulo: Primavera Editorial, 2016.

SMITH, V. H. "A casa dos espelhos quebrados: faltas e excessos na vincularidade mãe-filha". Revista Contemporânea – Psicanálise e Transdisciplinaridade. Porto Alegre, n. 13, jan./dez. 2012, p. 30-48. Disponível em: l1nq.com/FWJqX. Acesso em: jun. 2022.

WINNICOTT, D. W. *O brincar e a realidade*. Rio de Janeiro: Imago Editora, 1975.

______. "Da dependência a independência no desenvolvimento do indivíduo (1963)". Em: *O ambiente e os processos de maturação:* estudos sobre a teoria do desenvolvimento emocional. Trad. Irineo Constantino Schuch Ortiz. Porto Alegre: Artmed, 1983.

Alguns aspectos da constituição do aparelho psíquico e do corpo libidinal, articulados com a primeira relação de objeto, na teoria psicanalítica, da clínica dos transtornos alimentares

ANA TEREZA A. A. ALONSO

Na clínica dos transtornos alimentares parece-me relevante apresentar a ideia que o bebê percorre um longo caminho até tornar-se um sujeito portador de um aparelho psíquico e um corpo libidinal, para daí se constituir como um bebê humano.

Minhas reflexões estarão acompanhadas pelas construções de alguns autores que seguiram trabalhando a obra de Freud e a teoria psicanalítica, tal como Jean Laplanche, Silvia Bleichmar, Piera Aulagnier, André Green, entre outros. Seus aprofundamentos para as novas formas de expressão sintomatológicas observadas no mal-estar contemporâneo vão ao encontro da problemática na clínica dos transtornos alimentares, uma clínica na qual aspectos constitutivos dos primórdios fundantes deste aparelho psíquico e do corpo libidinal são indissociáveis.

A clínica das anorexias, bulimias e compulsões denuncia que o aparelho psíquico que conseguiu se setruturar não chegou a atingir o nível de funcionamento correspondente ao do aparelho psíquico que Freud postulou na neurose. Tal aparelho seria capaz de operar predominantemente em torno das problemáticas dos desejos, das fantasias, das interdições e das defesas mais articuladas.

No projeto para uma metapsicologia científica, Freud coloca o par pulsão-objeto. Segundo ele, o aparelho psíquico, submetido aos movimentos pulsionais e um consequente aumento de tensão pulsional, precisaria de uma ação específica, vinda do objeto, para que a experiência de satisfação se dê. Seria então um outro semelhante que, ao realizar tal ação, propiciaria a consequente diminuição de tensão. A experiência imprimiria um registro de prazer diante da satisfação da necessidade ou de desprazer, e consequente aumento de tensão diante da não satisfação.

Importante colocar que Freud apresenta, ao longo de sua obra, um bebê que seria capaz de executar, frente o registro do desprazer, um movimento psíquico de realização alucinatória do desejo, não se aprofundando de forma mais minuciosa sobre o que viabilizaria esta atividade psíquica mais elaborada.

Outros autores se debruçaram mais amplamente sobre as inúmeras circunstâncias necessárias, advindas deste contato entre o pulsional e o objeto primordial, que abre as portas para a atividade representativa mais simbólica, que é a realização alucinatória do desejo demanda.

A necessidade destas reflexões é pujante na clínica dos transtornos alimentares, pois explicita justamente a impossibilidade de todos os psiquismos funcionarem ao formato secundário, simbólico, com possibilidade de realização alucinatória do desejo. Os sintomas psicossomáticos são, para a psicanálise, decorrentes de uma impossibilidade que as instâncias simbólicas do aparelho psíquico – Ego e Super Ego – tiveram de "enlaçar" a um objeto, a uma rede representacional, simbólica, a demanda de descarga de catexia – demanda de descarga, proveniente do Id. Seria apenas desta forma que uma descarga de catexia pulsional, proveniente do Id, conseguiria alcançar a forma simbólica, secundária de descarga.

Na intenção de elucidar alguns aspectos necessários para que psiquismo consiga alcançar esta possibilidade simbólica de funcionamento ante as exigências pulsionais, vou me aprofundar nos momentos iniciais do encontro entre o recém-nascido e o primeiro objeto, o qual vou nomear como adulto cuidante.

Para que o recém-nascido tenha condições de se humanizar e vir a ser portador de um aparelho psíquico atuante diante das demandas pulsionais em relação com seu corpo libidinal se faz necessário pensar em diversos aspectos.

O recém-nascido submetido às intensidades pulsionais só constituirá um aparelho psíquico operando por um funcionamento neurótico, com possibilidade simbólica de encaminhar a demanda de descarga pulsional, quando o que se der no encontro entre as realidades interna e externa resultar em um entrelaçamento satisfatório entre as pulsões tanáticas (morte) e de Eros (vida) em alguma medida suficiente para que este aparelho consiga ter boa capacidade simbólica e representativa. Dessa forma, a pulsão tanática/de morte estará a serviço de fornecer o aporte de energia necessário para os movimentos de desligamento constitutivos, tais como; o retraimento da libido no próprio Eu, primeiro movimento de organização do Eu, do narcisismo resultante da defusão com o objeto original, da divisão do aparelho psíquico, do recalque originário, dos movimentos de espera que abrem as portas para a atividade alucinatória de desejo e pensamento, dos movimentos de luto etc.

Mas o que viabiliza e o que compromete tal qualidade de entrelaçamento?

Segundo Freud em "Mais Além do Princípio do Prazer" (1920) e em "O Problema Econômico do Masoquismo" (1924), a pulsão de morte tanática é silenciosa, e nunca teremos notícias dela em seu estado puro. Ela não é representada e se situa – em seu estado puro – fora do aparelho psíquico. A constituição deste justamente acontecerá para dar conta dessas intensidades pulsionais e das resultantes desestabilizações homeostáticas e fisiológicas causadas por tais intensidades.

Uma maior ou menor possibilidade representacional será indicativo de uma maior ou menor capacidade que cada psiquismo terá de transformar energia desligada em ligada – por energia ligada entendemos aqui um suficiente grau de entrelaçamento entre pulsão de morte – tânatos – e pulsão de vida – Eros.

Ocorre que essa capacidade não está posta desde o nascimento. O bebê humano é extremamente imaturo e sem condições de se autocuidar e precisará ser investido, cuidado por um outro humano adulto. É justamente aqui que se apresenta a ação que advirá do objeto primordial. Será em relação com esse outro adulto cuidante e objeto primordial que o corpo tomado pela imperatividade pulsional virá a ser constituído como um corpo libidinal.

A pulsão tanática, advinda do interior do organismo ao ser expulsa através das movimentações musculares, encontrará esse outro adulto, objeto primordial que, ao atender às demandas fisiológicas, realizará os movimentos capazes de entrelaçar a pulsão morte com a pulsão de vida, oferecendo, na interação, registros de elementos simbólicos de ligação.

O que se apresenta então na clínica dos transtornos alimentares, em que o sintoma se faz expresso através do corpo?

Ao mesmo tempo que o sintoma expresso no corpo é a denuncia do que não está representado dentro do aparelho psíquico, ele também já deixou de ser a pulsão de morte pura, já que o sintoma causa ruído. Se a pulsão de morte pura é silenciosa e não temos notícias dela em seu estado puro, é preciso considerar que, quando um sintoma se faz expresso no corpo, mesmo que tenhamos uma diversidade sintomatológica grande, já deixou de transitar na condição de silenciosa. O sintoma expresso no corpo pode causar dor, sofrimento, angústia, ódio; enfim, ele causa! Pode causar comprometimentos nas relações objetais ao longo da vida, bem como envolvimentos fisiológicos, familiares, sociais, conflitos no desenvolvimento e na possibilidade psíquica de simbolizar emoções e sensações.

Quando Freud postula o masoquismo erógeno primário, ele indica o primeiro entrelaçamento entre a pulsão de morte e pulsão de vida que, como Paim e Rocha Machado (2018) trabalham, ocorre a partir da ação específica do objeto, o que imacula na ação da pulsão de morte índices de Eros.

Esses autores propõem a distinção entre, uma vez que, através da ação do objeto a pulsão de morte seja tocada e entrelaçada em alguma medida por resquícios de Eros, ela já não recebe mais o nome de pulsão de morte, e sim pulsão de destruição. De tal forma, mesmo a parte da pulsão de morte que não encontrará escoamento na ligação com os objetos e retornará ao organismo já carregará porções de ligação psíquica, ainda que rudimentares. É justamente com essa mescla que o masoquismo erógeno primário se constitui, abrindo as portas para a possibilidade e erotização da dor. “Contudo, destacamos que esse masoquismo segue comprometido com a máxima freudiana que advoga: [...] ‘mesmo no processo de autodestruição do sujeito, não poderá faltar uma satisfação libidinal' (Freud 1924, p. 115)" (Paim; Rocha Machado, 2018, p. 5)

Corpos autodestruídos, debilitados de tão emagrecidos, anêmicos por ter o processo de digestão interrompido por sucessivos vômitos, corpos amenorreicos, com osteoporose, dentes corroídos pelo suco gástrico, mutilações corporais, exercícios físicos extenuantes com o objetivo de moldar milimetricamente os contornos corporais, órgãos dilatados com o tanto comer nos faz pensar na pulsão de destruição tocada por graus de erotização da dor em um corpo libidinal, que é o canal destas expressões.

Paradoxalmente, o sintoma é a expressão do desligamento de sua história, haja visto que o sintoma somático expressa algo através do corpo que não conseguiu transitar por um trabalho psíquico representacional, com possibilidade simbólica, mais elaborada, dentro do aparelho, circulando dentro da conflitiva operacional das instâncias psíquicas. Cada instância do aparelho psíquico proposto por Freud, Id – Ego e Super Ego, abriga determinadas características e legalidades, condições impostas pelas instâncias representativas Ego e Super Ego para que as demandas de descarga pulsionais do Id possam circular e atingir tal objetivo. Ao mesmo tempo, o sintoma é a denúncia de alguma inscrição em sua história, ou pré-história psíquica, de algo que foi inscrito, porém, por uma precocidade ou por um excesso, não atingiu condições suficientes de ligação entre a intensidade da pulsão de morte e a pulsão libidinal, não embarcando no trilho das representações desejantes. Trilho este do desejo representado pelo aparelho psíquico proposto por Freud na neurose.

Uma vez que a organização fundante do psiquismo está a todo tempo entrelaçada com a constituição do que virá a ser esse corpo libidinal, se faz necessário pensar que essa libidinização não acontece sozinha. Esse bebê humano não se autocuida, não se autoconstitui.

Diversos autores propuseram acréscimos sobre a relação inicial de objeto para a estruturação psíquica e corpo libidinal. Vou seguir aqui pelo nascimento, quando o bebê experimenta uma fase de total fragmentação e fusionalidade, sem percepção de diferenciação entre o que é ele e o outro que o cuida. Serão os investimentos de erotização narcisística que esse outro adulto cuidante promoverá em direção a esse bebê, o qual fará ser possível, o que nasce apenas um corpo, se constituir como um corpo libidinal.

Laplanche coloca como Situação Antropológica Fundamental o movimento desse outro adulto, que através de seu olhar antecipará esse bebê corpo como um outro humano, imputando desde seu olhar os códigos constituintes do que temos sobre ser um humano (Laplanche, 2007).

Segundo o autor, o que se dá é da ordem de um Extravio Biologizante, no qual, o desejo do outro adulto virá primeiro. Este adulto é o único, neste momento primordial diante deste recém-nascido, com aparelho psíquico constituído e capacidade de desejo. Será este aduldo que realizará movimentos com investimentos de desejos, de tal intensidade que, o que ocorre, é a implantação do sexual. A partir daí, os mesmos movimentos promovidos pelo adulto cuidante promoverão a possibilidade de enlaçamento entre as pulsões de morte e de vida, ocasionando a erotização pulsional. Também serão esses movimentos que libidinizarão este corpo, abrindo o caminho para a humanização. Corpo este que virá a ser fronteira entre o soma e o psíquico, abrigando a confluência entre os objetos da pulsão e os objetos externos.

A ideia aqui é de pensar "[...] um aparelho psíquico aberto ao real, constituído a partir de inscrições provenientes do exterior e submetidas constantemente ao seu embate [...]" (Bleichmar, 2015, p. 32). Embate que se dará na confluência do pulsional, originado de excitações nascidas no interior do organismo e o mundo externo, tendo como primeiro representante este objeto primordial: o adulto cuidante que se responsabilizará por esse bebê.

> O outro está sempre no horizonte, seja como instituinte da sexualidade ou como propiciador das ligações capazes de produzir derivados; nisso reside o paradoxo que a mãe inaugura ao introduzir, no momento de alívio mesmo das tensões biológicas, outras tensões, de ordem sexual, já não solucionáveis por meios simplesmente físico-químicos, ficando estas abertas a todo tipo de simbolizações, constituindo-se em "motor do progresso psíquico". (Bleichmar, 1995, p. 4)

Acompanhando Laplanche, Bleichmar também propõe que o aparelho psíquico não existe desde as origens e será constituído a partir da transmissão de mensagens enigmáticas, provenientes do inconsciente do adulto cuidante. Serão essas mensagens enigmáticas, portadoras de investimentos sexualizantes, libidinizantes, que implantarão o pulsional na cria, e ao mesmo tempo, proverão os elementos de ligação pulsional necessários para que a constituição de um aparelho psíquico possa se dar.

Tais mensagens enigmáticas resultarão nas primeiras inscrições como signos de percepção. Tais signos, como elementos de repetição, abrirão a possibilidade de deixar múltiplas inscrições, dadas pelos restos da presença do outro, no que virá a se constituir como psiquismo desse recém-nascido, o qual Bleichmar nomeia como "cria".

Nas múltiplas experiências em direção à constituição do aparelho psíquico, nem todos os signos de percepção que foram inscritos serão transcritos no interior deste aparelho. Os signos transcritos dentro do aparelho psíquico clivado entre instâncias id, ego, superego conseguirão ser processados através de possibilidades mais simbólicas e representacionais. Porém, quando os signos inscritos não conseguirem ser transcritos pelo inconsciente, permanecerão portadores de cargas pulsionais significativas e poderão vir a se fazer presentes por um sintoma expresso através do corpo, como o que acontece na imperatividade das compulsões.

> [...] o conceito de "signo de percepção" é um conceito psicanalítico, metapsicológico, que diz respeito aos elementos psíquicos que não se ordenam sob a legalidade do inconsciente, nem do pré-consciente, que podem ser manifestos sem por isso ser conscientes, que aparecem nas modalidades compulsivas da vida psíquica, nos referentes traumáticos não sepultáveis pela memória e pelo esquecimento, desprendidos da vivência de origem, não articuláveis. (Bleichmar, 2015, p. 33)

Na clínica dos transtornos alimentares, encontramos elementos desarticulados do enredo do que se fez representável pela linguagem e articulações secundárias, com possibilidade de circulação simbólica e consequente descarga da catexia através da relação objetal, sustentada pelo entrelaçamento pulsional das pulsões de vida e morte. Um sintoma que se expressa no corpo não pode encontrar o caminho intrapsíquico agora descrito, ele é a expressão de alta carga pulsional que não conseguiu atingir capacidade de se expressar simbolicamente. Esta situação propicia o caráter compulsivo – pelo excesso ou pela falta – através da relação com o objeto comida, com o objeto corpo etc.

Piera Aulagnier (1994) nos apresenta a imagem de que nascemos um amontoado de vísceras e nervos, apontando, assim, o longo caminho a ser percorrido entre as múltiplas experiências que vão se dar entre o pulsional do bebê e as relações de objeto, até a constituição do corpo libidinal.

André Green é outro autor que nos ajuda a pensar no terreno dos primórdios da organização psíquica e na problemática do que pode se dar diante das vivências iniciais de fusão com o objeto e o momento seguinte, de separação objetal e retraimento da libido para o investimento no eu unificado.

Segundo Green:

> *Está probado que existen processos de repetición que se revelan independientes del principio de placer. Pero ? por qué no pensar que, a semejanza de la reacción terapêutica negativa, la compulsión de repetición aparece como la subversión del pricipio de placer a raiz de um fracaso que este habria sufrido em las condiciones que le permiten instaurarse y que implican la participación del objeto? ?Y por qué no atribuir este fracaso o a um conflito cuya solución no pudo ser hallada entre el funcionamiento pulsional por um lado y la relación com el objeto por el otro?* (Green, 2001, p. 129)

Pensando que o traumático para o aparelho psíquico é tudo aquilo que o psiquismo não apresenta recursos simbólicos para lidar, estamos considerando que o objeto que investirá esse bebê libidinalmente é, em si, traumático por natureza. A relação com o bebê será permeada de desejos em múltiplos níveis de investimentos libidinizantes que instauram o sexual naquele que advirá sujeito. Seu psiquismo primitivo ainda não tem recursos simbólicos para lidar com esse aporte de investimentos vindos do adulto. É aqui que entra a dupla função do objeto proposto por Bleichmar (1993). A Fundação do Incosnciente. Para Bleichmar este adulto cuidante, responsável por manter a cria com vida, desregulará o corpo fisiológico deste recém-nascido para sempre – ao implantar pulsão através das interações libidinizantes – ao mesmo tempo que também irá fornecer elementos de ligação, através de suas falas, desejos conscientes e formas de interação, nomeando e fornecendo em seus cuidados repertórios simbólicos, "trilhos" de vazão para o pulsional.

André Green trabalha isso como função objetalizante. Da mesma forma que implantará o sexual, traumático em si, esse adulto cuidante, e primeiro objeto, tem a função, através de suas possibilidades egoicas, de desempenhar e disponibilizar os recursos de ligação necessários para inaugurar a possibilidade de instauração de funções objetalizantes. Elas serão, em um maior ou menor grau, viabilizadas pela codeterminação entre as voltagens pulsionais do bebê e o que esse objeto adulto cuidante conseguirá propiciar como recursos de ligação. Conforme essas primeiras experiências se dão, esse psiquismo inscreverá um afeto com qualidade de prazer ou desprazer.

Green, em seu trabalho, baseando-se nos conceitos de Winnicott de *holding* e objeto suficientemente bom, coloca:

> *Cuando intervienie la separación, el bebé queda librado a sí mismo; la repersentación de la madre puede ser suspendida y reemplazada por muchos sustitutos. el más importante es la construcción introyectada de uma estructura enmarcante [encadrante] análoga a los braços de La madre en el holding. (Green, 2012, p. 54)*

Essa experiência de *holding* compõe a vivência de uma mãe suficientemente boa, a qual é propiciadora de conter a alucinação negativa. Mas quando o bebê não pode contar com a existência do objeto bom e não dispõe de uma possibilidade representativa substituta, a alucinação negativa não tem seu terror aplacado e os efeitos patológicos podem se dar aos funcionamentos da prevalência da pulsão de morte.

Green confere estatuto organizador ao afeto. Este, que se destacou na saída da condição de fusionalidade e nos movimentos da primeira organização das pulsões, que tomam o Eu como objeto de investimento, será o organizador do tom da estrutura enquadrante.

Se a estrutura enquadrante psíquica aconteceu ao predomínio do prazer, o psiquismo estará organizado pelas fantasias mais secundárias, com modos de transferência na análise e na vida dentro de um repertório ao predomínio do funcionamento neurótico, com boa possibilidade simbólica e representativa. Dessa forma, a pulsão de vida conseguirá prover um bom aporte de investimento de ligações objetais e simbolizações, e a pulsão de morte conseguirá prover o aporte necessário para os movimentos de desligamento constituintes, tais quais citei anteriormente, correspondentes ao aparelho psíquico proposto por Freud na neurose.

Mas se a condição da saída do fusional como primeira estrutura enquadrante do narcisismo apresentar o afeto da ordem do predomínio do desprazer, e a consequente sensação de desamparo, não encontrando um objeto que conseguisse realizar ações e prover ligações simbolizantes e objetalizantes, vai se dar um comprometimento representacional do aparelho psíquico. Este apresentará, em maior ou menor grau, funcionamentos com tendência às compulsões e às atuações articuladas ao predomínio da destrutividade.

Nesse terreno das falhas de possibilidade simbólica, no qual o aparelho psíquico não consegue elaborar de forma representacional, o sintoma pode se instituir no corpo frente a uma vivência disruptiva.

Na clínica dos transtornos alimentares, observamos que, na maioria dos casos, a eclosão do transtorno alimentar está direta (ou indiretamente) ligada a um fato desencadeante, a uma vivência disruptiva da vida daquele sujeito. De forma geral, sujeitos organizados dentro de uma estrutura enquadrante ao predomínio do prazer, apresentam maior recursos simbólicos, também desenvolvem quadros de transtornos alimentares, porém mais ligados à problemática de desejos neuróticos, narcísicos de ideais. Nesses casos, a análise tende a ocorrer sem atuações mais radicais e ter uma melhor chance de ressignificações.

Porém, nos casos em que a estrutura enquadrante se deu ao predomínio do desprazer, gerador de dor e sensação de desamparo, as análises e relações na vida estarão sujeitas a investidas de realizar ações imediatas com a intenção de desaparecimento do conflito e ataque ao pensar. O próprio Ego tenderá a realizar uma inversão das funções do Eu, acarretando em um sobreinvestimento das defesas e um abandono das metas pulsionais de vida e do prazer, negativando os afetos e o desejo.

As relações tenderão a carregar crenças absolutas, ressentimentos diante dos fatos da vida, ódio e desespero, aspectos de idealização fragilmente sustentados, que diante da ameaça e do medo, do Ego ser varrido pelo movimento pulsional, ele pode vir a tentar se defender realizando um desligamento radical, invertendo as funções do Eu e atacando a possibilidade de simbolização.

Green, ao explicar uma tentativa de morte psíquica, o desejo do não desejo, cita: "A realização alucinatória negativa do desejo tornou-se o modelo que governa a atividade psíquica. Não é o desprazer que substituiu o prazer, é o Neutro. Não é na depressão que devemos pensar aqui, mas na afanise, no ascetismo, na anorexia de viver" (Green, 1988, p. 23-24).

A problemática da clínica dos transtornos alimentares é, em si, a denúncia de um dos aspectos do mal-estar atual. O que nos diz e o que nos causa ao observar um corpo fora dos padrões e normativas atuais? Corpos que dentro do imperativo dos grandes avanços da ciências – que nos trouxe inúmeros benefícios quanto à longevidade – ainda são vistos com enorme dissociação da condição de corpos que são a expressão do sexual proposto pela psicanálise, corpos libidinais. Corpos que explicitam o resultado, do mais entramado que pode se dar, na confluência das relações objetais e o mundo pulsional do sujeito.

Registro que o número crescente de diagnósticos de transtornos alimentares nos implica pensar nas formas com que as subjetividades atuais estão se dando. O impacto da dissociação que, via de regra, impera culturalmente entre os corpos escrutinados da ciência e normativas estéticas, e a condição constitutiva *sine qua non* de serem corpos que expressam o sexual desejante que constituiu aquele sujeito.

Nesta clínica encontraremos pessoas que conseguiram se estruturar psiquicamente, em certo grau, vivem relações, estudam, constituem em algum nível laços de pertencimento familiar e relações sociais, mas, quando ocorrem a eclosão e instauração dos sintomas do transtornos alimentares, um comprometimento global em sua vida pode acontecer: "[...] *la clínica psicisomática nos conduce a pacientes cuyo grado de mentalización es muy variable*" (Smadja, 2005, p. 204).

Os analistas provavelmente terão contato com pacientes mais dissociados em aspectos que denotam uma maior possibilidade de desintegração, apresentando, por exemplo, extrema dificuldade de responder perguntas que demandem um grau maior de representação psíquica como: Como você se descreveria? O que é importante para você nessa situação? Dificuldades de discriminação sensorial de identificar necessidades físicas como frio, calor, fome, excitação.

É importante que a relação analítica seja pensada como uma situação que vai se remeter a elementos desde o vivido nessa relação fusional, exposta a esses aportes radicais de intensidade através de movimentos defensivos transferenciais.

O sujeito pode experimentar uma tendência à ilusão de onipotência e fantasias de autossuficiência. Desinvestimentos radicais podem operar de forma mais predominante da vida do sujeito, tais como, de uma hora para outra, querer interromper a análise, uma relação, um ofício e por aí em diante. Buscar ativamente estados de desligamento, como se os plugues da vida fossem retirados. Fantasias de controle absoluto presentes na clínica dos transtornos alimentares, tais como nas situações do não comer, do jejum intermitente ou do regime maluco que, em algum momento, fracassa e desemboca em um episódio de compulsão, no uso de drogas muitas vezes utilizadas para se exercitar mais etc. Uma intolerância diante diferenciação entre eu e outro, das experiências de luto que, por vezes, desencadeiam agravamento do quadro do transtornos alimentares e ou atividades purgativas.

Tais sintomas vão exigir dos analistas que se propuserem a atuar nesta clínica lidar com manejos transferenciais de aspectos correspondentes à lógica das primeiras organizações psíquicas. Movimentos defensivos de atuações de expulsão pelo ato, passivação, ataque e corte dos pensamentos mais representativos e simbolizantes vão se dar tanto nas relações objetais ao longo da vida como nas transferências analíticas.

A análise precisará oferecer certa tolerância ao estado não integrado desse sujeito. Diante de um repertório muito empobrecido de simbolização, se prestará a tentar construir um enredo de associações, passível de transformar o vivido em representável. Por vezes, o analista emprestará possibilidades de trilhos associativos.

A relação analítica tende a apresentar momentos de dificuldades iniciais, seja pela ausência de fala, seja pelo excesso de fala, até que seja estabelecida uma troca fértil para o pensar em conjunto. Como diante da problemática dos transtornos alimentares a satisfação dos desejos está muito próxima de se transformar em destruição tanto na alimentação quanto no pensar, parece-me pertinente que o analista possa demonstrar que é capaz de suportar e sobreviver aos ataques, ao trabalho e ao vínculo com uma atitude de acreditar na possibilidade de construção em parceria.

Diante das pontuações teóricas, o manejo clínico dos transtornos alimentares e suas compulsões, deve-se ter em mente que cada sujeito, e seu sintoma, é único. A psicanálise se apoia justamente na profundidade da dimensão do conjunto de vicissitudes que subjetivaram aquele sujeito. Sendo assim, mesmo que a descrição nosográfica reúna elementos para que um diagnóstico em linhas gerais possa ser realizado, para que a escuta analítica fértil possa se dar, é preciso distanciar-se do geral para mergulhar na dimensão daquele corpo libidinal, articulado com aquele psiquismo, o que será sempre singular. Um sintoma anoréxico nunca será como outro sintoma anoréxico, será a anorexia daquele sujeito, mesmo que ao longo de nossa pesquisa, que completa 20 anos nesta edição comemorativa, tenhamos nos deparado com elementos correspondentes à característica dessa clínica.

Deixo aqui meu agradecimento à grande amiga, parceira e imensamente admirada pesquisadora e analista Cybelle Weinberg *(in memorian)*, precursora na pesquisa dos transtornos alimentares, que trouxe tantas contribuições nessa área e é uma das fundadoras da CEPPAN.

Referências bibliográficas

AULAGNIER, P. Nascimento de um cuerpo, origem de una história. Em: *Cuerpo, história, interpretación*. AULAGNIER, P. De lo originário al projecto identificatorio. Buenos Aires: Paidós, 1994.

BLEICHMAR, S. *Do motivo de consulta* à *razão de análise e outros ensaios psicanalíticos*. São Paulo: Zagodoni, 2015.

______. *A fundação do inconsciente*. Destinos da pulsão, destinos do sujeito. Porto Alegre: Artes Médicas, 1995.

______. *Nas origens do sujeito psíquico:* do mito à história. Porto Alegre: Artes Médicas, 1993.

______. Seminario Hospital de Niños 1999. *La Sexualidad Infantil: de Hans a John/ Joan*. Impresso como material de Seminário Teórico na " Facultad de Psicología de Hospital Tobar García, Buenos Aires. Não publicado por editora alguma.

BARANGER, W. *Contribuições ao conceito de objeto em psicanálise*. São Paulo: Casa do Psicólogo, 1994.

______. *Narcisismo de vida, narcisismo de morte*. São Paulo: Escuta, 1988.

______. *Sobre a loucura pessoal*. Rio de Janeiro: Imago, 1988.

______. *El tiempo fragmentado*. Buenos Aires: Amorrortu, 2001.

______. *Jugar Winnicott*. Buenos Aires: Amorrortu, 2012.

______. *O trabalho do negativo*. Porto Alegre: Artmed, 2010.

LAPLANCHE, J. *Novos fundamentos para a psicanálise*. São Paulo: Martins Fontes, 1992.

______. *Sexual:* a sexualidade ampliada no sentido freudiano. 2000-2006. Porto Alegre: Dublinense, 2015.

______. (1992a). *Sexual: la sexualité élargie au sens freudien*. Paris: Presses Univervitaires de France.

PAIM, I.; ROCHA MACHADO, A. P. "Desconstruções e transformações: Masoquismo: Destino das pulsões – origem do sujeito". 32º Congresso Latino-Americano de Psicanálise, Peru, Lima, 2018.

SMADJA, C. *La vida operatória*. Estudos psicanalíticos. Madrid: Editorial Biblioteca Nueva, 2005.

(Des)Encontros iniciais e a possível construção de uma relação terapêutica

CAMILA DENENO PEREZ

"O meu descompasso com o mundo chega a ser cômico de tão grande. Não consigo acertar o passo com ele. Já tentei me pôr a par do mundo, e ficou apenas engraçado: uma de minhas pernas sempre curta demais. O paradoxo é que minha condição de manca é também alegre porque faz parte dessa condição. Mas se me torno séria e quero andar certo com o mundo, então me estraçalho e me espanto."
– *Condição Humana*, Clarice Lispector

Segundo revisão de literatura científica, frente às elevadas taxas de abandono do tratamento em casos de anorexias e bulimias, os principais aspectos relacionados à adesão e permanência são os fenômenos da transferência ou, como se chama em psicologia médica, a aliança terapêutica (Leibovitz; Vieira; Rodrigues, 2016). É fundamental, portanto, ampliarmos a reflexão sobre esses aspectos, visto que se articulam, em grande medida, à possibilidade ou não de início de um trabalho analítico.

Vejamos, primeiramente, como Freud pensou essas questões – e como isso se transformou em sua obra[1] – para depois chegarmos às especificidades das problemáticas alimentares, as quais, muitas vezes, desafiam os postulados da técnica psicanalítica clássica. Na sequência, será apresentado

1 Serão levantados somente alguns pontos que ajudam na discussão proposta.

um recorte clínico e discutiremos, a partir da perspectiva do psicanalista e pediatra Donald W. Winnicott, as possibilidades e desafios de um encontro entre analista e analisando que seja, em si, terapêutico.

Um breve passeio com Freud – sobre início e transferência

No texto "O Início do Tratamento", Freud (1913/2010) propõe que haja um tempo – que chama de "ensaio preliminar" – para que o analista possa conhecer a pessoa que se apresenta, de modo a verificar se esta pode se beneficiar de uma análise e, portanto, se é prudente aceitar seu pedido inicial. A possibilidade de aceitar ou não um paciente em análise estava, aqui, diretamente ligada ao seguinte diagnóstico diferencial: haveria possibilidade de análise para pacientes histéricos e neuróticos obsessivos, mas não parafrênicos.[2] Mesmo ponderando que nem sempre é um diagnóstico simples de ser feito no início, Freud estipula essa medida como precaução, pois a cura só seria possível aos pacientes neuróticos.

Embora esse texto seja um de seus artigos sobre a técnica, em que havia uma preocupação em definir com rigor as recomendações aos que exercem a psicanálise, Freud já reconhece limitações. Compara o processo analítico a um jogo de xadrez em que, mesmo com regras estabelecidas de antemão, carrega infinitas possibilidades de movimentos sempre que uma nova partida começa. Nessa linha, nos brinda com a preciosa colocação: "A extraordinária diversidade das constelações psíquicas envolvidas, a plasticidade de todos os processos anímicos e a riqueza de fatores determinantes resistem à mecanização da técnica" (idem, p. 164).

De fato, a técnica psicanalítica é alterada à medida que a pesquisa avança com a experiência clínica. Uma das grandes modificações é traduzida pela noção de repetição, que foi ganhando destaque no pensamento de Freud e que nos leva de volta à questão inicial: a transferência. A repetição é entendida como um mecanismo característico do aparelho psíquico e pode se apresentar, em análise, como um modo de recordação, visto que alguns

---

2 "Parafrenia" era como Freud nomeava a esquizofrenia naquela época.

conteúdos não serão trazidos à consciência por meio da suspensão de resistências e da rememoração do passado, mas repetidos, na transferência, "como vivência atual" (Freud 1920/2010, p. 177).

Os fenômenos transferenciais, enquanto meios pelos quais a repetição se expressa, passam a ser vistos não apenas como mais uma forma de resistência ao desvelamento de processos inconscientes, mas como possibilidade de colocação do inconsciente em *ato*: "o analisando não recorda absolutamente o que foi esquecido e reprimido, mas sim o atua. [...] Ele o repete, naturalmente sem saber que o faz" (Freud, 1914/2010, p. 199).

Isso retira o analista de uma posição de mero espectador e o insere no circuito pulsional do paciente, expondo-o a demandas primitivas e trazendo peso à sua intervenção (Tanis, 1995). Uma vez que a repetição se apresenta em análise, a um só tempo, como confirmação resignada de que não há outro caminho e como busca esperançosa de abertura de possibilidades, cabe ao analista se situar de modo a possibilitar uma saída. Trata-se, portanto, de um posicionamento que inclui a sua presença real, e não apenas enquanto virtualidade (idem, 1995).

Assim, podemos entender, ainda acompanhando o raciocínio de Freud (1914/2010, p. 206), que "a transferência cria uma zona intermediária entre a doença e a vida, através da qual se efetua a transição de uma para a outra".

Pacientes com transtornos alimentares

Como nos interessa aqui a temática dos transtornos alimentares e, mais especificamente, a clínica com pacientes às voltas com tais manifestações psicopatológicas, sigamos ao entrelaçamento dessas questões.

Sabemos da complexidade no que se refere à construção de vínculo com esses pacientes (Fernandes, 2006). É comum ligarem (ou mandarem mensagem) pedindo para marcar um horário o mais rápido possível e não aparecerem, ou iniciarem um processo analítico com enorme afinco e faltarem por várias semanas seguidas sem avisar. O analista pode ser recusado, ou engolido com voracidade, em seguida jogado fora, como os são os alimentos.

Como diz Fernandes (2010, p. 62), a dificuldade está na dosagem de proximidade e de distância, em encontrar a "justa medida", visto que são pessoas que "não podem ficar sem o alimento psíquico da proximidade do analista, nem toleram ficar expostas à excitação excessiva de sua presença se ela se fizer próxima demais".

O que favorece, mediante tamanha dificuldade – que expressa a dinâmica psíquica desses pacientes –, a construção de uma relação? Penso que o início de um tratamento, a chegada à instituição ou ao consultório, são momentos privilegiados para olharmos com mais atenção a essa possibilidade por vezes tão fugidia.

Ademais, para nos aproximarmos de sofrimentos ligados às falhas precoces nos processos de constituição subjetiva, nos quais, muitas vezes, se situam as dificuldades alimentares (Junqueira, 2010), precisamos ir "além" de Freud. Isso porque, ainda que a relação analista-analisando tenha sido considerada desde o início, a ponto de provocar alterações teóricas e técnicas na psicanálise, sua incansável dedicação voltou-se prioritariamente às dinâmicas e impasses neuróticos (Kupperman, 2008). Não se trata de discordar ou de se afastar das concepções freudianas, o que empobreceria muito a discussão teórica e a prática clínica, mas de considerar que outros autores, como Sándor Ferenczi e Michael Balint, estavam às voltas com os chamados casos-limite, *borderlines*, que exigiam adaptações do analista e do *setting*.[3]

Embora haja um amplo campo de teorias e autores que abordem as questões relacionais em psicanálise a partir dessa clínica, escolhi examiná-las pela ótica de D. W. Winnicott, devido à radical importância por ele atribuída ao contato humano. Para este autor, "é a qualidade do encontro afetivo que se estabelece entre analista e analisando o que pode conduzir à produção de sentidos na experiência psicanalítica" (Kupperman, 2008, p. 75).

Podemos dizer que isso altera a forma como entendemos os contatos (e contratos) iniciais?

Para aprofundar esses aspectos, apresentarei um recorte clínico de uma paciente que chamei de Flora, pois os nossos primeiros desencontros e encontros me parecem bastante ilustrativos para a discussão que proponho.

---

3 Recomendo a tese de doutorado de Camila Junqueira (2010), que trabalha o giro metapsicológico exigido pelos estados-limite e as possíveis articulações entre as teorias pulsional e relacional.

A chegada de Flora ao consultório

"Já tentei me pôr a par do mundo, e ficou apenas engraçado: uma de minhas pernas sempre curta demais."
– **Clarice Lispector**

O tio de Flora, um ex-colega de trabalho, foi o primeiro a entrar em contato comigo: "Minha sobrinha tem bulimia e os pais estão buscando terapia para ela", me escreveu por mensagem de texto, querendo saber se eu tinha disponibilidade para o atendimento. Eu disse que sim, e Flora, com vinte anos de idade na época, me ligou um tempo depois pedindo para marcarmos uma consulta.

No horário marcado, Flora não apareceu. Tentei contato com ela, mas o celular estava desligado. Ligou para mim uma semana depois, dizendo que havia se confundido, anotou o dia errado e perdeu o celular anterior. Marcamos outro horário. No dia combinado, Flora me enviou uma mensagem: estava em uma reunião da faculdade, esqueceu que seria no mesmo dia e não conseguiria chegar ao consultório a tempo, pedindo para remarcar. Marcamos mais um horário. Dessa vez, Flora me ligou na hora da sessão dizendo: "Estou perdida..."; foi uma das primeiras coisas que me contou, antes mesmo de nos conhecermos pessoalmente.

Não encontrando a rua do consultório, entrou em outro prédio, em outra rua, e não achava o número do conjunto dentro desse outro prédio. Era difícil entender onde ela estava. Fui tentando orientá-la e mandei a localização no Google Maps. Passados mais uns vinte minutos, Flora chegou.

Após todas essas tentativas, nosso primeiro encontro foi marcante. Flora sentou, deu um sorrisinho sem graça e disse: "Meus pais já devem ter contado, eu tenho bulimia". Eu disse que nunca tinha tido contato com seus pais, somente com seu tio, como ela sabia. Flora ficou surpresa por um instante e depois continuou: "Então, tenho bulimia!" e disparou a listar seus sintomas de um modo que parecia mais uma descrição do DSM.[4] A minha impressão era de estar ouvindo o relato de alguém que decorou critérios

4 Manual Diagnósticos e Estatístico de Transtornos Mentais, publicado pela Associação Americana de Psiquiatria (APA).

diagnósticos, mas não falava de si, nem de nada importante, só repetia automaticamente como se cumprisse uma tarefa.

Depois dessa primeira sessão, Flora desmarcou as próximas e, quando finalmente conseguimos nos encontrar de novo, perguntei se era ela quem queria fazer terapia ou se estava lá porque alguém queria que ela estivesse. Flora ficou um pouco constrangida com a pergunta e disse que, na verdade, não queria, mas os pais estavam insistindo e a psiquiatra colocou a análise como condição para continuar o tratamento. Eu disse que tínhamos então um dilema, pois havia esses pedidos todos, mas ela não queria estar lá e eu não a obrigaria a ficar. Diante disso, fiz uma proposta: que nos encontrássemos algumas vezes para descobrirmos, juntas, se fazia algum sentido estarmos ali. Flora gostou da ideia e concordou.

Combinado isso, eu disse que gostaria muito de conhecê-la, de saber quem ela era para além da bulimia – obviamente, poderíamos falar disso também, mas a partir do que quisesse me contar, e não porque era uma obrigação (deixei isso claro a ela). Flora me olhava surpresa, em silêncio. Depois disse que era um alívio poder falar sobre outras coisas, pois, de uns tempos para cá, a família só falava sobre peso e comida com ela. E se pôs a contar sobre amigos, brigas, namorado. Falou sobre a faculdade e as angústias em relação a uma graduação que não sabia se queria terminar, nem mesmo se queria ter começado. Eu ouvia tudo isso respirando aliviada. "Ufa! Existe alguém aí", eu pensava. Nesse momento, embora não houvesse muita emoção envolvida em seus relatos, sua fala já não era tão robótica e distante.

Em uma dessas primeiras sessões, Flora contou que foi a uma festa em um lugar lotado e se sentiu "perdida", deslocada. Ia bebendo o que lhe ofereciam e beijando quem a quisesse beijar. Terminou a noite se perguntando se teria transado com um daqueles meninos no banheiro, pois não conseguia se lembrar. Ela me contava isso, novamente, como se não falasse dela, como se estivesse se referindo a outra pessoa, outro corpo. Lembrei-me de quando veio ao meu consultório sem querer vir e se perdeu. Perguntei:

– Flora, você *queria* beijar esses garotos na festa?

Ela me olhou com certo espanto, parecia não saber bem como responder a isso. Talvez nem do que eu estava falando.

– Como assim? Eles quiseram e eu beijei – respondeu.

Ao longo desses encontros, Flora contou de diversas situações como se não lhe dissessem respeito. Não havia, nessas horas, a possibilidade de se perguntar o que queria, o que a angustiava, o que sentia – só agia, ou deixava que agissem sobre ela. Durante esses relatos, eu às vezes perguntava: "Cadê você?", como em nossa primeira conversa por telefone, em que se perdeu e tentei entender onde ela estava. Flora, um dia, respondeu:

– Acho que às vezes eu desapareço...

Meses depois, ela acrescentou que era essa a sensação que tinha quando comia muito, tudo o que via pela frente, sem saber o porquê. Sugeri que poderíamos ir tentando encontrá-la, que talvez fosse esse o nosso trabalho. E por aí seguimos.

Riscos e possibilidades nos primeiros contatos

O que um psicanalista pode fazer diante de um sujeito que não quer estar ali? Seria simples dizer que, se alguém não quer iniciar uma partida de xadrez, não podemos jogar sozinhos e fim de papo. Mas isso colocaria sérias restrições ao atendimento de pessoas com os chamados transtornos alimentares, pois, muitas vezes, são as famílias e/ou equipe multidisciplinar que insistem no atendimento psicoterápico. Além disso, sabemos que alguém que resiste a um tratamento não necessariamente está comunicando que não precisa de ajuda – aliás, pode estar dizendo justamente o contrário.

Segundo Winnicott (1961/2005, p. 265), o paciente leva a uma primeira entrevista "toda sua crença e toda sua desconfiança" e cabe a nós, terapeutas, "permitir que esses extremos encontrem expressão real". Não estamos mais falando de um candidato que quer análise e será ou não aceito, mas de alguém que diz claramente que não quer estar ali, e isso pode ser o que expressa de mais verdadeiro.

No caso de Flora, é nesse momento que ela aparece. É nesse momento, e não em sua chegada ao endereço certo do consultório, que consigo encontrá-la. Quando pergunto se ela quer estar lá e levo muito a sério sua resposta, sem tentar convencê-la a ficar, se abre uma brecha para que uma parceria entre nós se estabeleça. Não é uma posição de alguém que sabe sobre ela, ou o que é melhor para ela, mas um convite a uma descoberta compartilhada. Eu, de fato, não a conhecia e estava interessada.

É importante ressaltar que Flora já contava com um acompanhamento médico e nutricional, o que me liberava de preocupações objetivas em relação à sua saúde física e resguardava as nossas sessões das ansiedades, as quais, por vezes, se configuravam como bastante invasivas, de seus pais em relação à sua alimentação. Aliás, fui entendendo o porquê de sua surpresa quando eu disse que não os conhecia, pois estes costumavam contatar profissionais que a atendiam (inclusive enviando fotos e *prints* de conversas) sem que ela soubesse. Combinamos então que, se em algum momento eu entrasse em contato com seus pais ou eles comigo, ela saberia – o que também se mostrou significativo para que sentisse aquele espaço como sendo dela.

Como muitas vezes se tratam de casos graves e impactantes, atravessados por pedidos urgentes e aflitos, há um grande risco de os profissionais desconsiderarem toda riqueza da cena inicial, que inclui atrasos, faltas, telefonemas e atuações familiares. É fundamental, portanto, que haja uma equipe cuidando de questões como peso e sinais vitais para que o analista possa estar atento à subjetividade de cada pessoa que chega (Alonso, 2016; Malzyner, 2019), de modo a não pactuar com uma desconexão consigo mesmo; ou, aproveitando a expressão de Flora, de modo a não "perdê-la" de vista. Só assim é possível estar aberto a compreender quem é aquele ou aquela que se apresenta, por vontade própria ou não, e propor algo que não seja protocolar, mas que considere, profundamente, suas crenças e desconfianças (Winnicott, 1961/2005).

Ao pensarmos em um início dessa forma, estamos nos colocando em posição de auxiliar em algo que algumas pessoas não conseguem ainda fazer sozinhas: se perceber, física e emocionalmente, de modo a conhecer e reconhecer as próprias necessidades. Isso nos remete a relações muito primitivas, em que uma presença atenta e sensível é constitutiva dos primeiros contornos do corpinho do bebê. Podemos dizer que a construção de uma relação com funções similares é, portanto, além de essencial para a adesão ao tratamento, também o tratamento em si?

Vejamos o que diz Winnicott sobre a função materna e a relação entre analista e analisando.

"Acho que às vezes eu desapareço..."

"Mas se me torno séria e quero andar certo com o mundo,
então me estraçalho e me espanto."
– Clarice Lispector

Destaco essa frase de Flora, pois traduz muito bem o que se passou em nosso primeiro (des)encontro. E não me refiro apenas ao fato de ela ter se perdido e me ligado para confirmar o endereço, mas ao quanto isso se combinou com a minha sensação: quando Flora chegou, eu continuei me perguntando onde ela estava, ainda que a visse sentada bem ali à minha frente. Como mencionei, a apatia de seus relatos me intrigava.

A partir da escuta clínica, psicanalistas apontam a precária percepção das próprias experiências afetivas e sensoriais em casos de anorexias e bulimias (Fernandes, 2010; Jacobsohn 2016), bem como ao assujeitamento característico de sintomas compulsivos (Kalil, 2010). Sabemos que uma grande contribuição de um processo de análise está na atribuição e construção de sentidos em que antes só havia vazios e/ou transbordamento sem qualquer mediação simbólica (idem, 2010); daí a importância do vínculo, como estamos vendo, pois esse é um percurso que, desde o início, não se faz só.

Aqui cabe a pergunta: de que "início" estamos falando, afinal? Das primeiras entrevistas em consultórios/triagens em instituições de saúde? Da relação que se estabelece entre analista e analisando a partir desse começo? Ou das mais primitivas experiências entre o bebê e aquele ou aquela que realiza seus cuidados?

Não à toa, essa questão se colocou ao longo deste capítulo que aborda dificuldades envolvendo a alimentação e possibilidades de construção de uma relação. Sabemos que o olhar, o cheiro, a voz e suas entonações são sinais absorvidos pelo bebê junto com o alimento (Cabassu, 1997) e fornecem os "nutrientes" necessários à constituição psíquica. Diferentemente de outros animais, uma oferta de leite ao filhote humano não dispensa outro humano, pois apenas o leite e suas propriedades nutricionais não são suficientes e, no limite, sem alguém que nos alimente no início da vida, não sobrevivemos.

Segundo Winnicott (1967/2006, p. 55), "quando a mãe e o bebê chegam a um acordo na situação de alimentação, estão lançadas as bases de um relacionamento humano". A forma como a criança vai se relacionar com os objetos e com o mundo contará fortemente com essas primeiras experiências. É interessante notar como isso acontece ao observarmos uma situação aparentemente simples:

> Muitos bebês precisam de um período para começarem a buscar, e quando encontram um objeto não vão querer, necessariamente, transformá-lo de imediato em uma refeição. Eles querem explorá-lo com as mãos e a boca, e talvez queiram prendê-lo com as gengivas. Ocorre, neste caso, uma enorme variação, de acordo com o bebê e a mãe. (Winnicott, 1967/2006, p. 56)

Para que seja possível descobrir a realidade a seu tempo, de forma criativa, é preciso que haja um ambiente que o assegure e ampare, pois, dada a extrema dependência de um recém-nascido, a disponibilidade de um adulto que se ocupe de seus cuidados – não necessariamente a mãe biológica ou uma mulher, pois se trata de *função* materna – é fundamental para o seu desenvolvimento. Se essa sustentação é falha, a criança é obrigada a reagir defensivamente, perdendo grande parte de sua espontaneidade e, na pior das hipóteses, sua capacidade de brincar (Winnicott, 1967/2006).

Fazendo um paralelo entre essas chegadas – de uma criança ao mundo e de uma nova pessoa ao consultório –, é preciso que haja um movimento do adulto/terapeuta no sentido de adaptação às necessidades do bebê/paciente. Exigir que uma pessoa que está extremamente desorganizada psiquicamente, como estava Flora, compareça no dia, horário e endereço combinados, sem disponibilidade do analista para manejar essa situação (marcando outro horário, por exemplo), não seria contribuir para o acirramento de suas defesas? Nesse caso, abandonar o tratamento não seria um sinal de saúde do paciente? O que quero dizer é que, ordenar a um sujeito que se adapte à nossa técnica, ao nosso tempo, não suportando sua própria condição subjetiva, pode estar a serviço da ampliação de um falso self que o afasta de si mesmo e de seu mundo interno – nada menos terapêutico!

Quando discorre sobre os objetivos do tratamento psicanalítico, Winnicott (1962/2007) distingue a prática de uma análise padrão (interpretações pautadas na transferência) daquilo que chama de "análise modificada"; distinção que exige um diagnóstico contínuo sobre o caso, com o intuito de situar o que é necessário para aquela pessoa naquele momento. Diz o autor: "Faço análise porque é do que o paciente necessita. Se o paciente não necessita de análise, então faço alguma outra coisa. [...]. Sempre me adapto um pouco às expectativas do indivíduo, de início. Seria desumano não fazê-lo" (idem, p. 152).

É evidente que não se trata de tentar suprir ou tolerar qualquer coisa, o que não seria nem possível nem benéfico ao processo analítico. Há regras que precisam ser estabelecidas para que um trabalho possa acontecer. No exemplo anteriormente citado, quando combinamos que as faltas seriam cobradas assim como as outras sessões, Flora passou a me pagar quando não vinha e não avisava com antecedência (eram seus pais que pagavam, mas era ela quem intermediava essa transação), e eu fazia questão de receber. Isso nos dava mais liberdade para falar sobre os sentidos dessas faltas sem incômodos do meu lado e sensações de dívida por parte dela, que no início ficava extremamente constrangida quando se desorganizava e não conseguia chegar à sessão.

De que se tratam, então, tais modificações? O que há na perspectiva *winnicottiana* que nos ajuda a pensar o vínculo?

Poderíamos adentrar mais em suas teorias, esse seria um bom caminho. Mas, para sentirmos um "gostinho" do estilo clínico de Winnicott, remeto o leitor a uma pequena passagem de um de seus grandes admiradores: Masud Khan. Príncipe e psicanalista, Kahn (1991) conta sobre o atendimento de uma jovem que lhe foi encaminhada pelo próprio Winnicott. A moça, chamada Veronique, tinha 13 anos de idade e estava internada em uma clínica de repouso próxima de Londres devido à "recusa de alimento e de ir à escola" (idem, p. 45).

O que quero destacar é a recomendação que acompanhou esse encaminhamento. Segundo Khan (1991), Winnicott pensou nele especificamente para atender a este caso devido ao interesse comum que tinha com Veronique em cavalgar. Após o consentimento de Khan em ir conhecê-la naquele mesmo dia na clínica onde estava, Winnicott "comentou com sua costumeira ironia: 'Ah, Khan, não troque de roupa. **Suas botas e sua gravata de equitação darão mais segurança a Veronique do que qualquer coisa que você diga**. Boa sorte, Khan'" (idem, p. 46, grifo nosso). E assim foi ele encontrar Veronique.

É em alguma chance de conexão autêntica entre Khan e essa jovem que Winnicott aposta. Propõe, inclusive, que as botas de equitação possam ser mais eficazes para tal propósito do que qualquer intervenção verbal. É essa também a nossa aposta quando aceitamos receber alguém no consultório: que o encontro ou desencontro possibilite alguma conexão conosco e, principalmente, consigo mesmo – movimentos que, em pacientes fragilizados egoicamente, são coincidentes.

Em um momento muito rudimentar do desenvolvimento emocional, o cuidador funciona como ego auxiliar ao bebê até que seja possível a introjeção desse apoio e fortalecimento do próprio ego. Existir é, antes, existir com alguém e em alguém (Winnicott, 1958/2007). É por isso que Flora, desencontrada de si mesma, pôde se achar ao encontrar uma analista que estava à sua procura.

Considerações finais

"O paradoxo é que minha condição de manca é também alegre porque faz parte dessa condição."
– Clarice Lispector

Discorrendo sobre fenômenos transferenciais e alterações na técnica psicanalítica clássica, muitas vezes necessárias para o atendimento de pacientes com transtornos alimentares, passamos da transferência enquanto resistência e via privilegiada de acesso a conflitos e fantasias inconscientes à relação analítica enquanto terapêutica em si mesma, a partir de algo que não é somente da ordem da repetição e rememoração, mas também daquilo que se inaugura no encontro da dupla analista-analisando. Nesta linha, a ideia não é quebrar defesas que dificultam o acesso aos conteúdos recalcados, e sim aceitar aquele que chega tal como é, adaptando-se as suas necessidades mais primitivas para que possa, quando se sentir seguro nessa relação, e em seu ritmo, se despir de uma armadura protetora não mais necessária (Moura, 2018).

Inevitável lembrar a belíssima frase de Winnicott, que brinca com os movimentos de aproximação e distanciamento humanos: "é uma alegria estar escondido e um desastre não ser encontrado" (1963/2007, p. 169). Em nosso jogo de esconde-esconde, foi possível construir com Flora, ao longo do tempo, uma relação não invasiva, que não propunha uma exposição total, mas também não a deixava perdida e sozinha em seu próprio esconderijo. Encontrá-la, permitindo que preserve seus espaços secretos: eis o grande desafio!

Como vimos, a presença de um adulto afetivamente disponível, bem como a disponibilidade de um terapeuta genuinamente interessado, podem criar condições para que isso aconteça.

Ao final da crônica citada, diz Clarice Lispector: "a condição [humana] não se cura, mas o medo da condição é curável". E como se cura medo? – poderíamos questionar. Não penso que exista uma fórmula, obviamente, mas sabemos que, quando uma criança acorda assustada e pode contar a alguém confiável o seu pesadelo, o desespero diminui.

Haveria ainda muito a dizer e a explorar, mas, por ora, me contento em ressaltar mais as potências do que as dificuldades das relações iniciais. Afinal, se muitas vezes é isso o que adoece, também é isso o que nos constitui e que pode curar.

Referências bibliográficas

ALONSO, A. T. A. A. "A relevância da interação da equipe multidisciplinar". Em: WEINBERG, C. *Psicanálise de transtornos alimentares vol. II*. São Paulo: Primavera Editorial, 2016.

CABASSU, G. "Palavras em torno do berço". Em: WANDERLEY, D. (Org.). *Palavras em torno do berço*. Salvador: Ágalma, 1997.

FERNANDES, M. H. *Transtornos alimentares*. São Paulo: Casa do Psicólogo, 2006.

______. "O corpo recusado na anorexia e o corpo estranho na bulimia". Em: GONZAGA, A.P.; WEINBERG, C. *Psicanálise de transtornos alimentares*. São Paulo: Primavera Editorial, 2010.

FREUD, S. "O início do tratamento (1913)". Em: FREUD, S. *Observações psicanalíticas sobre um caso de paranoia relatado em autobiografia:* ("O caso Shreber"): artigos sobre técnica e outros textos (1911-1913). São Paulo: Companhia das Letras, 2010.

______. "Recordar, repetir e elaborar (1914)". Em: FREUD, S. *Observações psicanalíticas sobre um caso de paranoia relatado em autobiografia*: ("O caso Shreber"): artigos sobre técnica e outros textos (1911-1913). São Paulo: Companhia das Letras, 2010.

______. "Além do princípio do prazer (1920)". Em: FREUD, S. *História de uma neurose infantil:* ("O homem dos lobos"): além do princípio do prazer e outros textos (1917-1920). São Paulo: Companhia das Letras, 2010.

JACOBSOHN, P. G. "Sobre o exercício da clínica dos transtornos alimentares". Em: WEINBERG, C. *Psicanálise de transtornos alimentares vol. II*. São Paulo: Primavera Editorial, 2016.

JUNQUEIRA, C. *Rumo à 'metapsicologia dos limites'*: o diálogo possível entre a teoria pulsional e a teoria das relações de objeto e algumas de suas consequências – Freud, Winnicott e Green. Tese (Doutorado em Psicologia) – Universidade de São Paulo, São Paulo, 2010.

KALIL, F. "A compulsão alimentar e suas implicações na clínica psicanalítica". Em: GONZAGA, A. P.; WEINBERG, C. *Psicanálise de transtornos alimentares*. São Paulo: Primavera Editorial, 2010.

KHAN, M. *Quando a primavera chegar:* despertares em psicanálise clínica. São Paulo: Escuta, 1991.

KUPPERMAN, D. "Presença sensível: a experiência da transferência em Freud, Ferenczi e Winnicott". *Jornal de Psicanálise.* dez. 2008;41(75):75-96,.

LEIBOVITZ, F. M. S; VIEIRA, C. M; RODRIGUES, L. "Notas sobre o abandono do tratamento. Da revisão de literatura científica às contribuições da psicanálise aplicada à clínica das Anorexias e Bulimias". Em: WEINBERG, C. *Psicanálise de transtornos alimentares vol. II.* São Paulo: Primavera Editorial, 2016.

MALZYNER, G. *Atendimento de pacientes com transtornos alimentares:* revisitando a técnica psicanalítica. São Paulo: Sá Editora, 2019.

MOURA, L. *Ferenczi e Winnicott*: análise com adultos na língua da infância. Terra de Areia: Triângulo Graf, 2018.

TANIS, B. "A transferência e o infantil". *Revista Percurso*, n.14, p. 45-53, jan.1995.

WINNICOTT, D. W. "Variedades de psicoterapia (1961)". Em: WINNICOTT, D.W. *Privação e delinquência.* São Paulo: Martins Fontes, 2005.

______. "O ambiente saudável na infância (1967)". Em: WINNICOTT, D.W. *Os bebês e suas mães.* São Paulo: Martins Fontes, 2006.

______. "A capacidade de estar só (1958)". Em: WINNICOTT, D. W. *O ambiente e os processos de maturação:* estudos sobre a teoria do desenvolvimento emocional. Porto Alegre: Artmed, 2007.

______. "Os objetivos do tratamento psicanalítico (1962)". Em: WINNICOTT, D. W. *O ambiente e os processos de maturação:* estudos sobre a teoria do desenvolvimento emocional. Porto Alegre: Artmed, 2007.

______. "Comunicação e falta de comunicação levando ao estudo de certos opostos (1963)". Em: WINNICOTT, D. W. *O ambiente e os processos de maturação:* estudos sobre a teoria do desenvolvimento emocional. Porto Alegre: Artmed, 2007.

O Mínimo para Viver: a arte como recurso simbólico no tratamento de uma jovem com anorexia

CARLA PUGLISI

"A gente não quer só comida,
A gente quer comida,
Diversão e arte
A gente não quer só comida,
A gente quer saída
Para qualquer parte"
– Titãs

Esse capítulo pretende, a partir de uma cena do filme *O Mínimo para Viver* de Marti Noxon (2017), trabalhar conceitos psicanalíticos como fantasia inconsciente, espaço potencial, posição depressiva e esquizoparanoide, sublimação, entre outros. Sobretudo, como os referidos conceitos apresentam-se na clínica dos Transtornos Alimentares e, especificamente da anorexia. Considero que esses conceitos são fundamentais para entender o mundo interno dessas pacientes e seu quadro sintomático, bem como para pensar a elasticidade da técnica analítica e às articulações possíveis.

O filme *O Mínimo para Viver* retrata o percurso de Ellen, cujo nome é alterado para Eli ao longo do tratamento. Uma jovem de 20 anos que desenvolveu sintomas anoréxicos e busca tratamento para sua doença através da internação numa clínica multidisciplinar dirigida por um psiquiatra especialista em Transtornos Alimentares. Nessa clínica são abordados aspectos da sua doença, da sua problemática familiar e do relacionamento com os demais jovens internados.

Ellen é filha de pais separados. Eles se separam logo após seu nascimento e aparentemente a separação ocorreu porque sua mãe teria tido depressão pós-parto, e a vida pessoal do casal teria se deteriorado. Seu pai casou-se novamente com outra mulher, com quem teve uma filha, Kelly, dois anos mais nova que Ellen e com quem tem uma boa relação. Sua mãe se casa com outra mulher e muda-se de cidade, levando-a para morar consigo, mas, por não conseguir mais lidar com a doença da filha, a envia para morar com o pai.

O filme inicia com Ellen saindo de um hospital e voltando para a casa do pai, onde reencontra a irmã. Logo depois é levada pela madrasta a outra clínica, dirigida pelo psiquiatra Beckham (especialista em Transtornos Alimentares). Nessa clínica, Ellen conhece outras seis pessoas, cinco moças e um garoto inglês chamado Luke, que se apaixona por ela durante o tratamento. A protagonista gostava de desenhar e postava seus desenhos no Instagram, mas durante o período de internação interrompeu essa atividade que tanto lhe gratificava, e um dos motivos foi por sentir-se responsável pelo falecimento de uma menina que viu seus desenhos.

Um dos momentos significativos do tratamento, a ser explorado neste capítulo, é a cena da exposição de arte interativa, em que a paciente "mergulha na chuva". Este foi um dos manejos terapêuticos utilizados pela equipe multidisciplinar no tratamento dos jovens com Transtornos Alimentares. A ideia era que eles se sentissem convidados a mergulhar nas "águas da chuva" sentindo toda a estética e sensações promovidas pela experiência.

O grupo de pacientes com Transtornos Alimentares foi conduzido a essa exposição de arte interativa, uma forma de arte que envolve a participação dos espectadores. Este seria um manejo lúdico na visão deste estudo, e através dele foi possível acessar as fantasias inconscientes mais arcaicas e torná-las passíveis de serem interpretadas e ressignificadas ao longo do tratamento.

Interrogo-me sobre o fato desta cena da exposição interativa chamar-me a atenção a ponto de gerar este capítulo do livro. Mobilizada pelo impulso epistemofílico, senti-me tocada e inspirada pela cena, o que despertou uma série de sensações e pensamentos que me entusiasmaram a escrever.

Penso que uma grande contribuição veio do caso clínico de uma paciente com diagnóstico de anorexia que eu estava atendendo concomitantemente no consultório e que interrompeu a análise, deixando de explorar o espaço analítico. Seu tratamento não prosseguiu, e fomos impedidas de adentrar em seu mundo interno, abortando a possibilidade de explorar suas fantasias arcaicas e de poder lidar com a relação transferencial característica daquele momento. Senti-me impotente e penso que este estudo foi uma maneira de elaborar e transformar esse sentimento num movimento criativo e simbólico. Para isso, Ellen foi tomada como minha paciente, e com ela pude realizar o que sonhei com minha paciente que interrompeu a análise.

Relação mãe-filha e a representação simbólica

No filme em questão, a jovem com anorexia precisava do suficiente, ou melhor, do "mínimo para viver", representado, por exemplo, pela simplicidade de sua satisfação e gratificação na "brincadeira da chuva" – que poderia ser equiparada à vivência com uma mãe suficientemente boa que promove uma relação gradativa, boa e segura com a criança, facilitando a introjeção de um bom objeto (Winnicott, 2000).

A primeira relação de objeto do bebê, com o seio materno e com a mãe, fica introjetada e enraizada no ego em relativa segurança, sendo um núcleo gerador de pulsões de vida, o que assenta a base para um desenvolvimento satisfatório. O "seio bom", como protótipo da bondade materna, pode ser sentido como sendo a fonte de nutrição e da própria vida, tornando-se parte do ego do próprio bebê, o que promove uma segurança interna em seus próprios recursos (Klein, 1943).

Num contraponto a essa vivência, está a mãe de Eli que com depressão pós-parto possivelmente teve dificuldades em atender às necessidades de sua filha, o que pode ter promovido um descompasso e um desencontro na relação mãe-bebê, com um consequente registro de insegurança e desconfiança no mesmo.

Podemos pensar, a partir do referencial kleiniano, que esse cenário prejudicaria à identificação com um bom objeto internalizado e propiciador de vida, que se tornaria por sua vez uma força propulsora para a criatividade.

Observa-se no filme que Eli, sem essa reserva interna de confiabilidade, tem dificuldades para seguir criando seus próprios desenhos; o que por sua vez seria uma maneira de elaborar seus conflitos e uma possibilidade sublimatória e sadia de fusão da pulsão de vida e de morte, no sentido da força com a vitalidade.

Essa desconfiança também se apresenta nos vínculos externos – e não somente com os objetos internos – e a protagonista tem dificuldades para receber algo do ambiente, característica comum em jovens com anorexia. Na experiência da galeria de arte e na relação transferencial com o psiquiatra, ela mostra-se desconfiada e resistente a acolher o que lhe é ofertado. Essa experiência lúdica, proposta pela equipe multidisciplinar, levanta a possibilidade de deslocamento desse pensamento por novas aberturas e diálogos, como veremos neste capítulo; o que destaca a riqueza desses recursos na clínica com jovens com anorexia.

Como Malzyner (2019) discorre, a arte, filmes, livros e músicas – que ecoem com a experiência interna do analista – podem ser utilizados na análise para ampliar o universo simbólico do psiquismo desses pacientes.

Meninas com anorexia substituíram a possibilidade de acessarem o recurso da representação simbólica, então fazem uso dos atos-sintomas no lugar do sonho que jamais foi sonhado (Fernandes, 2006). Assim, quando foi proposto à Eli que experimentasse a vivência na galeria de arte, abriu-se uma possibilidade de habitar o silêncio, de criar, dando vazão à fantasia de um texto-sonho. O que surge a partir dessa experiência é singular e proporciona um material psíquico que será analisado neste capítulo.

Segal (1993) aborda a temática da arte correlacionada à psicanálise. Refere que Freud sempre foi fascinado pela arte e a descoberta da fantasia inconsciente e do simbolismo propiciaram à psicanálise uma nova compreensão dela, como expressão simbólica suprema da fantasia, que permite fazer surgir conflitos e fantasias inconscientes, bem como elaborá-las. Ela retoma a ideia de que a arte incorpora, simboliza e evoca no receptor certa espécie de emoção arcaica de tipo pré-verbal, e está enraizada na fantasia inconsciente profunda, que pode expressar-se por certo grau de relaxamento da repressão do artista. Este, diferente de um devaneador, que evita conflitos por meio de satisfações onipotentes de desejo e de negação da realidade externa e psíquica, busca localizar o conflito e resolvê-lo em sua criação.

Neste contexto, para Eli seguir na experiência de exploração na galeria de arte, bem como para seguir criando seus desenhos pela via simbólica, seria importante adentrar na posição depressiva, acessando seu mundo interno – a ambivalência, a culpa e a perda–, podendo com isso deslocar os afetos e interesses a partir dos objetos iniciais para outros objetos continuamente, num movimento criativo e simbólico.

Um dos desafios para meninas com anorexia, em direção ao desabrochar de sua feminilidade e da posição depressiva, é esse "deslocamento de afetos", que envolve suportar lutos e perdas. O objeto que desperta o luto é o seio da mãe, juntamente com tudo aquilo que o seio e o leite passaram a representar na mente do bebê: o amor, a bondade e a segurança.

O bebê sente como se tudo estivesse perdido como resultado das fantasias e impulsos destrutivos e vorazes contra o seio, e só é possível viver esse desmame quando o objeto bom está internalizado.

Essa ideia é ratificada por Godfrind (2008), quando afirma que para a jovem com anorexia poder criar é preciso primeiro renunciar ao que ama, fazer o luto do amor homossexual primário materno, para poder recriá-lo. Há com isso um colapso da idealização, um desalento, mas também um movimento para a criação. Ocorre a perda dessa fonte primária de gratificação e sua recuperação posterior. E o único modo pelo qual pode fazer isso é encontrando uma expressão simbólica na arte por exemplo: "A criação desse mundo interno é também a recriação inconsciente de um mundo perdido" (Segal, 1993, p. 97).

Nesse contexto, o símbolo pode ser utilizado na posição depressiva para superar a perda do objeto original, e não para negá-la. E isso confere ao sujeito um desejo de recriar o objeto dentro de si e uma liberdade inconsciente para seu uso.

Essa perspectiva é diferente da posição esquizoparanoide, em que jovens com anorexia podem encontrar-se. Nela, o conceito de ausência praticamente não existe, há uma dificuldade para vivenciar o luto, e predomina o uso da equação simbólica, na qual o símbolo substituto é sentido como sendo o objeto original; utilizado, portanto, para negar a ausência do objeto ideal ou para controlar o objeto persecutório.

Caso clínico: a construção simbólica a partir do luto do lugar infantil e da falta

Relatarei o caso clínico de uma jovem com anorexia, que atendi por um ano e meio, a quem chamarei de Cátia. Ela começa a criar textos e inicia pelo roteiro da viagem de intercâmbio, a partir do lugar de abertura e da falta que começa a existir entre ela e sua mãe, pela experiência de estar "separada". O percurso analítico foi acompanhando seu processo de luto (do lugar infantil) e permitiu à analisanda que pudesse acessar seus novos interesses e essas escolhas pessoais.

Para algumas jovens com anorexia, quando surge a posição depressiva – e a necessidade de confiar em seus sentimentos construtivos e reparadores –, o processo de luto é prejudicado pelo desenvolvimento de defesas maníacas, que se voltam essencialmente contra o "anseio" pelo objeto amado. Essas defesas protegem a jovem com anorexia, mas com o elevado custo de aprisioná-la em uma fortaleza, sem poder mergulhar em seu potencial artístico, e são utilizadas para controlar suas fantasias destrutivas (Ribeiro, 2011).

O excesso de exercícios físicos, o controle do peso e das calorias dos alimentos ocupam o pensamento dessas meninas, apontando para um mundo interno tão atacado por impulsos agressivos e destrutivos e, em outros momentos, mundos congelados e povoados por objetos escravizados como formas de controle da ação de mentes que se sentem perdidas e sem autonomia para desenvolver a própria criatividade.

Cito uma passagem do texto escrito por Cátia, que para além do excesso de exercícios físicos e controle da alimentação, começa a criar e escrever textos no Instagram, contando suas próprias histórias. Penso que tecendo um texto que pudesse resgatar um significado inconsciente e restaurar algo em si mesma, de sua realidade interna:

> Eu nunca. Nunca fui de me abrir sobre o que estava me deixando para baixo, nunca contei uma história por inteiro, nunca me permiti contar os meus maiores segredos. Sinto que só consigo chegar mais perto dos meus limites quando realmente estou nele, e aí a pequena formiga já virou um monstro. O mundo está cheio de pequenas formigas, que quando viram monstros, as pessoas se perguntam como nunca as viram.

Esse texto me leva a pensar no mundo interno de Cátia, e como sente-se povoada por formigas e ameaçada a ponto de defender-se "virando um monstro", que ataca e sente-se perseguida posteriormente. Seu texto não é simplesmente uma criação, mas a revelação de uma realidade interna. Seria um paradoxo inerente ao simbolismo, já que a obra produzida e escrita é nova, mas surge da ânsia de recriar e restaurar.

Sou levada a pensar na sua escrita como um simbolismo, resultado de um trabalho psíquico e que deu ao texto a liberdade para seu uso. Minha analisanda pôde gerar e criar algo, a protagonista do filme volta a gerar desenhos, e eu sigo escrevendo este capítulo.

Minha analisanda muda de país ao longo do processo de análise, sem firmar uma possibilidade de atendimento virtual, o que inviabilizou a continuidade desse movimento de restauração das fantasias arcaicas e resgate do impulso epistemofílico, no sentido da curiosidade e criatividade. Ela foi, mas há ainda algo dela e de nossa relação que segue comigo, já que a produção deste capítulo se deu, penso eu, como uma forma de seguir pensando e elaborando o que foi, por ora, interrompido por ela.

Seguindo no sentido de uma possível elaboração, penso que o caminho analítico pelo "espaço potencial" da arte pode ser muito relevante no manejo com esses pacientes (Winnicott, 2000). Seria um espaço intermediário entre mundo interno e externo, entre a realidade psíquica e a realidade externa, entre o eu e o não-eu, que articula a ausência e presença da mãe (Nacif, 2016). Winnicott (2000) afirma que isso se daria numa área intermediária, onde ocorrem relações repletas de subjetividade com objetos concretos e reais, que não são objetos internos.

Retomo a experiência na galeria de arte que pode ser pensada como um "fenômeno transicional", fundamental para o desenvolvimento humano, pois leva o indivíduo para um novo sentido da realidade. Isso é possível quando há um sentido de segurança e sustentação que acompanham a experiência, que a protegem de possíveis invasões do ambiente (Nacif, 2016). Essa função de paraexcitação foi proporcionada pela equipe multidisciplinar na exploração da galeria de arte, "protegendo" os pacientes contra as excitações provenientes do mundo exterior, que pela intensidade os ameaçariam. Eles deixam-se penetrar por essa presença continente, que evitou que os pacientes fossem "invadidos", ficando à mercê dos próprios impulsos. Essa função de paraexcitação se apresentaria em sua tripla dimensão, como afirma Fernandes (2006, apud Kalil, 2010, p. 131): de proteção, mediação e libidinização.

Penso que a intervenção na galeria de arte tem profunda ligação com o que se vislumbra numa análise no sentido de experiências que contemplem: acolhimento, escuta – dosando silêncio e palavras – sem pressa, sem ter a pretensão de adequar a teoria àquilo que o paciente apresenta. Enfim, um caminho de criação da dupla. Neste sentido, o analista não é excessivamente ausente ou presente, mas capaz de possibilitar a experiência da falta, gradativamente.

Para Winnicott (2000), os fenômenos transicionais encontram-se no meio do caminho, entre a realidade subjetivamente concebida e a realidade objetivamente percebida, e funcionam como uma passagem facilitadora. São oriundos de uma área de ilusão de onipotência e começam a ocorrer por volta dos oito e dez meses, quando o processo de desilusão está ocorrendo. Eles oferecem continuidade à experiência de ilusão, modificando gradualmente seu grau de onipotência. Seria o início da capacidade de simbolização pelo brincar e criar.

A vivência transicional abre espaço para a possibilidade de aceitar diferenças e similaridades, propiciando que o mundo cruel e sádico possa começar a se tornar um mundo mais real, com o bom e o mal, com o dentro e o fora, como o eu e o não eu.

Volto à minha paciente, e ao longo do processo de análise de Cátia, percebia a importância dessa tripla dimensão. Ela se questionava sobre as próprias escolhas e desejos que agora podiam aparecer nesse espaço de separação mãe-filha. Ficava confusa e irritada com os conflitos relativos à realidade subjetivamente concebida e a realidade objetivamente percebida. O que era bom e mau? O que é certo ou errado? O que é meu e o que é da minha mãe? Qual será minha escolha profissional? Poder escutar-se na análise, apropriar-se das próprias impressões com o “suporte da analista” parecia muito relevante neste processo. Sua escrita que era compartilhada na análise lhe auxiliava a metabolizar essas sensações e vivências, podendo sentir por si mesma.

A relação transferencial, a fantasia inconsciente e o processo de simbolização

No filme, a equipe multiprofissional também promove um campo a ser explorado pelo "brincar", do mesmo modo como o processo analítico constitui-se como um campo de ressignificação das experiências. Uma possibilidade para reabrir o estado de revisitação à formação de símbolos, reeditando o caminho pulsional. Este que outrora estava superexcitado e fixado em etapas da oralidade, confundindo o processo identificatório da feminilidade.

O médico no filme e a analista com sua paciente se deparam com uma equação simbólica e mergulham na experiência da fantasia inconsciente com seus pacientes. No filme, o médico é o primeiro a mergulhar na "chuva" e, deste modo, as projeções não ocorrem no vazio, mas forma-se um campo. Deixam-se sentir e tocar. Não há palavras que possam definir as sensações vividas nessa experiência. Retoma-se um estágio da fantasia arcaica inconsciente (com a encenação da pulsão, angústia, defesa e objeto), mas agora reeditado na relação com o médico-analista, num novo contexto favorável. Seriam novas formas de dar contorno as experiências e sensações psíquicas.

Essa vivência abre um caminho para a nomeação dos afetos e ao resgate das palavras perdidas. Logo após a experiência na "chuva", Eli se retira para um local mais distanciado do grupo e expressa um incômodo ao médico. Ela diz: "a vida é bela, mas toda essa besteira", e ele faz uma nova intervenção terapêutica à paciente. Há uma expansão do conhecimento de Eli e uma esperança de que interrompa o processo de autocópia daquilo que já existe nela, uma fixação, como se fosse viciada em si, voltando a ser criadora de seu próprio mundo.

A protagonista, com um mundo interno tão rígido, aponta para o fracasso da relação entre o superego e o id, numa luta que domina os processos mentais, com supremacia da pulsão de morte que consome a energia, a ponto de lhe levar ao quadro de anorexia. Um rigor fruto da tirania desse do superego arcaico, que impede o livre curso da brincadeira, experiência artística, fantasias e simbolismo.

A experiência gratificante na galeria de arte, proposta pelo tratamento, ajudaria a tornar seu superego menos severo e mais amistoso para desenvolver jogos de fantasia. Estes, por sua vez, ajudam na representação de papéis, elaboração das experiências, para separar identificações que agiam dentro de Eli. Poderia por isso expelir o pai e a mãe que absorvera para dentro de si – e que agora a atormentam com severidade. Isso promoveria prazer ao explorar a experiência cultural e o simbólico iria aparecer.

Quanto mais o desenvolvimento do superego e o desenvolvimento libidinal avançam em direção ao nível genital, mais as identificações fantásticas (boas e más) e realizadoras de desejos (cuja fonte é a imagem de uma mãe que oferece gratificação oral) se aproximam de pais reais. No início do tratamento de Eli, as imagos parentais internas eram mais ameaçadoras e punitivas, e a experiência na galeria de arte auxiliaria a criar imagos mais moderadas, pela relação com a equipe multidisciplinar na própria experiência também. Há um processo gradual de integração de seu superego que deve ocorrer nos pacientes com Transtornos Alimentares.

Penso que o "mergulhar na chuva" está para a fantasia inconsciente de "explorar a barriga da mãe". A fantasia inconsciente para Klein (1945) é considerada como uma formação imaginária, num palco imagético em que diversos personagens encenam angústias, defesas e relações objetais, relativos a aspectos e partes do sujeito que fantasia e dos objetos. Elas permeiam toda a vida do ser humano, como matéria-prima que dá forma a energia livre do inconsciente e expressão mental da pulsão. Ela expressa esse conteúdo do anseio ou do sentimento – ódio, medo, amor, tristeza, ansiedade – e mostra que o indivíduo o sente como se estivesse vivendo-o.

Para Issacs (1943), o conceito de fantasia inconsciente não se restringe apenas aos desejos libidinais, mas inclui também as pulsões destrutivas e angústias, bem como os meios de defesa contra estas, que objetivam controlar e inibir as necessidades pulsionais e expressar desejos de reparação.

Para a autora, a fantasia é também precursora do processo de simbolização. Navegando neste contexto, penso que quando a protagonista Eli entra na "chuva", pode retomar sua capacidade simbólica. É como se estivesse retomando a fantasia arcaica na fase da feminilidade, da cena primária de explorar a barriga da mãe e roubar seus conteúdos, com um ataque e a consequente culpa persecutória (Klein, 1945). Na barriga há pênis, bebês e fezes – um tesouro –, e há uma tentativa de controle do objeto por parte da criança. Essas fantasias sádicas dirigidas contra o interior desse corpo constituem a primeira e mais básica relação com o mundo externo e com a realidade. Pelo medo da retaliação materna e, ao mesmo tempo, pelo desejo de novas gratificações, a menina sai dessa fase e segue avançando para a posição genital e depressiva, rumo à feminilidade.

E como fica Eli nessa exploração da galeria-barriga? De início, fica com receio da experiência, fica como observadora. Mas depois embarca na mesma junto com os outros pacientes, vivendo a experiência com gratificação. Alguns dançam, outros só levantam timidamente as mãos, mas uma nova possibilidade criadora para a formação de símbolos abre-se a eles.

Esse ato de criar e explorar apresenta um movimento libidinal movido pela curiosidade e um movimento agressivo, que gera medo da retaliação. Está em jogo o impulso epistemofílico e, ao mesmo tempo, a agressividade e o sadismo para se investigar.

No início, Klein (1930) considerava a ansiedade como inibidora das capacidades de investigação e curiosidades, mas com seus novos estudos passa a considerá-la como fundamental para o desenvolvimento. Inclusive em "Situações de ansiedade infantil refletidas numa obra de arte", Melanie Klein (1929) vai mais longe, considerando a ansiedade como um impulso que gera criatividade. Todavia, é importante que as fantasias de ataque não se fixem como preponderantes na relação mãe-filha, pois isso engessaria a formação de símbolos. No filme, sou levada a pensar que a relação de Eli com sua mãe foi sofrida e, possivelmente, as experiências de satisfação e amor não foram suficientes para mitigar às frustrações, o que pode ter favorecido o predomínio da pulsão de morte. A experiência na chuva parece ter resgatado algo de satisfação e gratificação que tem ligação com a pulsão de vida.

Quando Eli sai da experiência de "exploração da chuva-barriga", recolhe-se num local distanciado do grupo e desqualifica a experiência. Parece-nos um efeito da inveja primária sobre o desenvolvimento da capacidade de gratidão e de felicidade, o que prejudica a internalização do bom objeto pela ação da pulsão de morte.

A inveja pressupõe a relação do indivíduo com uma só pessoa e remonta a mais arcaica e exclusiva relação com a mãe (Klein ,1945). O primeiro objeto a ser invejado é o seio nutridor, pois o bebê sente que foi privado de gratificação, por supor que esta foi guardada para uso próprio do seio que o frustrou; e isso o torna mau. Essa inveja primitiva parece revivida na situação transferencial, e a oferta de "alimento" (pela experiência na galeria) torna-se alvo de crítica destrutiva. Eli reluta em atribuir sucesso ao trabalho do psiquiatra e pode sentir que é indigna de beneficiar-se da experiência devido à culpa pela desvalorização do auxílio dado.

Por outro lado, ao lidar com essa reação terapêutica negativa, o psiquiatra acolhe a paciente, proporcionando uma experiência mais flexível e amistosa. Com isso, o superego, como objeto interno, pode ganhar uma função de comedimento e de autopreservação.

Logo após a experiência na chuva, Eli se retira para um local mais distanciado do grupo, como mencionado acima, com seu cigarro. Parece angustiada, culpada, frustrada e retoma seu prazer oral. O médico tira o cigarro de sua mão e abre espaço para que angústias e ansiedades fossem nomeadas, no lugar das defesas. Eli torna-se mais capaz de enfrentar a sua realidade psíquica, com uma maior integração interna, que advém da pulsão de vida.

Essa integração progressiva, por sua vez, leva a um sentimento de inteireza tanto do self como das relações de objeto à medida que se aproxima da posição depressiva. Eli pode caminhar de uma preocupação com a sobrevivência do self para um reconhecimento da dependência em relação ao objeto e a consequente preocupação com seu estado.

Esse acolhimento transferencial a ajuda a desenvolver a gratidão que é essencial à construção da relação com o objeto bom, e é também o fundamento da apreciação do que há de bom nos outros e em si mesmo (Klein, 1945).

O trabalho analítico vai, portanto, trazendo o "como se", e vai removendo os imperativos superegoicos que o "é" traz para a experiência. A protagonista tinha parado de desenhar por acreditar que tinha matado uma menina com seu desenho. Era importante derrubar as teses desse superego rígido, reassegurando o ego de ter bons objetos internos, e isso leva à possibilidade de simbolização. Um ego mais frágil, como o da jovem com anorexia, atacado pelas angústias e ansiedades, só é capaz de defender-se do superego ameaçador pela repressão. Quando o superego arcaico é muito rígido, não há espaço para o pensamento.

Com o alavancar do tratamento, Eli torna-se mais apta a traduzir em seus desenhos e sublimações, os conflitos dos processos de individuação da adolescência e os lutos vividos. Com uma crescente capacidade de transpor suas fantasias calma e ininterruptamente nos jogos, na arte e de enriquecê-los com o elemento da realidade.

Essas modificações no caráter das fantasias e no jogo-arte é acompanhada de outras transformações importantes que podem afetar sua personalidade inteira. É possível adotar um comportamento mais livre e mais ativo, testemunhado pelo desaparecimento de muitas inibições e pela modificação de sua atitude tanto no que concerne ao seu ambiente imediato como o mais afastado. Eli passa a comer mais na clínica, relacionando-se com o alimento de outro modo. Ela pode sair da excelência na produção artística e passar para a suficiência, e há novas possibilidades que passam a circunscrever sua vida, ampliando seu repertório simbólico.

Referências bibliográficas

FERNANDES, M. H. *Transtornos Alimentares*. São Paulo: Casa do Psicólogo, 2006

FREUD, S. (1911). "Formulações sobre os dois princípios do acontecer psíquico". Em: *Obras psicológicas de Sigmund Freud*. Escritos sobre a psicologia do inconsciente. Coord. Tradução por Luiz Alberto Hanns. Rio de Janeiro: Imago, 2004.

GODFRIND, J. "O pacto negro". Tradução de Daniela da Rocha Paes Feres. *Boletim Formação em Psicanálise*, ano XVI, v. XVI, n.1, Janeiro-Dezembro 2008.

______. "De Mãe para Filha: Em busca do prazer". *Boletim Formação em Psicanálise*, v. 14, Janeiro-Dezembro 2006.

ISAACS, S. (1943). "Comunicação de Susan Isaacs sobre 'Natureza e função da fantasia'".

Em: KING, P. e STEINER, R. (1991-1998). *As controvérsias Freud-Klein 1941-1945*. Rio de Janeiro: Imago, 1998.

KLEIN, M. (1930). "A Importância da Formação do Símbolo no Desenvolvimento do Ego". Em: *Amor, Culpa e Reparação e outros trabalhos*. Rio de Janeiro: Imago, 1996.

______. (1945). "O Complexo de Édipo à luz das ansiedades arcaicas". Em: *Amor, Culpa e Reparação – e outros trabalhos*. Rio de Janeiro: Imago, 1996.

______. (1921-1943). *Amor, Culpa e Reparação e Outros trabalhos*. Volume I. Obras Completas de Melanie Klein, IMAGO: Rio de Janeiro, 1996.

______. *Inveja e Gratidão e outros trabalhos (1946-1963)*. Rio de Janeiro, Imago, 1966.

LAPLANCHE, J. e PONTALIS, J. B. *Vocabulário de Psicanálise*. São Paulo: Martins Fontes, 2000.

MALZYNER, G. *Atendimento de Pacientes com Transtornos Alimentares*: Revisitando a técnica psicanalítica. São Paulo: Sá Editora, 2019.

MCDOUGALL, J. "Sexualidade humana: uma busca eterna". Em: ______. *As múltiplas faces de Eros*. São Paulo, Martins Fontes, 1997.

NACIF, T. A e ANDRADE, F. "Construção Simbólica em Pacientes com fome de estórias". Em: GONZAGA, A. P., WEINBERG, C. *Psicanálise dos transtornos alimentares*. São Paulo: Primavera Editorial, 2016.

RIBEIRO, M. F. R. *De mãe em filha:* A transmissão da feminilidade. São Paulo: Editora Escuta, 2011.

SEGAL, H. "Notas sobre a formação de símbolos". Em: BOTT SPILLIUS, E. (ed.). Melanie Klein hoje. Vol. I. Rio de Janeiro, Imago, 1991.

______. "Fantasia". Em: SEGAL, H. *Sonhos, fantasia e arte*. Rio de Janeiro, Imago, 1993.

WINNICOTT, D. W. "Desenvolvimento emocional primitivo". Em: ______. *Da pediatria à psicanálise*. Obras escolhidas. Tradução Davy Bogomoletz. Rio de Janeiro: Imago, 2000.

______. "Objetos transicionais e fenômenos transicionais". Em: ______. *Da pediatria à psicanálise*. Obras escolhidas. Tradução Davy Bogomoletz. Rio de Janeiro: Imago, 2000.

Reflexões sobre a prevenção em transtornos alimentares, o trabalho com grupos de familiares e fenômenos transgeracionais

CHRISTIANE BALDIN ADAMI-LAUAND

Os estudos atuais sobre os transtornos alimentares apoiam-se em um modelo multifatorial para a compreensão da sua etiologia e manutenção. Tais estudos citam fatores genéticos, socioculturais e familiares como predisponentes e perpetuantes dessa patologia, especialmente quando não são reconhecidos e tratados. (Appolinário; Claudino, 2000; Bighetti *et al.*, 2007; Oliveira, Santos, 2006; Cobelo, 2004).

Sendo assim, não existe uma única causa para o seu aparecimento e, sim, várias vertentes e estudos que procuram compreendê-lo. E, dessa maneira, encontrar subsídios e instrumentos para cuidar e acolher estas meninas que nos chegam, muitas vezes, num sofrimento inominável.

Acredita-se então, que o diagnóstico e o tratamento desses quadros, em decorrência das complicações clínicas e emocionais serem variadas e potencialmente graves, devem ser realizados precocemente por uma equipe multi e interdisciplinar a fim de obter resultados mais satisfatórios. E indicado que o tratamento possa envolver a unidade paciente-família seja no atendimento individual ou em grupo (Bighetti *et al.*, 2007).

Essa afirmativa vai ao encontro das descobertas de Bó e Barbosa (1999), em uma experiência pioneira com grupo de familiares de pacientes com transtornos alimentares em tratamento ambulatorial. Os autores constataram que a família pode contribuir para o agravamento do quadro e atuar como fator mantenedor da doença. Por outro lado, concluíram ser fundamental a inclusão e envolvimento desses familiares no tratamento.

Pretendo apresentar, neste artigo, algumas reflexões sobre a possibilidade de um trabalho preventivo em transtornos alimentares considerando a existência dos fenômenos transgeracionais, assim como a importância dos grupos de familiares no tratamento dessas patologias.

Tais reflexões surgiram quando eu era coordenadora do grupo de apoio aos pais entre os anos de 2007-2010 no Grata – HCFMRP/USP (Grupo de Assistência em Transtornos Alimentares do Hospital das Clínicas da Faculdade de Medicina de Ribeirão Preto) e acompanham-me até hoje.

O grupo de familiares

Acredito ser importante contar que o Grata – HCFMRP/USP começou suas atividades no início dos anos 1980 pela Divisão de Nutrologia do Departamento de Clínica Médica. Contudo, observou-se, à época, a necessidade de formar uma equipe multidisciplinar para melhor identificação do diagnóstico e planejamento do tratamento dos transtornos alimentares que, inicialmente, contou com um médico nutrólogo, psiquiatra e, posteriormente, uma nutricionista (Dos Santos, 2006).

A partir do ano de 2001, o Grata em parceria com o Núcleo de Ensino e Pesquisa em Psicologia Clínica (NEPP) da Faculdade de Filosofia Ciências e Letras de Ribeirão Preto (FFCLRP/USP) criou o grupo de apoio psicológico aos familiares de portadores de transtornos alimentares. Esta iniciativa foi inspirada em uma experiência pioneira de grupo coordenada por dois psiquiatras voluntários no período de 1995 a 1998 (Bó; Barbosa, 1999; Santos *et al.*, 2002).

Desde então, o serviço realizava atendimentos em grupo e individual para pacientes e seus familiares. Na modalidade dos grupos, tinham-se os grupos de orientação aos familiares, de apoio psicológico aos familiares e de apoio psicológico aos pacientes. Os grupos eram do tipo aberto, semanais, com duração de uma hora. Incluía apenas adultos (indivíduos acima de 18 anos) e eram vinculados ao dia do retorno ambulatorial. As consultas com as nutricionistas e médicos eram individuais, além da psicoterapia.

O grupo de apoio psicológico aos familiares oferecia um espaço de escuta e intervenções possíveis aos pais que participavam. Ressalto, contudo, que esse grupo se constituía praticamente pelas mães das meninas em atendimento. Inicialmente, elas escolhiam participar ou não da atividade, porém a adesão era baixa. Decidiu-se, então, modificar esse modelo e os familiares deveriam estar presentes nos grupos, ao menos no dia de consulta ambulatorial das filhas. Havia uma grande resistência em não se aperceberem da importância de estarem ali, já que quem apresentava um sintoma eram suas filhas. Tal decisão trouxe questionamentos à equipe referentes à obrigatoriedade e ao não desejo de estarem naquele lugar. Mas, pautados no que Nunes *et al.* (2019) descrevem sobre a necessidade de se formar uma aliança terapêutica com a família e, com isso, resultar numa maior adesão ao tratamento como um todo, seguimos nesse novo modelo. Superadas e trabalhadas as barreiras de resistência e manejando o *setting* grupal de forma a acolher essas mães, o grupo começou a ser um lugar de troca.

Nem sempre tínhamos as mesmas participantes no grupo, uma vez que havia meninas em processo de alta, com consultas mais espaçadas, e outras que estavam chegando ao serviço. Mas algo que sempre surgia entre as mães era a dificuldade em compreender sua função naquele processo. A doença pertencia à filha e elas, mães, tinham suas vidas modificadas a partir disso. As sessões eram permeadas de rivalidade, de silêncios, de conflitos intragrupais e, em alguns, empatia e apoio. Essas mães traziam, com frequência, conteúdos sobre a relação que elas próprias tinham com a alimentação.

Os fenômenos transgeracionais

Melaine Klein (1895) evidencia que as experiências que o bebê tem com a alimentação e a presença da mãe iniciam o que chamou de relação de objeto. A interação entre os impulsos libidinais e agressivos, mesmo que em proporções variadas, corresponde à integração entre as pulsões de vida e de morte. Em uma experiência nutridora, na qual não haja tensão ou fome, há possibilidade de um equilíbrio entre esses impulsos. Porém, quando o bebê tem dificuldade em tolerar as privações e lidar com suas ansiedades, a força dos impulsos destrutivos em interação com os impulsos libidinais fornece a base constitucional para intensificar a voracidade.

Winnicott (2000) chama de "preocupação materna primária" o estado psicológico que a mãe se encontra próximo ao fim da gravidez e durante as primeiras semanas após o nascimento do bebê. O autor acredita que a mãe capaz de desenvolver esse estado fornece um contexto no qual a constituição da criança e suas tendências ao desenvolvimento possam se manifestar. Com isso, o bebê consegue experimentar movimentos espontâneos e apropriar-se das sensações correspondentes a essa etapa inicial da vida.

Quando a mãe tem um ambiente favorável, consegue dedicar-se ao bebê e identificar-se com ele. Winnicott (1982) acredita que ambos, mãe e bebê, estariam prontos para unirem-se pelos laços de amor, conhecerem-se e, em seguida, aceitarem os riscos emocionais envolvidos nessa relação. Ao confiarem um no outro e a entenderem-se mutuamente, a alimentação começa a cuidar de si própria.

Nas palavras do autor (p. 33):

> Se a relação entre a mãe e o bebê teve início e está se desenvolvendo naturalmente, então não fazem falta quaisquer técnicas alimentares nem o estudo de toda a espécie de investigação; os dois juntos, mãe e filho, sabem melhor o que está certo do que qualquer pessoa estranha. Em tais circunstâncias, um bebê tomará a porção exata do leite no ritmo adequado e saberá quando tem que parar. Todo o processo físico funciona precisamente porque a relação emocional está desenvolvendo naturalmente.

Silva (2003), em seus estudos, nos apresenta o conceito de transgeracionalidade. A autora aponta que tanto a concepção do psiquismo quanto o papel da mãe nesse processo podem se articular com esse fenômeno. Ela diz o seguinte (p. 33):

> A mãe está presente na relação com o bebê não só como mãe, mas como mãe, avó, bisavó, com toda sua história de relações, com as questões do meio ambiente em que ela viveu e a questão cultural, compondo o próprio cuidado materno.

Durante as sessões com as mães no grupo de apoio, esse fenômeno pode ser observado. Elas relatavam suas histórias de vida e como suas mães relacionavam-se com a alimentação da família e o que lhes foi transmitido a partir disso.

> A minha mãe [..] comprava o que achava necessário, para viver né, as coisas supérfluas não comprava não, só o mais necessário mesmo. (Brenda)

Brenda, porém, quando assumiu a responsabilidade de nutrir sua família, procurou modificar a forma como sua mãe fazia. Assumiu, então, um comportamento para evitar aquilo que em sua infância sentia como restrição e falta. No cuidado com seus filhos surgiram tentativas de organizar a alimentação familiar, porém o exagero e a busca por saciar seus próprios desejos alimentares muitas vezes dificultaram essa organização, como citado na seguinte fala:

> [...] o que eles queriam para comer, eu me importava de comprar. Era o que eles pediam. Não sabia se faria mal misturar as "besteiras" como todas as outras refeições. Mas se eles pediam (referindo-se aos seus filhos), eu dava. Às vezes eu falava: "almoça primeiro, depois eu te dou 'Danone'", coisas diferentes, porque não tive isso.

Carla nos relatou em algumas sessões que preservou os ensinamentos e tradições recebidos de sua mãe. Acrescentou poucas características individuais aos legados que sua mãe lhe transmitiu a respeito da alimentação:

> [..] quando eles eram pequenos, eu fazia os legumes, o que eles precisavam comer: cenoura, beterraba, carne, fruta, leite também nunca faltou, pão, bolo não pode faltar até hoje. Tem que ter todo dia.

Nesses discursos, percebíamos que a alimentação e todo o processo envolvido no ato alimentar foram considerados um meio de transmissão cultural e afetivo que ocorreu entre as gerações. E retomar tais lembranças abriu um espaço para essas mães contarem suas histórias. O grupo, então, adquiriu um formato mais continente. As mães entraram num processo de identificação uma com as outras e, consequentemente, confiança no grupo.

Contudo, constantemente durantes as sessões, observávamos que muitas mães apresentavam-se ou chamavam umas às outras pelos nomes de suas filhas, como se não houvesse uma distinção entre a dupla. Esse fenômeno observado foi ao encontro do que Miranda (2009) nomeia de uma herança transgeracional nos transtornos alimentares. Para a autora, essas histórias são marcadas por sentimentos de dor e frustração que atravessam pelo menos três gerações e não encontram possibilidade para serem elaborados. Assim, mãe e filha ficam impedidas de construírem um novo capítulo em suas mentes e, com isso, não podem ser reconhecidas em suas individualidades. Não existem vítimas ou algozes, e sim tristeza e desencontro. A cada sessão, o fenômeno da indiferenciação entre a dupla ficava mais evidente para nós.

Silva (2003) também nos ajudou a compreender que o cuidado materno, e consequentemente a construção do vínculo que se estabelece pela dupla mãe-filho, poderia receber influência de conteúdos emocionais não elaborados, denominados objetos transgeracionais. Tais objetos são transmitidos através das gerações por mecanismos de identificação, em especial pela identificação projetiva. Esta corresponde à comunicação de emoções e identificações entre a mãe e o bebê e vice-versa. Nesse mecanismo, o objeto seria incorporado pelo mundo psíquico do herdeiro sem possibilidade de ser transformado e, consequentemente, poderia paralisar e interditar a constituição de uma estrutura mental própria e autônoma.

A vivência de experiências traumáticas sem elaboração pode permanecer como um material em estado bruto e, por esse motivo, atravessar o espaço psíquico dos seus herdeiros, caracterizando um processo de transmissão psíquica entre as gerações (André-Fustier, Aubertel, 1998).

Os mesmos autores expressam o seguinte (p. 137):

> A maneira pela qual a família vive esses "traumatismos" depende, naturalmente, do próprio acontecimento, mas também, e, sobretudo, do sentido dado a esse acontecimento e de sua inscrição possível na história familiar.

Assim, o olhar para os fenômenos transgeracionais e suas heranças reforçaram nosso propósito em incluir a família no processo de tratamento dos transtornos alimentares, em especial a dupla mãe e filha.

Nos grupos, procurávamos abrir espaços para que as mães identificassem a evolução do tratamento de suas filhas, assim como para refletirem sobre suas próprias histórias e objetivos. Contudo, essa evolução nem sempre vinha acompanhada da remissão dos sintomas, mas sim com a perspectiva psíquica de constituir-se como um sujeito desejante. Assim, identificar a filha como alguém separada delas provocava reações de angústia, pânico e algumas vezes adoecimento. Observamos que, para algumas mães, a relação com a filha era tão indiferenciada que, como numa tentativa de equilíbrio psíquico, elas deprimiam frente à possibilidade das filhas começarem escrever suas próprias histórias constituindo-se como sujeitos. A dor psíquica permanecia num lugar inacessível, num porão sem luz, e submergia como sintoma.

Era recorrente, em seus discursos, as mães referirem alguma experiência de restrição alimentar, seja pela dificuldade financeira familiar ou pela resistência em ingerir determinados alimentos, principalmente durante a infância.

Pautados pelos estudos sobre a transgeracionalidade, passamos a compreender que essas mães poderiam ter vivido alguma experiência traumática na construção dos vínculos com suas genitoras que, de alguma maneira, foram reativadas, consciente ou inconscientemente, nas atitudes frente à alimentação e aos cuidados com suas próprias filhas.

Nesse sentido, poderia supor-se que as filhas teriam herdado das mães aquelas histórias guardadas no porão de suas mentes, os lutos não elaborados, os segredos, os traumas e os silêncios, e, assim, por um mecanismo de identificação mórbida, assumiram a ingrata tarefa de cuidar daquilo que a mãe rejeitou. Nesse caso, mãe e filha se misturam, não havendo espaço para a diferenciação psíquica e o reconhecimento da individualidade.

Contudo, Silva (2003, p. 152) nos relata que a transmissão dos fenômenos transgeracionais está presente em todos nós: "eles só se tornam sinistros quando nos são interditados de conhecê-los, de pensá-los, de sonhá-los".

Winnicott (1999, p. 10) diz que a tendência do indivíduo para amadurecer é em parte herdada e faz a seguinte referência:

> [...] a saúde não é fácil. A vida de um indivíduo saudável é caracterizada por medos, sentimentos conflitivos, dúvidas, frustrações, tanto quanto por características positivas. O principal é que o homem ou a mulher sintam que estão vivendo sua própria vida, assumindo responsabilidade

> pela ação ou pela inatividade, e sejam capazes de assumir os aplausos pelo sucesso ou as censuras pelas falhas. Em outras palavras, pode-se dizer que o indivíduo emergiu da dependência para a independência, ou autonomia.

Diante de todo esse material que o grupo nos trazia, questionávamos: como cuidar dessa herança a fim de preservarmos a saúde, a mente pensante e criativa para ambas? Seria possível realizar um trabalho preventivo ao considerar a existência destes fenômenos transgeracionais? Quais seriam as politicas públicas para realizá-lo? Como a psicanálise pode contribuir nesse trabalho?

Algumas ações que já existem no âmbito da prevenção

São tantos questionamentos que abrem espaço para um pensar ampliado sobre o cuidado e acolhimento destes pacientes. As formas de enxergar suas causas não precisam ser excludentes, pois elas são multifatoriais. Pensar em prevenção pode ser uma possibilidade.

Realizei alguns levantamentos sobre as políticas de prevenção dos transtornos alimentares no Brasil. Identifiquei que elas têm se ampliado pelo esforço de grupos e de profissionais que trabalham com essa problemática. As ações se dedicam à tarefa de esclarecer e informar a população sobre essa doença que traz tanto sofrimento e comprometimento da vida social, psíquica e física destas meninas.

Gostaria de citar algumas destas iniciativas:

- Astral BR (Associação Brasileira dos Transtornos Alimentares), fundada pela advogada Maria Clara Siqueira Castro em 2006. Nesse mesmo ano criou um site sobre o tema. Ela também "redigiu uma representação ao Ministério Público Federal, ao Congresso Nacional e à Anvisa, com vistas a ser incluída, no Sistema Unificado de Saúde – o SUS – e nos planos de saúde privados, a obrigatoriedade de oferecer tratamentos (cobertura médica e internação hospitalar) para os transtornos alimentares. Atualmente, a associação visa informar, orientar e divulgar referências e conhecimentos acerca do assunto dos transtornos alimentares tanto para familiares quanto para as pessoas que sofrem com esse distúrbio, bem como distintos meios sociais". Visam inteirar, integrar e unir profissionais das mais diversas áreas do saber como saúde, educação, serviço social, dentre outras. Em seu site (astralbr.org) encontram-se informações de centros especializados no tratamento dos transtornos alimentares em todo o Brasil. A referência a esses serviços especializados são de grande utilidade pública.

- Genta (Grupo Especializado em Nutrição, Transtornos Alimentares e Obesidade), criado por um grupo de nutricionistas e uma educadora física com a missão de estudar, pesquisar e discutir formas de tratar e prevenir os transtornos alimentares e a obesidade. Organiza, desde 2004, a "Se Dê Conta": Semana de Conscientização Sobre Transtornos Alimentares e Obesidade, um período no qual o público é alertado sobre a seriedade dos transtornos alimentares e seus fatores de risco relacionados. A semana tem como missão atuar na prevenção, educação e conscientização sobre os transtornos alimentares e obesidade. Além de discutir os padrões de beleza atuais, informar sobre dietas e preocupações com peso, desfazer mitos difundidos e promover a aceitação corporal. O grupo, de acordo com o site (www.genta.com.br/), também disponibiliza material educativos sobre o tema.
- Eu Vejo, um site (www.euvejo.vc) desenvolvido pela jornalista Daiana Garbin que discute questões relacionadas aos transtornos alimentares, autoimagem e saúde mental. São artigos, dicas de livros e entrevistas que permitem uma acessibilidade do tema para um maior número de pessoas. Além do site, a jornalista criou um canal no YouTube, com o mesmo nome, no qual realiza entrevistas com profissionais especializados no tratamento de transtornos alimentares. Em sua página no Instagram, a jornalista traz questões relacionadas ao tema de forma acessível e desmistificada, possibilitando que muitas meninas possam encontrar apoio e orientação segura.
- CEPPAN (Clínica Cybelle Weinberg de Estudos e Pesquisas em Psicanálise da Anorexia e Bulimia) é um grupo que desenvolve, desde 2000, um projeto de atendimento em psicanálise dos transtornos alimentares, seu estudo sistemático e a divulgação de conhecimentos.

Além de oferecer supervisões e orientações a equipes de profissionais de saúde que trabalham nessa área (redeceppan.com.br/).

Acredito que a psicanálise, com sua escuta e estudos sobre a constituição do sujeito, tem encontrado espaço de atuação no âmbito do tratamento dos transtornos alimentares, mas acredito que ela possa ir além, contribuindo para nomear esta dor inominável antes de ela se transformar num sintoma. Penso em como a psicanálise poderia realizar um trabalho preventivo ainda quando um bebê e uma mãe estão se constituindo. Pois é ali, naquele momento, que muitas dores podem ser transmitidas, e a dupla mãe e filha pode entrar num cenário de dor, sofrimento, desencontro e frustrações.

Quando estou em um atendimento de transtorno alimentar, acredito estar diante de mentes que ainda possam se desenvolver e ensaiar a composição de uma nova história em busca da subjetivação. Aguardo, com trabalho e dedicação, assistir ao espetáculo de um novo enredo, cuja história tenha espaço para a representação, para o viver criativo, para o ressignificado de experiências e sentimentos, para transformar o inominável.

Assim, termino este capítulo deixando em aberto a possibilidade de mais estudos e projetos que possamos desenvolver para termos cada vez recursos para cuidar dessas meninas, de suas mães e de um viver criativo em que cada uma possa contar suas próprias histórias.

Referências bibliográficas

ANDRÉ-FUSTIER, F.; AUBERTEL, F. "Transmissão psíquica familiar pelo sofrimento" Em: EIGUER, A. *et al. A transmissão do psiquismo entre as gerações:* enfoque em terapia familiar. São Paulo: Unimarco Editora, 1998. cap. 3, p. 129-179.

APPOLINÁRIO J. C.; CLAUDINO, A. M. "Transtornos alimentares". *Revista Brasileira de Psiquiatria*, São Paulo, v. 22, p. 28-31, 2000. Suplemento 2.

BIGHETTI, F. *et al.* "Transtornos alimentares: anorexia e bulimia nervosas". Em: KALINOWSKI, C.E. *et al. PROENF – Programa de atualização em enfermagem, saúde do adulto:* saúde do adulto. 2. ed. Porto Alegre: Artmed, 2007. p. 9-45.

BÓ, D. E B.; BARBOSA, R. "Anorexia, bulimia e família: uma experiência com trabalho em grupo". *Jornal Brasileiro de Psiquiatria*, Rio de Janeiro, v. 48, n. 12, p. 533-537, 1999.

COBELO, A. W. "O papel da família nos transtornos alimentares". Em: PHILIPPI, S. T.; ALVARENGA, M. *Transtornos alimentares:* uma visão nutricional. São Paulo: Manole, 2004. cap 7, p. 119-129.

DOS SANTOS, J. E. "Grata: nossa história, trabalho e desafios". *Medicina,* Ribeirão Preto, v. 39, n. 3, p. 323-326, jul./set. 2006.

KLEIN, M. *Inveja e gratidão e outros trabalhos:* 1946-1963. Rio de Janeiro: Imago, 1985.

MIRANDA, M. R. "A complexidade da relação mãe-filha nos transtornos alimentares: um olhar da psicanálise". *Cadernos da CEPPAN – Revista de Transtornos Alimentares,* São Paulo, n. 4, p. 7-9, mar. 2009.

NUNES, *et al.* "Fatores do psicoterapeuta e do paciente na construção da aliança terapêutica nas psicoterapias de orientação analítica e cognitivo-comportamental". *Boletim Entre SIS*, Santa Cruz do Sul, v. 4, n. 2 – Edição Especial, p. 25-47, out. 2019. Disponível em: online.unisc.br/acadnet/anais/index.php/boletimsis/article/view/19437. Acesso em: 17 jul. 2022..

OLIVEIRA, E. A.; SANTOS, M. A. "Perfil psicológico de pacientes com anorexia e bulimia nervosa: ótica do psicodiagnóstico". *Medicina,* Ribeirão Preto, v. 39, n. 3, p. 353-360, jul./set. 2006.

SANTOS, M. A. *et al.* "Grupo de apoio psicológico aos familiares de portadores de anorexia e bulimia nervosa". *Revista SPAGESP*, São Paulo, v. 3, p. 139-143, 2002.

SILVA, M. C. P. *A herança psíquica na clínica psicanalítica.* São Paulo: Casa do Psicólogo, 2003.

WINNICOTT, D. W. "A preocupação materna primária". Em: ______. *Da pediatria à psicanálise:* obras escolhidas. Tradução Davy Bogomoletz. Rio de Janeiro: Imago, 2000a. cap. 24, p. 399-405. Original publicado em 1956.

______. *A criança e seu mundo.* 6. ed. Rio de Janeiro: Guanabara, 1982.

______. "O conceito de indivíduo saudável". Em: ______. *Tudo começa em casa.* Tradução Paulo Sandler. São Paulo: Martins Fontes, 1999. p. 3-22. Original publicado em 1967.

No limite da palavra, o corpo. A clínica psicanalítica e os impasses atuais

FABIANA MARIA GAMA PEREIRA
ELISA GAN

"Amordazada la palabra,
habla el cuerpo, lugar de las memorias"
– Graciela Sobral, 2011.

Introdução

Esse trabalho, escrito a quatro mãos, é fruto da reflexão de duas psicanalistas cujos caminhos se cruzaram na CEPPAN, lugar onde foram capturadas pela clínica dos transtornos alimentares. Embora atravessadas por enfoques teóricos diferentes, o interesse pela psicanálise, a experiência com a clínica e a transferência de trabalho, as levou à elaboração de um novo texto juntas.[1]

Como se sabe, foi através do relato das chamadas mulheres histéricas, dos seus corpos paralisados ou de suas cegueiras, que Freud descobriu o inconsciente e pôde elaborar todo um arcabouço teórico, que serviu de base para fundamentar a psicanálise. Freud pedia a estas mulheres que falassem e, através do que verbalizavam, elas faziam as suas associações livres, o que acarretava numa melhora considerável dos sintomas.

1 A esse respeito ver: Fabiana Pereira e Elisa Gan, 2016.

Na contemporaneidade, os fenômenos no corpo continuam se manifestando, embora de outra maneira. Já não se apresentam em nossos consultórios pessoas com paralisias histéricas. Atualmente, passaram a ser frequentes a chegada de sujeitos que, em muitos dos casos, vêm com uma demanda muda, ou seja, não se questionam, não simbolizam seus sintomas e, em alguns casos, passam ao ato, por meio de comportamentos impulsivos, em que há muita agressividade direcionada ao exterior, ou voltados aos seus próprios corpos, através de uma pulsão autodestrutiva que não passa pela palavra, a exemplo das automutilações e nas tentativas de suicídio.

Débora apresentava um quadro de Bulimia Nervosa associada a automutilações, tinha delírios de conteúdos persecutórios na infância que consistiam na crença de que seria roubada pelos vizinhos. Na adolescência se sentia constantemente perseguida e olhada, e achava suas coxas e "bumbum" muito exagerados porque atraíam o olhar do outro. O excesso de peso era insuportável e lhe causava episódios de compulsão, seguidos de vômitos e de cortes pelo corpo, segundo ela, para se punir.

Laura teve um quadro anoréxico quando trabalhava como modelo. Nessa mesma época foi acometida por uma doença na pele que a levou a deixar as passarelas. Depois de algum tempo, os episódios de compulsão alimentar passaram a ser cada vez mais frequentes e, a sensação de não poder controlar seu corpo era bastante angustiante, levando-a a procurar um analista.[2]

A partir da análise destes dos casos clínicos, pretendemos fazer uma reflexão a respeito do corpo através dos "transtornos de personalidade bordeline" e dos transtornos alimentares, considerados "sintomas da contemporaneidade", posto que são manifestações de uma época atual, na qual há uma nítida dificuldade do sujeito de pôr em palavras o que é da ordem do sofrimento psíquico. São indivíduos que chegam às consultas, geralmente, através de demandas de terceiros, como os pais, ou quando chegam por conta própria já é num momento posterior, em que o sintoma está bastante consolidado.

Assim como o sintoma de conversão da época de Freud, os transtornos alimentares se apresentam num corpo. No caso da conversão histérica, o

2 Lacan, no Seminário 10, intitulado "A angústia", escreve que a angústia é o único afeto que não engana. Onde existe angústia faltam palavras.

afeto é deslocado da ideia originária através das conversões somáticas. Já na anorexia, o afeto passa a ser transferido ao corpo, corpo este que vai perdendo suas formas pelo ato de não comer, ou como diria Lacan, comer o "objeto nada".[3] No sintoma anoréxico o rechaço ao corpo vai além da imagem, sendo o "objeto nada" aquilo que preenche o vazio, numa tentativa de restaurar uma falta, uma separação.

Os Transtornos de Personalidade Bordeline

Em meados da década de 1960 nos Estados Unidos, paralelos aos diagnósticos de personalidade histérica, surgem os primeiros debates psiquiátricos em torno aos quadros borderlines. Kaplan & Sadock (1965) definem: "Transtornos de Personalidade Borderline", como caracterizado por um padrão difuso de instabilidade nos relacionamentos interpessoais, na autoimagem, nos afetos e numa acentuada impulsividade. Com frequência, o transtorno de personalidade bordeline se associa a autolesões, abuso de substâncias, transtornos alimentares, condutas violentas e, geralmente, são diagnosticados na adolescência. Nos anos de 1980 esta categoria foi incluída nos manuais de psiquiatria internacionais, embora ainda haja muita controvérsia em torno a essa classificação.

A psiquiatria explica essa conduta através de causas orgânicas relacionadas a neurotransmissores ou predisposições genéticas e a psicologia de orientação cognitiva comportamental fala em questões relacionadas com as vivências familiares, ao apego materno, a um meio familiar instável etc. Para Freud, psiquiatria e psicanálise não eram excludentes, mas complementares. Pensava ele que uma daria conta dos fenômenos enquanto a outra das estruturas.

Débora procurou um analista somente aos 26 anos. Desde as primeiras sessões sempre se apresentou muito ansiosa, queria contar tudo com muita voracidade, se achava gorda, odiava suas coxas e "bumbum".

3 Domenico Consenza (2019) explica que o conceito de "objeto nada" foi criado por Lacan, sendo considerado uma das suas principais contribuições à clínica dos transtornos alimentares. Seria o único dos objetos pulsionais "causa do não desejo, causa de deserto", assim o define Miller e explica Consenza.

Demonstrava forte impulsividade através dos cortes no corpo. *Agora além de gorda também sou toda marcada.* Sentia muita vergonha em dizer isso. A esse respeito, Hegenberg (2005, p. 50) escreve que nos pacientes borderlines, o organizador da personalidade é o ideal do ego, ele traz mais vergonha do que culpa, vergonha de não cumprir com o esperado pelo ideal.

A analista entende que seria muito importante uma ação acolhedora diante da paciente, pois frequentes ataques de ódio sempre vinham de sua parte, mesmo que camuflados. A impulsividade do bordeline parece estar relacionada à sensação crônica de vazio e desesperança na vida. A paciente parecia se automutilar não para se punir, mas para tentar conter o grande vazio que trazia dentro de si. A mesma função tinha os episódios compulsivos de grande ingestão alimentar seguidos de vômitos. Débora também sentia muita vergonha de não consegui parar de comer.[4]

A paciente apresentava delírios de perseguição desde a adolescência. Falava do incômodo com seu corpo por despertar a atenção dos homens. O olhar remetia ao persecutório e por não suportá-lo, optava por isolar-se do contato com outras pessoas.

O Transtorno de Personalidade Bordeline geralmente é diagnosticado na adolescência, um período bastante conturbado, sobretudo pela emergência das questões relacionadas com a sexualidade e pela perda das referências infantis. Diante dos conflitos dos adolescentes frente a estes enigmas, para os quais não se sabe como lidar, esse transtorno pode ser uma defesa frente às mudanças da puberdade, como uma tentativa falida de resolver tantos impasses que se impõem.

Um dos pontos que talvez ajude a pensar o manejo desse tipo de caso seria as manifestações contratransferenciais de raiva, culpa e impotência, que estariam presentes desde os primeiros contatos, tornando as sessões geralmente tensas. Se essa ansiedade gerada no analista, na contratransferência, for contida, pode servir para compreender as tempestades emocionais que agitam o mundo interno do paciente bordeline, como bem aponta Bollas (2000).

---

4 A Bulimia Nervosa, se caracteriza pela ingestão de grande quantidade de alimentos em curto período de tempo, seguida por métodos purgativos como uso de laxantes, diuréticos, enemas e vômitos auto induzidos, ou métodos não purgativos como: jejuns e exercícios físicos excessivos.

Ainda segundo Bollas (2000), há similaridades impressionantes nas contratransferências de analistas que trabalham com pacientes borderline, permitindo-nos efetuar importantes distinções em relação a um diagnóstico de histeria. Segundo o autor citado, enquanto o analista teme o borderline, ele anseia o histérico. Isto se pode explicar, pois a vida afetuosa do analista com o borderline pode se transformar num espectro de angústia: de um baixo grau de vigilância ao completo terror. O borderline não tem nenhum apelo, humor ou graça reparadora, ao passo que o histérico está bem servido dessas três qualidades. Dessa forma se explica porque o analista é considerado um "protetor carinhoso do histérico", escreve o autor.

O ataque do borderline ao vínculo constitui um processo psicótico que elimina o significado, mesmo que ele tenha muito a dizer. Pode parecer que o recalque eliminaria um vínculo, mas ele é específico: remove da consciência um conteúdo mental sexual particular. Além disso, como se pretende que o recalque falhe, os derivados do vínculo perdido estão sempre retornando à consciência de forma deslocada, tanto nas narrativas do paciente quanto, de modo crítico, nas associações do psicanalista. Os histéricos estão inconscientemente devotados a comunicar a si mesmos para os outros, ao passo que os boderlines visam mal-entendidos, pois é neste caos da aliança fracassada que eles produzem o objeto de desejo.

Débora, também dizia querer se matar, esse era seu maior desejo. Imaginava várias formas de acabar com sua vida e ia contando em algumas sessões. Já havia tentado o suicídio tomando medicamentos e também se automutilando. Depois de mais de um ano de tratamento psicanalítico, se diz curada.[5] "Conheci o amor da minha vida, uma mulher, ela me levou numa igreja e eu entendi que não posso me matar, isso prejudicaria minha eternidade." A paciente referia ouvir a voz de Deus. Como se sabe, a religião foi inventada pelo homem para dar conta do desamparo que, por sua vez, é fonte de angústia pelo surgimento da falta. Pai e mãe falham, Deus não.

Débora veio a mais algumas sessões, sempre qualificando o amor e a religião como responsáveis por sua cura, e não a terapia. Também abandona todos os outros profissionais envolvidos. Depois de dois anos telefona

---

5 O tratamento era multidisciplinar e envolvia o psiquiatra, o nutricionista e o psicanalista.

desesperada: o relacionamento havia terminado e ela queria se matar novamente. Deus a abandonou, ela diz: "Agora só tenho você..."

O diagnóstico de Transtorno de Personalidade Bordeline, assim como tantos outros, não é algo homogêneo. A psiquiatria tende a classificar os sintomas visíveis, em alguns casos, sem levar em conta o sujeito que dele padece, como no caso de Débora e de tantos sujeitos que apresentam dificuldades importantes de relacionamento com outras pessoas, e manifestam suas questões subjetivas através de comportamentos desestruturados, como nas autolesões, nas anorexias, ou na drogadição. A psicanálise vai ter o cuidado de olhar para cada caso em particular, considerando a história do sujeito e o que está por trás de cada sintoma que padece.

A forma como cada individuo lida com a castração, ou seja, a posição que toma diante da lei, dos desejos, das angústias e da morte, parece ser um dos pontos centrais para a construção diagnóstica psicanalítica. Existem diferentes maneiras de se fazer tal construção. Alguns teóricos não se utilizam necessariamente da passagem pelo Complexo de Édipo para compreender um funcionamento psíquico, outros não mencionam estruturas formadas a partir desta passagem, mas é fato que todos possuem a diferença simbólica da subjetividade como seu ponto de partida.

Desta forma, fica claro que embora recebamos pacientes diagnosticados e medicados, nossa escuta vai mais além de uma classificação psiquiátrica estabelecida e fechada. A esse respeito Bollas (2000) salienta o risco atual dos excessos de caracterização de todo e qualquer caso grave ser diagnosticado como "transtorno borderline" ou "casos difíceis", quando não se sabe o que fazer.

Segundo Quinet (1991), o diagnóstico diferencial só se coloca para os psicanalistas como função da direção do processo analítico, ou seja, "um diagnóstico só terá sentido se servir como orientação para a condução da análise".

> Não atacar o sintoma, mas abordá-lo como uma manifestação subjetiva significa acolhê-lo para que se possa ser desdobrado, fazendo emergir um sujeito, seja no ataque histérico, seja na depressão melancólica, no delírio paranóico ou no despedaçamento esquizofrênico. (Quinet, 2010, p. 13)

Segundo Hegenberg (2004), o diagnóstico na psicanálise propõe uma avaliação mais ampla, que não se baseia unicamente, na superficialidade do sintoma manifesto, e sim na história de vida de cada sujeito, dentro de seu ambiente local, mas ao mesmo tempo globalizado, ou seja, individual e filosófico, histórico e sociológico.

Transtornos alimentares como sintomas da atualidade

Assim como no manejo dos casos de pacientes com Transtornos da Personalidade Bordeline, a clínica dos transtornos alimentares é bastante complexa. Laura é uma mulher de 22 anos que está em análise há cerca de dois. Nas primeiras sessões sua queixa girava em torno da busca pela perfeição corporal, que para ela era estar de acordo com os padrões estéticos. Sofria pelos episódios de compulsão alimentar que não a deixavam “ser perfeita”. Se descontrolava diante de doces, bolos, refrigerantes, logo passava a se sentir feia, e uma pessoa ruim, cheia de culpa.

A preocupação com o corpo se iniciou na adolescência, aos 15 anos de idade, quando começou a trabalhar numa agência de modelos. Segundo contava, neste mundo tudo vale para perder peso. A magreza é sinônimo de beleza e uma espécie de troféu, sendo muito comum se deparar com meninas que empregam os mais diferentes métodos para emagrecer, como uso de laxantes, diuréticos, vômitos etc. No universo das modelos, a magreza, ou melhor, a magreza extrema não é vista com preocupação, pelo contrário, é incentivada, é uma forma de se livrar das curvas e protuberâncias corporais, por sua vez, temidas. “As mulheres altas e magras são as mais bem pagas, são invejadas por todas”, dizia Laura.

Mas, de que maneira tudo isso afetava a vida dessa paciente? Num primeiro momento, ser magra parecia a solução. Perdeu muito peso, parou de menstruar e chegou a ser diagnosticada com anorexia. Nesta época, os pais da paciente se separaram e seu avô paterno faleceu. Laura tentou solucionar estas dificuldades comprando um livro sobre manejo das emoções. Inicialmente achou que a leitura teria funcionado bem, pois no enterro do avô nem sequer chorou, porém, pouco tempo depois, algo se revelou no seu corpo: uma psoríase grave.

O vermelhidão se espalhou por toda a superfície da epiderme. Laura recorreu a vários médicos, mas nada se resolveu. Já não era possível mais desfilar, pois "não havia maneira de esconder aquelas marcas, era horrível, tinha gente que sentia nojo e medo de pegar".

Embora a paciente achasse que poderia dar conta das questões de sua vida por meio do controle do corpo e das emoções, algo sempre escapava. O sintoma estampado na pele revelava a impossibilidade do controle, pois como explica Lacan em vários dos seus Seminários, do corpo nada se sabe. Mas, além disso, o fenômeno somático mostrava a Laura o que há de mais humano nela: a imperfeição. É exatamente no momento em que a pele de Laura estoura que ela se defronta com a própria castração, que por sua vez invoca os próprios limites enquanto ser humano.

Depois de um tempo, Laura passou a se descontrolar frente à comida. Aliás, o encontro com a analista se deu pela angústia que as compulsões alimentares lhe provocavam. José Maria Blanco, em uma conferência a respeito do Seminário 11 de Lacan (2019)[6], comenta que o momento da compulsão é pura pulsão, não existe sujeito implicado, o que existe é gozo. Por isso que a pessoa não consegue deixar de comer, pelo próprio gozo que se instala no ato. O gozo não permite a relação com o Outro e a pulsão oral permanece, insiste. Na bulimia há uma tentativa de saturar a falta mediante o ato de devorar, em que se dispara algo incontrolável e o sujeito não tem a possibilidade de dominar esse impulso. Recalcati (SD) escreve que não há tempo para a nostalgia, pois o objeto está ao alcance da boca. As compulsões seriam formas de consolos, uma maneira de preencher o vazio da castração.

O circuito da compulsão não entra no discurso, o sujeito vai lá e faz, não se produz palavra. Não por acaso Laura sentia muita dificuldade de falar durante as sessões. Numa determinada vez lembrou que foi uma criança comunicativa e muito falante, mas que aos 10 anos de idade se calou. Lembra que, na ocasião, se meteu numa briga dos pais e que, ao responder ao genitor, a mãe mandou que ela se calasse para não machucá-lo. Não lembra o que disse, mas sabe que a partir daí fechou a boca.

---

6 Conferência realizada no Instituto del Campo Freudiano, seción clinica Nucep, em Madri, em fevereiro de 2020.

Esse momento é muito marcante, a frase da mãe parece funcionar como uma ordem. Através do silêncio, Laura passou a se isolar cada vez mais e nem mesmo respondia aos colegas da escola que lhe faziam bullying. "Me chamavam de Michael Jackson por ser muito branca... Quando isso acontecia, eu ia para o banheiro me maquiar".

Laura se calou, fechando a boca para as palavras e, posteriormente para a comida. A pulsão oral aparece como uma maneira de solucionar um conflito, pois tanto na anorexia como no silêncio, há uma satisfação. É uma clínica dos corpos que falam através dos seus furos pulsionais e de todo aparelho psíquico. "Falo com meu corpo, e isso sem saber. Então e sempre digo mais do que sei."[7]

O trabalho de análise contribuiu bastante para a mudança de lugar subjetivo desta paciente. Através da relação transferencial com a analista, o falar foi a primeira grande reviravolta. Com um tempo, pôde olhar para mais além do seu corpo e dos pensamentos que giravam em torno de si mesma. O medo da rejeição dava lugar ao laço social e ao desejo sexual.

Na anorexia o rechaço é pela comida, pelo corpo, mas também pela feminilidade e se pode perceber isso em algumas mulheres, a completa recusa do desejo. Não é por acaso que, na grande maioria dos casos, a anorexia se inicia na puberdade. O adolescente se defende do desejo do Outro e, frente a esta ameaça, surge o sintoma como defesa contra o sexual.

O encontro com o amor de um homem faz a paciente dar um outro lugar ao seu corpo, o lugar do desejo. A anorexia funciona como uma espécie de tampão, a comida ocupa um lugar de angústia e o não comer ou, parafraseando Lacan, "comer o nada" aparece como maneira de solucionar um conflito. Trata-se de um consolo, uma satisfação, como no uso de uma droga. É necessário que o paciente possa interrogar seu mal-estar, podendo deixar de fazer par com o sintoma e abrindo a possibilidade do laço com o Outro.

7 *Je parle avec mon corps, et ceci sans le savoir. Je dis donc toujours plus que je n'en sais*. Lacan. Em: Helene Bounnaud, 2015, p. 9.

Considerações finais: algumas reflexões acerca dos dois casos descritos

A partir desses dois casos clínicos podemos pensar em diversas questões que perpassam o corpo na contemporaneidade. Nos perguntamos: qual o lugar destes transtornos na clínica atual?

Hélène Bonnaud (2015) fala que o corpo na contemporaneidade passou a ser um objeto de adoração. Nossa época dá ao corpo um valor primordial, altamente investido, em que a imagem está no centro das preocupações, por outro lado, são vários os transtornos que se experimentam no corpo, protagonista de um palco de excessos.

No caso de Débora, o excesso se apresenta no peso, na ingestão de comida seguida de vômitos, na própria voracidade com que se apresentava às sessões, na impulsividade, assim como pelos constantes ataques de ódio direcionados à analista. Dessa maneira, nos perguntamos: os cortes pelo corpo poderiam ser pensados como uma maneira de lidar com o vazio, mas também como uma forma de barrar esses excessos?

Na análise, Débora se envergonha de falar do seu descontrole, seja no tocante aos cortes e na própria impossibilidade que sente em não conseguir parar de comer. Como se pode perceber há uma dificuldade de simbolizar esses sintomas. O encontro com o amor e com a religião parece produzir nesta paciente algo distinto do que vinha acontecendo, permite que ela fale de outras formas de satisfação em sua vida, ao invés de ficar repetindo, nas sessões, que seu maior desejo era o da morte. Mesmo havendo o abandono da análise, ela retorna no momento em que há um rompimento na relação amorosa, o que nos dá pista a pensar que ao invés de passar ao ato, nas tentativas de suicídio, ou de se automutilar, ela agora tem um lugar próprio onde pode falar das suas angústias.

No caso de Laura, também se podem ver excessos. Excessos nas tentativas de controle do corpo e do próprio desejo. A compulsão alimentar ainda existe, porém já é menos intensa; os pensamentos obsessivos de ser magra também a acompanham, assim como o medo em ser rejeitada, porém já não mais a paralisam como antes. A relação com a comida ainda é bastante conflituosa, embora a paciente já se permita participar de algumas situações que antes era impossível, como sair para jantar com amigos.

Falar das suas preocupações com seu corpo, da sua anorexia, das compulsões alimentares, das perdas de controle a levaram a pensar na função destes sintomas em sua vida. No início da análise seu discurso girava em torno à sua imagem. A tentativa de controle ia para além do corpo, chegando aos pensamentos, até que essa paciente não suportava, e devorava o que via pela frente. Tudo isso a deixava num lugar de dejeto, cheia de culpabilidade. E esse círculo vicioso dominava sua vida, não havendo espaço para nada mais.

Nos transtornos alimentares, o corpo e a comida passam a ser os protagonistas da vida do indivíduo, e o levam a uma espécie de relação similar a do toxicômano com a droga. A esse respeito, Consenza (2019, p. 14) escreve que tanto na anorexia quanto na toxicomania, os efeitos sobre o corpo devastam o sujeito, o ser humano é sacudido por um "terremoto psíquico que recai sobre o próprio corpo". Assim como na toxicomania, as ditas "autoterapias anoréxicas-bulímicas" funcionam como "autoterapias motíferas", em que não há limite ao gozo. A psicanálise pode funcionar como uma alternativa à angústia antes tapada pela substância.[8]

Embora se tratem de casos aparentemente diferentes, pode-se perceber que em ambos há uma des-regulação da pulsão, através de um gozo que insiste e mostra que não é possível domar os corpos. Lacan vai comentar que todo sujeito tem um corpo e que não se é um corpo, não havendo qualquer forma de controle ou domínio sobre ele. A partir do Seminário 20 (2018) escreve que temos medo dos nossos corpos porque eles gozam, portanto nos angustiam.[9] Seria então o sintoma anoréxico-bulímico uma tentativa de controle?

Trata-se, então, que o sintoma se torne analizável. O papel da angústia é central pois leva o sujeito a se mover na direção da cura. Algumas vezes, a angústia pode vim na ameaça de interrupção do tratamento. Segundo Consenza (2019), não é possível se livrar da angústia ou curá-la, mas atravessá-la.

Como bem foi apresentado, os sintomas da contemporaneidade afetam as subjetividades da época atual e são um desafio para a psicanálise. Vivemos num tempo em que não há mais espaço para a falta. O discurso

8 Domenico Consenza, 2019, p. 31.

9 Araceli Fuentes, 2016, p.17

capitalista oferece uma gama de ofertas cujo objetivo é tapar o vazio. Dar-se o consumo ininterrupto do objeto sempre à mão, obscurecendo a falta. O mal estar do nosso tempo é não poder perder absolutamente nada e o ser humano se sente frustrado ante qualquer limite que se impõe à sua satisfação. Trata-se do império do excesso, ao Lacan chama de gozo, que nos empurra a uma contínua busca por prazer. No entanto sabemos que o vazio tem uma função estruturante, pois ele é mote para o desejo.

No encontro com o analista algo pode se produzir. "*La experiencia analítica atestigua que el cuerpo es producto del lenguaje, el psicoanálisis es una técnica de palabra y se constata que la palabra analítica incide sobre los síntomas.*"[10] A direção da cura aponta ao lugar da palavra, para que algo de simbolização possa se produzir, ao invés dos *actings* que ordenam ao sujeito: Goza!

É preciso pensar na singularidade de cada paciente. Diferentemente de outras áreas, a psicanálise não visa o *furor curandis* ou a eliminação do sintoma, e sim que cada sujeito encontre suas próprias respostas e soluções singulares, uma espécie de saber fazer com o vazio, ou seja, que cada paciente possa musicalizar seu sintoma, criando sua própria melodia, afinal estamos diante de uma clínica da sutileza que mostra o mais singular de cada sujeito: seu sintoma e seu próprio modo de gozo.

---

10 Araceli Fuentes, 2016, p. 55, 56.

Referências bibliográficas

ALONSO, S., FUKS, M. *Histeria*. Clínica psicanalítica. São Paulo. Casa do Psicólogo, 2004.

BOLLAS, C. *Hysteria*. São Paulo: editora Escuta, 2000.

CONSENZA, Domenico. *La comida y el inconsciente*. Psicoanálisis y trastorno alimentario. Buenos Aires: NED, 2018.

BONNAUD, Hélène. *Le corps pris au mot*. C qu'il dit, ce qu'il veux. France: Navarin. Le champs freudien, 2015.

FREUD, S. [1894] *As neuropsicoses de defesa*. Ediçao Standart Brasileira das Obras Completas de Sigmund Freud. Rio de Janeiro. Imago, 1996.

______. [1895] *Rascunho H*. Edição Standart Brasileira das Obras Completas de Sigmund Freud. Rio de Janeiro. Imago, 1996.

______. [1896] *Rascunho K*. Edição Standart Brasileira das Obras Completas de Sigmund Freud. Rio de Janeiro. Imago, 1996.

______. [1896] *Observações adicionais sobre as neurospsicoses de defesa*. Edição Standart das Obras Completas de Sigmund Freud. Rio de Janeiro. Imago, 1996.

______. [1925-1926]. *Obras Completas*: Presentación autobiográfica: Inhibición, síntoma y angustia: ¿Pueden los leigos ejercer el análisis? Y otras obras. Buenos Aires: Amorrortu, 2ª ed. 12ª reimp., 2012.

______. *Las diferencias sexuales anatómicas de los sexos [1925]*. Obras Completas. Tomo 19. Buenos Aires: Amorrortu, 1996.

FUENTES, Araceli. *El misterio del cuerpo hablante*. Barcelona: Gedisa, 2016,

HEGENBERG,M. *Boarderline*. Clínica Psicanalítica. São Paulo. Casa do Psicólogo, 2005.

______. *Psicoterapia Breve*. Clínica Psicanalítica. São Paulo. Casa do Psicólogo, 2004.

LACAN, J. Livro 10. *A angústia*. 1962, 1963. Rio de Janeiro: Zahar Editora, 2005.

______. *El Seminario 11*. Los cuatro conceptos fundamentales del psicoanálisis. Buenos Aires, Barcelona, México: Paidós, 2019.

______. *El Seminário 17*. El reverso del psicoanálisis. Buenos Aires, Barcelona, México: Paidós.

______. *El seminario 20*. Aun. 1972-1973. Buenos Aires, Barcelona, Mexico: Paidós, 2018.

QUINET, A. *As 4 +1 Condições da Análise*. Rio de Janeiro. Jorge Zahar Editor, 1991

______. *Psicose e laço social-esquizofrenia, paranóia e melancolia*. Rio de Janeiro: Zahar Editora, 2010.

PEREIRA, Fabiana; GAN, Elisa. Cinderelas contemporâneas. Em: WEINBERG, C. *Psicanálise dos transtornos alimentares*. Vol. II. São Paulo: Primavera Editorial, 2016.

RECALCATTI, M. *Clinica del vacío*. Anorexias, dependencias, psicosis. Madrid: síntesis, (SD).

SOBRAL, Graciela. *Madres, anorexia y feminidad*. Buenos Aires: Filigrana, 2011.

Grupo de família: um importante acréscimo no tratamento de homens com transtornos alimentares

ESTER ZATYRKO SCHOMER

"Um por todos e todos por um"

Este texto refere-se a um estudo realizado no Ambulim – Ambulatório de Bulimia e Transtornos Alimentares do Instituto de Psiquiatria da Faculdade de Medicina da USP em 2016, no Gahta – Grupo de Atendimento a Homens com Transtornos Alimentares.

O foco consistiu nas possíveis contribuições e vivências de um grupo reflexivo de familiares e pessoas afins dos pacientes. Abordou as experiências que os participantes foram adquirindo e as trocas que foram surgindo durante o atendimento do grupo. Este era constituído de familiares e pessoas que, de alguma forma, participam, contribuem, cuidam e vivenciam o cotidiano do paciente, e, focado nessa observação, que chamamos de afins.

Os objetivos com esse grupo eram os seguintes:

- Levantar as implicações que os familiares e afins dos pacientes trazem ao grupo e, assim, obtendo uma maior compreensão e trocas de experiências, as quais podem contribuir para significados diferentes em relação aos acontecimentos da vida e do seu cotidiano.
- Buscar a possiblidade de novos conhecimentos e a importância para os participantes de construir, entre eles, novos relatos a partir de novas perspectivas para o mesmo enredo.

- Elaborar com o grupo algumas conversações de reautoria que contribuam para a mudança terapêutica através da construção de novas narrativas. Os participantes do grupo reflexivo compartilham novas maneiras de olhar para as dificuldades e para os problemas, percebendo o efeito em suas vidas, podendo organizar histórias alternativas para eles, com outros significados.

Dentro do atendimento proposto pela equipe multiprofissional do Ambulim, o enfoque familiar no Gahta foi de fundamental importância para a informação correta, troca de soluções encontradas, esclarecimentos e continência a respeito dos transtornos alimentares. Tal ação incentivou e propôs a conversação, favorecendo identificações e legitimando suas experiências.

Nenhuma história pode condensar a totalidade de vivências das pessoas. Podemos sempre, então, recriar e construir algo novo e diferente, e, por isso, a proposta deste grupo de renovar, de refazer e repensar.

No início do atendimento com o grupo, o momento foi de encontros psicoeducativos para passar e desenvolver conhecimentos e informações básicas sobre os transtornos alimentares.

Atualmente, a presença de homens com transtornos alimentares é inquestionável. Na verdade, os relatos de homens com transtornos alimentares aparecem desde 1689, com relatos de Richard Morton com a descrição de casos de restrição alimentar.

Em nossos atendimentos, percebemos que a prevalência de homens com transtornos alimentares é subestimada, dentre outros fatores, pela dificuldade em realizar um diagnóstico correto e o despreparo dos profissionais para identificar o transtorno. Também se observa que homens têm mais resistência em procurar ajuda.

No início do tratamento, a família era afastada deste, o que era chamado de parentectomia, ora por orientação médica, ora por acharem que não eram responsáveis. Hoje, é consenso na literatura, como também pela experiência clínica dos profissionais, que a inclusão da família no tratamento dos transtornos alimentares é uma peça fundamental na eficácia terapêutica, já que a psicodinâmica familiar, isto é, a maneira como a família funciona, é um elemento-chave e central na determinação, manutenção e desenvolvimento dos transtornos alimentares. Não podemos deixar de incluir nesses quadros os fatores biológicos e genéticos.

A necessidade do trabalho grupal com familiares e afins mostra a importância da iniciativa de grupos reflexivos, como os psicoeducacionais, com a participação de pessoas ligadas ao paciente, e tem apontado para um modelo de intervenção e aprendizagem conjunta com o terapeuta, com o objetivo de integrar os elementos que compõem uma proposta de tratamento multidisciplinar, na qual acontece a "construção intersubjetiva do conhecimento", e se aprende e se assimila a experiência compartilhada do outro.

Reflexão, neste caso, seria o esclarecimento e as trocas de informações e experiências, favorecendo a diminuição de angústia, fator decisivo para a melhora do paciente, e a adesão dos participantes do grupo ao tratamento. Essa abordagem objetiva, e também a mudança de comportamento, aumenta a adesão ao tratamento medicamentoso e psicológico, e diminui as recaídas.

Na perspectiva de atendimento grupal, podemos abordar um maior número de pessoas, melhorando a qualidade de vida do paciente e de seus familiares.

O grupo reflexivo tem a possibilidade de oferecer a compreensão e dar sentido à experiência vivida, engajando isso cotidiano dos familiares, valorizando a vida. Ao compartilhar vivências, experiências e histórias, os participantes podem refletir e despertar para a consciência de hábitos e comportamentos mais adequados para lidarem com os transtornos alimentares.

O papel do terapeuta é de funcionar como um facilitador, instigando a capacidade do grupo gerar suas mudanças e encontrar alternativas saudáveis.

Considerações finais

Vários grupos se iniciam, continuam e terminam. Pensamos, refletimos e trocamos experiências e vivências múltiplas. Aprendemos sempre algo a mais sobre os transtornos alimentares em homens e compartilhamos angústias, dúvidas, certezas, buscando sempre novas alternativas para novos comportamentos.

Escrevemos algumas novas histórias, ampliamos juntos situações do dia a dia desses familiares e afins, e construímos uma nova realidade em cada participante do grupo que se inicia.

As exigências do perfeccionismo sempre aprisionam e bloqueiam. O grupo procura, e é sempre incentivado, a aceitar, não julgar e não criticar, possibilitando, com isso, ter reações com conotação positiva e se implicarem no fenômeno.

O grupo mostrou sua importância como instrumento e efeito terapêutico, buscando mudanças e diferenças nos relacionamentos familiares, o que implica direto nos transtornos alimentares.

Referências bibliográficas

ABREU, C. N. e colabs. *Síndromes psiquiátricas*: diagnóstico e entrevista para profissionais de saúde mental. Porto Alegre: Artmed, 2006.

ANDERSEN, A. E.; HOLMAN, J. E. "Males with eating disorders: challenges for teatment and research". Psychopharmocol Bull, v. 33, p. 391-397, 1997.

BATESON, G. *et al.* "Interacción familiar: aportes fundamentales sobre teoria y técnica". Ed. Bs As, 1980.

BRUCH, H. *Eating disorder*: obesity, anorexia nervosa, and person within. New York: Basic Books, 1973.

BRUMBERG, J. J. *Fasting girls*: the history of anorexia nervosa. New York: Pequim, 1988.

CABELO, A. "A importância da inclusão da família no tratamento multidisciplinar dos transtornos alimentares na infância e adolescência". Em: *Transtornos alimentares na infância e adolescência*: uma visão multidisciplinar. Sá Editora, 2008.

CAPRA, F. *O ponto de mutação*. São Paulo: Cultrix, 1982.

CECCIN, G. Los prejuízos sistêmicos. Perspectivos Sistemas: La nueva cominicacion, n.43, set/out, 1996.

CHOI, P. Y. Artigo Google 19/08/2008. Transtorno Dismórfico Corporal e Muscular.

CORDÁS, T. A. "Os transtornos alimentares e a evolução no diagnóstico e tratamento". Em: ALVARENGA, M.; PHILIPPI, S. *Transtornos alimentares*: uma visão nutricional. São Paulo: Manole, 2004.

FAIRBURN, C. G.; WILSON, G. T. (ed). *Binge eating: nature*, assessment and treatment. Nova York, The Guilford Press, 1993.

FIELD, A. E. *et al.* "Peer, parent, and media influences on the development of weight concerns and frequent dieting among preadolescent and adolescent girls and boys". *Pediatrics*, v. 107, p. 54-60, 2001.

GRANDESSO, M. A. *Sobre a reconstrução do significado*: uma análise epistemológica e hermêutica da prática clínica. Casa do Psicólogo, 2000.

HOFFMAN, L. "Una posición construtivista para la TF". *Sistemas Familiares*, p. 29-43, dez. 1990.

LOOK, J.; LE GRANGE, D.; AGRAS, S. W.; DARE, C. Treatment manual for anorexia nervosa: a family based approach. Nova York: Guildford Publications, 2001.

MELIN, P.; ARAÚJO, A. M. "Transtornos alimentares em homens: um desafio diagnóstico". 2001. Ver. Bias Psigmático 2002, 24 (Supl III): 73- 6.

MINUCHIN, S.; ROSMAN, B. I.; BACKER, L. *Psychosomatic families*: anorexia nervosa in context. Boston: Harvard University, 1978.

MORGAN, A. *O que é terapia narrativa?* Uma introdução de fácil leitura. Porto Alegre: Pacartes, 2007.

NUNES, M. A. e colabs. *Transtornos alimentares e obesidade*. 2 ed. Porto Alegre: Artmed, 2006.

VASCONCELLOS, M. J. E. *Pensamento sistêmico:* o novo paradigma da ciência. Campinas: Papirus, 2002.

A clínica da compulsão alimentar

FERNANDA KALIL

Meu corpo ordena que eu saia
em busca do que não quero,
e me nega, ao se afirmar
como senhor do meu Eu
convertido em cão servil.
Meu prazer mais refinado,
Não sou eu quem vai senti-lo.
É ele, por mim, rapace,
e dá mastigados restos
à minha fome absoluta (...)
– *Corpo*, Carlos Drummond de Andrade

Estamos todos impactados com o protagonismo das compulsões no cotidiano da clínica. O que percebemos no nosso dia a dia é que essas patologias têm ocupado lugar de destaque na cena atual, na qual o transbordamento pulsional toma o lugar da fala e do pensamento. E é justamente nesse contexto que os pacientes chegam aos nossos consultórios com uma demanda de ajuda, carregando corpos que em sua dimensão de concretude e sensação não encontram palavras, só um certo alívio no campo da ação.

Sofia[1] mora com os pais. Estuda, trabalha e no nosso primeiro encontro descreve a mãe mais do que a si própria. Sofia não fala de si, desconhece seus pensamentos e sentimentos que troca por uma porção de comida cada

1 Os nomes mencionados nesse artigo são fictícios.

vez que se sente ameaçada pelo contato com qualquer ponto de sua subjetividade, sempre deixada de lado. Frequenta faculdade, faz estágio, sai pouco de casa e tem poucos amigos. Sempre participa dos encontros com amigas da mãe e familiares que a própria mãe promove, com lanches fartos e apetitosos, que descreve como seu "maior problema". Sofia frequentemente tem compulsões nesses eventos, "ficando sempre empanturrada". Chega para tratamento por via da mãe, que me contata dizendo-se extremamente incomodada com o sofrimento da filha, especialmente no que se refere ao comportamento alimentar.

Bruna mora sozinha. Vive relações promíscuas sem possibilidade de vínculo afetivo, expondo-se constantemente a riscos e fazendo uso abusivo álcool. Relata intenso sofrimento com seus episódios de compulsão alternados com tentativas de dietas, quando se sente valorizada e cheia de disposição, voltando a realizar atividades físicas e a investir em suas conquistas amorosas. Em pouco tempo, uma nova frustração e sua incapacidade de lidar com isso faz com que retorne às suas "comilanças" seguidas de sofrimento. Bruna entrou em contato, insistindo muito que eu a atendesse, e assim chegou ao tratamento.

Regina, dona de casa, mãe de dois filhos adolescentes, diz que sua vida gira em torno de comida. Acorda pensando no que vai comer e termina o dia sempre culpada por ter exagerado na alimentação. Afirma que trocou seu casamento e as demais relações pela comida. "Vivo insatisfeita, morta de fome e não há alimento que me sacie". Buscou tratamento mobilizada pela fala da filha: "O que você está buscando não está na geladeira nem no armário de biscoitos...".

Maura, viúva, aposentada, mora sozinha. Sai pouco de casa e, segundo ela, sua vida se resume a comer e dormir. Seus excessos alimentares produzem um efeito de fuga e amortecimento. Tem ganhado muito peso no decorrer dos últimos 10 anos. Em razão de episódios depressivos, encontra-se em tratamento com psiquiatra, que foi quem a encaminhou para a análise.

Precisamos pensar naquilo que se faz comum nessas histórias. Estamos falando de descarga pulsional e da busca incansável de uma satisfação que não pode ser encontrada de outro modo além dos excessos.

A compulsão alimentar, enquanto sintoma, pode se manifestar em diversos quadros psicopatológicos, especialmente na neurose, mas também em quadros mais graves, que são as chamadas "patologias do vazio". Neste artigo, darei ênfase à necessidade de repensar a clínica tradicional, o que demanda inovações no enquadre e na técnica psicanalítica.

Onde há compulsão, não há história, pensamento, palavras... Não existe acesso ao campo subjetivo. Só o que se sabe é de um comportamento que incomoda, que os pacientes querem dele se livrar, de preferência sem saber do que se trata. Pouco se sabe sobre o que realmente se é, se sente, se vive.

Como podemos perceber nos extratos clínicos anteriores, qualquer frustração, excitação psíquica não elaborada é vivida a nível corporal, não psíquico ("empanturrada", "morta de fome"). Por sua vez, nós, analistas, sabemos que a voracidade é a busca de um apaziguamento interno, de uma consistência que ainda não existe em nível psíquico.

Tudo isso nos faz pensar na urgência de rever a técnica utilizada com esses pacientes que não possuem capacidade subjetiva de fazer associações, são desprovidos de recursos simbólicos, nos quais a palavra não tem lugar, pois houve falha nos processos de internalização que constroem a identidade subjetiva. O ato toma o lugar da palavra, e onde não há palavra cabe a pergunta: há condições de analisabilidade?

A psicanálise não só alcança esses pacientes como se faz necessária, na medida em que possibilita uma função reorganizadora da libido, regulando o excesso pulsional e auxiliando o sujeito na construção da capacidade interna de fazer um trabalho de ligação, buscando a construção de sentido por meio da palavra.

Sabemos que o psiquismo não pode ser privado daquilo que lhe pertenceu algum dia. Nesse sentido, Joyce McDougall enfatiza:

> O recalcamento, a recusa, a projeção, a forclusão podem fazer desaparecer do consciente experiências psíquicas vividas, mas isso não 'priva' o psiquismo de algo que fez parte dele num primeiro tempo, de algo que chegou a ser representado mentalmente, mesmo que, em seguida, esse conteúdo não esteja mais acessível à consciência. Em compensação, ele pode ressurgir em circunstâncias favoráveis: insinua-se, aqui, na vida onírica e nos devaneios diurnos; lá, nas nossas inibições, nos nossos sintomas, nas nossas atividades sublimadas. Esses fatos psíquicos revelam-nos que o psiquismo nunca é autenticamente desprovido de

> pensamentos, de percepções, de sensações, de traumas e de prazeres que conheceu algum dia, mesmo que essas experiências sejam inacessíveis à plena consciência. (McDougall, 2000, p. 62)

Na clínica psicanalítica, percorremos com o paciente um caminho que parte do desconhecimento de si em direção ao interesse pelas representações, pelos processos psíquicos e pelas múltiplas significações que a alimentação carrega consigo. Sabemos que a questão não está na comida, mas no modo de se relacionar com o alimento, no entorno da subjetividade, aí encontrando seu real sentido. A questão começa e termina no sujeito, situa-se aquém e além do alimento. É sintoma que precisa se fazer escutar, e é nesse sentido que nos dedicamos ao trabalho de arqueólogos do inconsciente, na busca incessante das "peças" que se perderam no processo de constituição do sujeito.

No inconsciente encontra-se o não dito, o não sabido, o não pensado, o não representado, porém, já dizia Freud (1937, p. 293): "O analista trabalha em melhores condições que o arqueólogo e tem mais material à sua disposição para ajudá-lo, já que aquilo com que está tratando não é algo destruído, mas algo que ainda está vivo".

O cotidiano da clínica

No dia a dia da clínica, a compulsão alimentar aparece como doença, fonte de angústia e mal-estar. Mesmo que inicialmente seja aceito e desejado, o excesso alimentar se torna uma patologia na medida em que causa sofrimento e distancia o sujeito de si mesmo. Dessa maneira, a compulsão alimentar nos apresenta um paradoxo. É o que Gurfinkel (2011, p. 18) ressalta quando aponta a contradição da paixão aditiva "onde a busca de prazer e libertação pode facilmente redundar em imensa dor e em um terrível aprisionamento do objeto".

O preenchimento pela comida traz em si a ilusão de evitar o confronto com a falta, com o vazio, com as vivências subjetivas. No entanto, são justamente as tentativas de se afastar do vivido emocional que impossibilitam o sujeito de atender ao seu desejo, que permanece negado e perdido; é preciso experenciar a falta para que o desejo germine e sobreviva.

Nos primeiros anos da minha prática, atendi uma paciente que chegou ao consultório com uma fala que marcou o início de uma nova trajetória clínica para mim.

Quando Patrícia iniciou o tratamento, apresentou dificuldades em responder até as questões mais objetivas sobre sua história. Passou meses relatando detalhes de suas compulsões, com referência aos alimentos que comia e às calorias ingeridas. Mencionava suas tentativas de dietas, tratamentos médicos e nutricionais sem sucesso e suas passagens por terapias que duravam pouco tempo:

> Tenho a sensação de que quando começava a tentar falar sobre a minha vida, eu piorava. O primeiro psicólogo que procurei ficava muito calado e eu, angustiada com aquele silêncio, não conseguia falar, isso me trazia muito incômodo e irritação. Mudei de profissional e expliquei a ele minha experiência ruim com o anterior. Esse segundo falava coisas desagradáveis sobre a minha relação com a minha mãe, com o meu pai... "viajava" mesmo! Parecia que tentava adivinhar meus sentimentos, e eu sentia que o que ele dizia tinha mais a ver com teorias do que comigo. Não aguentei aquilo e procurei outra pessoa. Essa última não entendia meu sofrimento com as dietas e com as minhas compulsões e foi capaz de dizer "que tal falarmos mais de você e menos de comida?"; eu senti tanta raiva que nunca mais voltei, tive certeza de que ela não entendia de pessoas com compulsão alimentar e deixei o pagamento que eu devia em um envelope debaixo da porta do consultório para não ter que vê-la nunca mais... Enfim, já tinha desistido quando você foi indicada como "especialista" em compulsão alimentar, o que me fez sentir uma pontinha de esperança, já que eu não consigo resolver meu problema sozinha.

Patrícia me dizia tanta coisa! Sobre a dificuldade de falar (e se escutar) que "só piorava", pude perceber o quanto era ameaçador naquele início de tratamento se deparar com as suas experiências subjetivas. Não havia ainda a possibilidade de que tamanha angústia expressa em atuações pudesse "migrar" para o terreno da simbolização. Ela me atentava para a importância de dosar silêncio e palavras no *setting psicanalítico*. O silêncio acentuava seu desamparo, era exigir mais do que seu aparelho psíquico suportava.

Sobre a segunda experiência, ela expressou seu repúdio diante de possíveis interpretações que, naquele momento, pouco sentido faziam para ela. Eram percebidas como fantasiosas, teóricas, invasivas e desprovidas de sentido. Parecia que diziam respeito mais ao analista e "suas teorias" do que a ela. Sua fala demonstrava que um analista não podia esperar que ela tivesse um modo de funcionamento psíquico que ainda não era o dela.

Por fim, Patrícia pedia que eu pudesse, como "especialista", escutá-la de uma maneira diferente. Certamente, referia-se a uma disponibilidade de aceitá-la como ela era (com suas compulsões e sua angústia diante do seu descontrole) sem maiores exigências, podendo compreender suas dificuldades e conflitos com empatia e uma escuta mais apurada.

Nas entrevistas iniciais, Patrícia relatava os fatos de sua vida com significativa distância afetiva, como se ela não fosse o sujeito de sua história. Assim permaneceu durante algum tempo do tratamento. Diante de algumas intervenções em que eu tentava fazê-la se aproximar de seus estados afetivos, suas respostas usuais eram: "não sei", "não tenho a mínima ideia", "melhor não mexer nisso"...

Lembro com clareza de sua fala:

> Quando eu como muito, minha mãe até passa mal de raiva, literalmente. Um dia, ela teve uma súbita crise de pressão alta e disse: 'a culpa é sua, veja o que você faz comigo!'. Eu voltei para a sala onde eu estava, peguei uma caixa de bombons e comi todos, numa rapidez incrível!

Quando perguntei a ela o que "pensou" sobre a fala da mãe (diante da sua dificuldade, eu evitava o verbo "sentir"), a resposta foi: "Nada. Não pensei nada...". A partir dessa reação da mãe, Patrícia passou a comer escondido.

Phillipe Jeammet (1999, p. 37) ressalta que a "propensão desses pacientes a somente poder se conceder prazeres e satisfações às escondidas [...]", roubando alimentos, realizando seus ataques de compulsão secretamente, demonstra a importância de ver nesse comportamento "[...] a consequência da dificuldade de se autorizar a ter seu próprio espaço". Segundo ele, "o único meio de escapar ao domínio do olhar materno é, com efeito, realizar seus prazeres escondido".

As compulsões de Patrícia e suas tentativas de dieta tomavam um espaço considerável em suas sessões. Falar de sua relação com o alimento era falar do mundo dela, do seu cotidiano, do seu sofrimento. Essa era Patrícia. Por isso, sua indignação quando a última psicóloga pediu que falasse "mais dela e menos de comida". Aceitar esses conteúdos significava aceitar a paciente da maneira que ela se apresentava naquele momento de vida. Ouvi-la nesse sofrimento possibilitaria abrir vias de acesso ao seu mundo interno, para que ela, entendendo melhor o que acontecia na sua alimentação, pudesse se escutar e se aproximar de suas questões, conseguindo colocar na fala aquilo que só conseguia expressar por via das compulsões.

Assim, entendi que falar de comida, dietas e corpo possibilitaria que ela, aos poucos, fosse migrando para outros temas. Eu apostava na transferência e nos efeitos de reparação narcísica advindos do meu "acolhimento e aceitação" de Patrícia como ela era, sem maiores exigências. Lembro-me de sua fala: "Aposto que você fica doida para me ouvir falar de outros assuntos além das minhas abobrinhas" (referindo-se às dietas e compulsões). Foi quando eu respondi: "Suas abobrinhas também são você e eu estou muito interessada em te escutar". Ela nunca esqueceu essa minha fala, tendo mencionado com agradecimento durante muitos outros momentos no decorrer da análise.

Fomos caminhando no seu tempo, devagar... Ríamos em situações inesperadas quando eu apontava suas contradições com humor e brincadeiras, sempre atenta à ética da psicanálise, mas utilizando falas do cotidiano de Patrícia e do cotidiano da vida, distante da "fala psicanalítica" de que ela tinha tanto receio e aversão, e foi assim que ela foi "desabrochando" para o tratamento psicanalítico. Eu não era mais uma "técnica" disposta a arrancar de Patrícia conteúdos que eu precisava para o meu trabalho; ela tinha agora um lugar onde poderia se expressar livremente sem se sentir constrangida e ameaçada por se mostrar de forma natural e autêntica. Estávamos "no mesmo barco" (fala minha) e estávamos "viajando" para um lugar desconhecido, mas que ela sentia que podia ser realmente interessante. Ela se sentia segura.

De comida, calorias e dietas, seus assuntos aos poucos foram migrando para vergonha, desejo e outros conteúdos até então evitados (e até um pouco desconhecidos) por ela... As dores expressas nas compulsões puderam ser aos poucos simbolizadas pela palavra, não sem turbulências no nosso trabalho. A resistência surgia. Patrícia faltava algumas sessões, atrasava em outras, solicitava mudanças de horário e eu apostava nas intervenções pontuais, marcando meu lugar de analista, apontando a importância do compromisso dela com seu horário e lugar de analisanda, cobrando as sessões que ela faltava, encerrando no tempo certo apesar de seus atrasos, não cedendo aos seus pedidos constantes de mudança de horário, acreditando que pudessem tocar na pulsão, podendo operar mudanças.

Em alguns momentos, o vínculo transferencial suscitou angústia em Patrícia por ser sentido como ameaça de repetição daquele estabelecido com a mãe, uma relação simbiótica na qual não existia a possibilidade de diferenciação.

Segundo Maria Helena Fernandes (2006, p. 257):

> Na transferência, desenha-se claramente o desejo regressivo de se ver integralmente cuidada por um pai e uma mãe ideais, totalmente disponíveis e ainda detentores de um poder mágico, capaz de protegê-las da dor e do sofrimento, mesmo que esse desejo seja incompatível com os ideais de autossuficiência e autonomia. Ao aparecer na situação analítica, por meio da repetição que caracteriza a transferência, exacerba o sentimento de impotência e, assim, pode representar perigo para a continuidade do processo analítico. A demanda de cuidado pode ser de tal forma intensa que o analista precisa prestar a atenção para não reagir contratransferencialmente, por exemplo, falando mais que o necessário. O paradoxo reside justamente no fato de o interesse no trabalho analítico e o prazer no contato com o analista tornar-se, ao mesmo tempo, fonte de angústia, provavelmente porque evoca a ameaça de indiferenciação e fusão.

Algumas vezes, Patrícia faltava nas sessões e, ao mesmo tempo, me enviava mensagens pelo celular "desabafando" e solicitando urgência e solução rápida para suas demandas. Eu não podia responder na forma e na medida da sua demanda, mas também não poderia perder de vista o manejo da angústia, sob pena de suspender ou interromper a caminhada que já tínhamos realizado até então. Era um grande desafio.

A elasticidade na técnica

Uma das questões técnicas que se coloca nesses casos refere-se ao uso restrito das interpretações. O analista deve tentar compreender o sentido da fala do paciente, mas não precisa comunicar suas percepções a ele, imediatamente. Escutar atentamente o sujeito, percebendo os movimentos psíquicos que surgem no decorrer do tratamento, é o mais importante. Num primeiro momento, produzir perguntas pode ser muito mais produtivo do que pretender que o paciente faça um trabalho de ligação psíquica, quando não há aporte simbólico para representar.

Phillipe Jeammet (1999, p. 48) ressalta a necessidade de reconsiderarmos a técnica psicanalítica, quando recomenda o uso de "abordagens que poderiam ser qualificadas de comportamentais", porém amparadas numa escuta psicanalítica, com a finalidade de restaurar a capacidade interna de fazer um trabalho de elaboração psíquica. Segundo o autor:

> Este trabalho tem como finalidade permitir-lhes voltar a estarem disponíveis ao que há de mais terno, de mais vulnerável nelas e que é, justamente, o que seu comportamento tem por objetivo reprimir. Mas para chegar aí é preciso sempre começar falando a linguagem que elas falam, e não a que desejamos vê-las adotar. Portanto, se elas nos falam uma linguagem comportamental, não podemos, inicialmente, responder-lhes com uma linguagem fantasmática, pois isto seria tratá-las como histéricas ou fóbicas, que nos falariam de suas angústias e fantasmas que a elas estão ligados, e não como personalidades que tiveram necessidade desta atuação para poder expressarem-se.

Estamos falando de estados mentais que nos desafiam e nos ensinam que a adesão obsessiva e apaixonada à técnica pode ensurdecer o analista e obstruir o campo analítico. Nas palavras de André Green (2019, p. 85), "o enquadramento clássico é posto em xeque, pois o próprio funcionamento do paciente está em xeque".

A questão que se coloca no trabalho com esses pacientes, também evidente na análise de Patrícia, é que chegam ao tratamento desprovidos da capacidade de se permitirem sentir ou pensar por eles próprios. Quem sabe, quem pensa é um outro. A relação com a figura materna, fruto de uma indiferenciação, é marcada pelo medo da separação e medo da intrusão, simultaneamente, na qual o sujeito "briga" por uma autonomia, colocando em cena as atuações que incidem sobre o próprio corpo.

Corremos o risco de mantê-los no estado de alienação se formos apressados na função interpretativa, uma vez que o conflito subjacente ao sintoma passa pela dificuldade do paciente se estabelecer como sujeito detentor de um saber. Nesse sentido, o analista é aquele que vai apresentar as respostas, enquanto ele (paciente) permanece distante de suas necessidades emocionais.

O ponto mais difícil na condução do processo é que o sujeito pode se apavorar com a iminência da mudança psíquica, sem ter ideia do que pode significar para ele um reposicionamento subjetivo. Ele acredita que quer essa mudança, busca-a, mas se sente ameaçado. Como usa o sintoma como estratégia de sobrevivência psíquica, este pode ser vivenciado como uma "tábua de salvação". Aí entra a nossa habilidade de transmitir a ele (via continência e mediação) a confiança de que pode e deve suportar as turbulências de um caminho que invariavelmente o conduzirá para a liberdade de ser e de existir, na qual o sintoma, ganhando sentido, perde a força. No lugar do sintoma, algo consistente será construído.

Na relação transferencial, o paciente oscila entre o tudo e o nada, entre a idealização e a destituição, entre o excesso de demanda analítica e a recusa do lugar de analisando, entre a fala incontida e o silêncio absoluto, entre a destrutividade e a negação desta.

Maria Helena Fernandes (2006, p. 252-253) ressalta esse aspecto quando se refere à clínica da anorexia e bulimia:

> A destrutividade assume, muitas vezes, contornos dramáticos, por colocar em evidência a potência de destruição que vem de dentro, do interior do próprio sujeito, mas também por assinalar o potencial destrutivo no interior da transferência. É justamente quando a vivência transferencial começa a movimentar-se, saindo do seu congelamento inicial, que é o próprio vínculo com o analista que se torna algo potencialmente destrutivo e ameaçador. [...] Esses movimentos transferenciais exigem que o analista crie possibilidades de manejo dessa destrutividade, de contornos nitidamente simbióticos.

Dessa forma, é fundamental estabelecer uma boa distância. O analista deve evitar deixar o sujeito à mercê da "frieza" e desproteção frente ao desamparo, mas deve manter uma distância necessária a fim de evitar a sensação de invasão que relembra o vínculo simbiótico com a figura materna.

No decorrer do tratamento, é fundamental que o paciente experimente a vivência de um vazio necessário que faça emergir um certo incômodo possível de ser relativizado pela palavra, mas sempre com um olhar atento para o manejo da angústia, que se faz extremamente necessária nesses casos em que o paciente demanda mais, exige mais, justamente porque a sensação de desamparo apresenta-se intolerável.

Precisamos trabalhar no sentido de possibilitar a diferenciação, a separação psíquica das figuras parentais, em especial, da mãe. No caso de Patrícia, ela dialogava com a mãe por via da compulsão alimentar, na busca enviesada de uma identidade até então não reconhecida.

Foi preciso tempo de trabalho para que ela pudesse significar com emoção:

> Era como se eu estivesse gritando por liberdade. Na concepção da minha mãe, comer doces era criminoso, proibido. Para mim era uma transgressão e eu acho que precisava disso para me sentir livre; para me sentir eu mesma... A minha mãe sempre teve controle do meu corpo, da minha vida, das minhas decisões... Era contra isso que eu brigava com as minhas compulsões...

Nesse momento, seus excessos alimentares já significados perderam a força, praticamente não aconteciam mais. Patrícia agora reconhecia suas necessidades, expressava seus afetos, já conseguia se posicionar nas relações, passou a fazer escolhas e a se comprometer com elas. Da posição de vítima, onde tudo o que acontecia com ela era culpa de um outro, da genética, do acaso, Patrícia migrou para o posição de sujeito, responsável por suas escolhas, enriquecendo sua vida com possibilidades antes inimagináveis para ela (trabalho, arte, cultura, lazer, novos relacionamentos).

Diante das mudanças percebidas na sua filha, a mãe de Patrícia passou a demandar tratamento, pedindo, por via da filha, a indicação de um profissional e iniciou sua própria análise. A beleza de possibilitar esse acontecimento é percebermos a mudança significativa nos vínculos, tornando as relações mais amadurecidas e mais prazerosas. Foi o que tive o privilégio de perceber.

É importante dizer também que a clínica é feita de afeto. O afeto do analista é aquele sustentado pelo desejo de se colocar disponível para escutar o sujeito (interesse genuíno) e colocar suas mãos à obra. O paciente percebe esse acontecimento, e posso dizer que é ponto fundamental para um bom trabalho, fundado no encontro de dois inconscientes.

Seguindo essa direção, a situação analítica permite caminhar para a construção de um mundo interno, da capacidade de representação que traz em si a possibilidade de o analisando se reconhecer como sujeito desejante, capaz de pensar e sentir por si, de fazer escolhas e reconhecer suas necessidades.

Podemos apostar na liberdade de ousar, se isso nos aproxima dos estados emocionais do analisando. A base da teoria psicanalítica é precisa, mas, no campo da técnica, podemos trabalhar com o inusitado, por vias criativas, com traquejo, perspicácia e sensibilidade. Vale surpreender o paciente, deixá-lo curioso pelo "capítulo seguinte", como "Sherazades"...

Sempre ressalto que o grande desafio é acompanhá-los pacientemente no percurso da reconstrução de sentidos, o que demanda tempo de espera. Respeitando a capacidade do sujeito e o movimento peculiar do tratamento, conduzimos no tempo certo o nosso trabalho.

Num primeiro momento, escutamos e sustentamos a relação. Num segundo tempo, avançamos sutilmente no campo subjetivo, até o momento em que o paciente nos permita seguir mais adiante...

É nesse sentido que vamos dançando ao som da melodia produzida pelo sujeito, nota por nota, com todo o cuidado necessário para não dar um passo além do que seja possível para ele suportar, acompanhando a melodia com naturalidade e delicadeza, atentos à nossa escuta, na espera daquele momento em que seremos surpreendidos pela imprevisibilidade fascinante da subjetividade humana. É esse o caminho que possibilita a atribuição de sentido num silêncio sutil no qual o pensamento e afeto em conexão possam produzir, nas palavras de Guimarães Rosa, um "sussurro sem som, onde a gente se lembra do que nunca soube... sem perigo, sem mal; se sente" (Rosa, 1956, p. 86).

Referências bibliográficas

ANDRADE, C. D. "As contradições do corpo". Em: *Corpo* (1902-1987). São Paulo: Companhia das Letras, 2015, p. 11-12.

FERNANDES, M. H. *Transtornos alimentares:* anorexia e bulimia. São Paulo: Casa do Psicólogo, 2006.

FREUD, S. [1937]. "Construções em análise". Em: *Edição Standard Brasileira das Obras Psicológicas Completas de Sigmund Freud.* v. XX, Rio de Janeiro: Imago, 1937, v. 23, p. 289-304.

GREEN, A.; URRIBARRI, F. "O pensamento clínico; renovar os fundamentos da técnica: o enquadramento externo e o enquadramento interno". Em: *Do pensamento clínico ao paradigma contemporâneo; diálogos.* São Paulo: Blucher, 2019.

GURFINKEL, D. *Adicções:* paixão e vício. São Paulo: Casa do Psicólogo, 2011.

JEAMMET, P. "Abordagem psicanalítica dos transtornos das condutas alimentares". Em: URRIBARI, R. (org.) *Anorexia e bulimia.* São Paulo: Escuta, 1999.

KALIL, F. A compulsão alimentar e suas implicações na clínica psicanalítica. Em: GONZAGA, A. P.; WEINBERG, C. (orgs) *Psicanálise de transtornos alimentares.* São Paulo: Primavera Editorial, 2010. p. 167-185;

______. "Considerações psicanalíticas sobre a compulsão alimentar". Em: WEINBERG, C. (org.). *Psicanálise de transtornos alimentares. Volume 2.* São Paulo: Primavera Editorial, 2016. p. 124-135;

MCDOUGALL, J. *Teatros do corpo:* o psicossoma em psicanálise. São Paulo: Martins Fontes, 2000.

ROSA, J. G. "O recado do morro". Em: *No Urubuquaquá, no Pinhém:* corpo de baile (1908-1967). Rio de Janeiro: Nova Fronteira, 2016. p. 25-87.

WEINBERG, C. (org.) *Psicanálise de transtornos alimentares.* Volume 2. São Paulo: Primavera Editorial, 2016.

Trauma e fronteiras do ego: elementos de destaque nas patologias alimentares

GABRIELA DOMINGUES CAETANO SOARES MAIA
MARTA REZENDE CARDOSO

Nas últimas décadas houve um crescente de trabalhos retomando o olhar para as dimensões sensíveis, sensoriais e somáticas promovendo também o retorno do traumático para o centro dos debates no cenário da psicanálise contemporânea. As diferentes formas de sofrimento psíquico que se inserem no campo da problemática dos limites – tais como as doenças psicossomáticas, as passagens ao ato e as patologias alimentares – nos interrogam sobre a questão dos elementos irrepresentáveis no psiquismo, os quais não podem se expressar senão através do registro corporal. Os quadros clínicos não neuróticos apontam para outros destinos do vivido que não podem se inscrever, enquanto efetiva representação psíquica, revelando a presença, em sua base, de uma dimensão traumática. Seu destino psíquico fragmenta, muitas vezes, partes do psiquismo através do mecanismo da clivagem, sendo sua expressão apresentada pela via de um corpo que sofre pelo que não virou reminiscência.

A dimensão desestruturante do trauma, compreendida como afluxo excessivo que ameaça e fissura a integridade egoica, incide diretamente sobre o trabalho psíquico operado pelo ego e sobre a capacidade de representação. Impossibilitado de fazer a mediação pela via da elaboração, o ego aciona recursos arcaicos atrelados à esfera corporal. Com isso, a memória corporal toma frente na cena analítica e convoca uma análise teórica voltada para outros referenciais, situados aquém da representação.

Os estudos contemporâneos de psicanálise nos inspiram a realização de uma reflexão particularmente voltada para a problemática dos limites, sobretudo pelo viés teórico-clínico, tendo em vista a ampliação da atuação psicanalítica no âmbito da clínica. Nossa motivação neste artigo é justamente explorar a questão do ego e sua dimensão fronteiriça, elemento de análise que nos parece dos mais fundamentais para chegarmos a uma compreensão mais depurada das patologias alimentares.

Não é nosso propósito, entretanto, nos deter de forma direta neste artigo em uma investigação específica sobre as patologias alimentares. Pretendemos abrir uma via de aprofundamento dessa temática, nos dedicando aqui a examinar tópicos mais estruturais a ela concernentes, os quais, no nosso entender, possuem importante papel nos fatores de determinação e na singularidade do funcionamento psíquico implicado nessas modalidades de patologia.

Buscaremos, então, resgatar certos aspectos próprios ao desenvolvimento do percurso do ego em Freud, tendo em mente a questão das fronteiras, que integra de modo significativo o estudo sobre a problemática dos limites em psicanálise, a partir, em especial, de sua relação com a questão do excesso e do trauma no funcionamento da vida psíquica. Essas são noções incontornáveis nas respostas egoicas em que há apelo à esfera corporal, como é o caso das respostas dos transtornos alimentares, seja pela via da recusa do alimento, como na anorexia, seja pela via da compulsão alimentar, em particular, na bulimia.

Nosso objetivo maior neste artigo é oferecer uma base de sustentação metapsicológica dessas situações clínicas, tentando, desse modo, iluminar determinados fatores fortemente nelas envolvidos.

Trauma e narcisismo: a dimensão de fronteira do ego

No campo da metapsicologia, o estabelecimento da segunda teoria das pulsões foi resultante, em grande parte, da emergência do conceito de narcisismo no corpo da teoria freudiana. Já no campo da clínica, esse passo foi provocado pela ampliação da escuta de situações nas quais a compulsão à repetição veio a se impor. A questão do ego está no centro dos impasses que impulsionaram tal desenvolvimento teórico: a complexificação dessa questão, com a conceituação do narcisismo e a exigência de um estudo mais apurado da instância do ego, de sua constituição e do problema da falha de seus recursos diante da irrupção pulsional, diante do irrepresentável. Nesse cenário de dificuldades teórico-clínicas, como é sabido, Freud construiu a segunda teoria das pulsões, em cuja base reside o conflito entre pulsões de vida, regidas por um princípio de ligação, e pulsão de morte, em sua tendência ao desligamento e à disjunção.

O novo modelo do aparelho psíquico se desenvolve de modo estreitamente articulado com a segunda teorização sobre o trauma situada, nesse momento, no centro das elaborações freudianas. A retomada da questão do traumático, cujas raízes se encontram no "Projeto" de 1895, será um passo no processo de sistematização teórica da instância egoica em 1923. Esse enfoque traz também para o centro das elaborações de Freud aquilo que se situa aquém das representações; donde, então, os registros da percepção, do sensório e do corpo ganharão novos relevos clínicos e metapsicológicos. Entrecruzada à questão do trauma, outra observação clínica se revela essencial para a construção da segunda tópica: a resistência aponta para o estatuto inconsciente da defesa, o que, dentre outros fatores, fará Freud deduzir que o ego é, também, em parte, inconsciente.

Freud remaneja o conceito de ego, inserindo-o no novo modelo do aparelho psíquico, inaugurando outras diretrizes quanto à sua gênese e suas funções. No presente artigo, examinaremos de que modo a constituição do ego passa a ser considerada, em articulação com as premissas do novo dualismo pulsional; sua relação com o corpo; sua função no aparelho psíquico em relação às outras instâncias; e, neste ponto da teoria, o papel da alteridade para o ego. Nosso objetivo maior é mostrar como o ego se constitui como um espaço psíquico fronteiriço em relação aos espaços internos e externos.

Precariedade dos recursos egoicos diante do traumático

A segunda teoria do trauma dá novos contornos ao estudo do ego: a partir da precariedade dos recursos narcísicos, a acentuação passa a ser concedida ao aspecto protetor ou falho da fronteira egoica, tendo em vista sua dimensão de continente e a qualidade de seu trabalho de elaboração. Freud

(1920) se baseia no paradigma clínico da neurose traumática para aprofundar a teoria do aparelho psíquico. Nesse movimento de construção teórica tão familiar à psicanálise, que parte de um modelo psicopatológico para ampliar o conhecimento sobre o psiquismo, o ego será objeto de interesse justamente a partir da investigação sobre as situações clínicas nas quais seus recursos falham.

Ao considerarmos as significações do termo trauma (Laplanche; Pontalis, 1967/2004, p. 522-523), encontramos a ideia de "choque" e a de "irrupção", inexoravelmente vinculadas à imagem de superfície. O choque se caracterizaria pelo encontro impactante de uma barreira contra uma superfície que delimitaria essa fronteira. A ideia de irrupção remete justamente ao rompimento dessa superfície. O aparelho mental não consegue tolerar certa intensidade quando o trabalho psíquico não é capaz de conter e encaminhar o excesso de excitação. O fator de desencadeamento do traumático consiste num excesso de estímulo que ultrapassa a capacidade de elaboração psíquica.

Qual seria a parcela do aparelho psíquico responsável pela contenção e pelo trabalho sobre a quantidade de carga de excitação pulsional no psiquismo? Em "Além do Princípio do Prazer" (1920, op. cit.), Freud ainda não havia formulado a segunda tópica, mas diversos elementos desse texto podem ser considerados passo preparatório rumo ao seu desenvolvimento. Freud propõe a figuração de um envoltório que contém e delimita o organismo vivo.

Posteriormente, tal imagem será assimilada à parte dos atributos, gênese e função do ego como instância psíquica. Freud recupera agora, através da imagem de vesícula, a de envoltório, presente em outros textos, tais como o "Projeto" (1895/1950, op. cit.) ou, ainda, a "Introdução ao Narcisismo" (1914/2006, op. cit.) – através da analogia da ameba. É a partir do contato constante com o mundo externo que se constitui uma proteção contra este: tal camada se faz pelo encontro da superfície com o exterior, formando uma espécie de casca calcinada, que funciona como armadura amortecedora (Freud, 1920/2006, op. cit., p. 37). A vesícula forma um escudo protetor contra os estímulos externos, assegurando o fluxo de energia interno e, assim, a preservação da vida interior.

A compreensão de que não há proteção contra os estímulos que afluem a partir do interior do organismo (idem, p. 39 e 45) traz à cena a dimensão traumática da própria pulsão. No "Esboço de Psicanálise", essa concepção vê-se reforçada: "Uma intensidade excessiva de instinto pode prejudicar o ego de maneira semelhante a um estímulo 'proveniente' do mundo externo [...] [e] pode destruir a sua organização dinâmica característica" (Freud 1938/2006, p. 213). O excesso pulsional seria uma ameaça à integridade narcísica que, por sua vez, seria equivalente a uma desorganização psíquica radical, representando uma ameaça de aniquilação.

Manter a integridade psíquica – contra ameaças externas ou internas – faz parte do trabalho egoico. Freud (1920/2006, op. cit.) pontua, assim, uma das mais antigas e importantes funções do aparelho psíquico: converter a energia livremente móvel da pulsão em energia ligada, ou, ainda, encontrar representantes aos quais a pulsão possa se ligar. Esse movimento de ligação é próprio da pulsão de vida. Logo, o que aqui se delineia no que concerne ao trauma são os traços da pulsão de morte, isto é, a ação de um pulsional disruptivo, incapaz de ser submetido ao processo de elaboração. Esclarece Cardoso: "[...] não há disjunção entre trauma e pulsão na psicanálise: no novo modelo, o traumático, como efração, revela-se inseparável da ação de uma força pulsional que transgride os limites egoicos" (2011, p. 72).

A ruptura da superfície do aparelho psíquico, responsável por delimitar o espaço interno, compromete a possibilidade de homeostase energética. Esta visa à manutenção de um nível constante de energia no interior do psiquismo, pois só é possível pensarmos na regulação do princípio do prazer-desprazer dentro de um sistema delimitado. O traumático está "além do princípio do prazer" por romper com a possibilidade de homeostase interna.

De acordo com Lejarraga (1996, p. 31), "o pulsional é traumático porque a força pulsional não é absorvida por inteiro no universo significante por irromper como 'corpo estranho' no aparelho egoico". A função do ego de codificar a excitação, de recebê-la e significá-la, se mostra falha neste caso. Não há aqui uma codificação que sinalize desprazer, mas a ausência total de elaboração; do mesmo modo, não há descarga gradual do excesso de energia, mas descarga direta, e que não se vincula às representações. O traumático concerne ao irrepresentável, ou seja, ao excesso pulsional que não pode ser ligado pelo trabalho psíquico.

> Não há mais possibilidade de impedir que o aparelho mental seja inundado com grandes quantidades de estímulos; em vez disso, outro problema surge, o problema de dominar as quantidades de estímulo que irromperam, e de vinculá-las no sentido psíquico, a fim de que delas se possa então desvencilhar. (Freud, 1920/2006, p. 40)

Tal perturbação na economia do organismo suspende temporariamente o reinado do princípio de prazer, expressando-se pela via da compulsão à repetição. Através de permanente presentificação de caráter radical, a repetição, nesta modalidade, configura uma demanda incessante de simbolização. Não se trata, pois, da repetição de conteúdos recalcados como nos sintomas das neuroses de transferência, conforme indicado no texto de Freud de 1914, "Recordar, Repetir e Elaborar" – embora essa concepção permaneça presente na teoria, o ponto trabalhado aqui está aquém do recalque. De acordo com Uchitel (2001, p. 50), "na instauração do trauma, [...] a excitação ficou presa no circuito incessante das excitações sem forma. Por isso, o trauma não fala, faz-se sentir e atua. O que repete não é uma representação, mas uma percepção sem palavra".

Essa concepção de trauma está associada ao estado de desamparo e de passividade do ego diante do pulsional, gerando respostas defensivas de caráter pré-simbólico (Cardoso 2011, op. cit., p. 73). Está em questão tanto a violência da pulsão quanto o despreparo do ego para receber essa intensidade. O elemento surpresa é um fator condicionante para o advento do traumático. O susto é a prerrogativa para a passividade frente ao inesperado, a falta de preparo para a recepção do excesso pulsional. Vemos, então, serem retomados, de modo subjacente, alguns dos elementos relativos à teoria da sedução, do período de 1890. O caráter fortuito do acidente, o despreparo e a consequente relação de passividade permanecem como fatores determinantes do traumático (Laplanche, 1987/1992, p. 117, 120).

Não havendo a possibilidade de vincular a pulsão às representações, cria-se uma fissura que ameaça a integridade egoica. O que retorna é justamente esse ponto de fixação no qual a intensidade do excesso incontrolável deixou sua marca. Importante ressaltarmos que a ausência de representação não desloca essa problemática para algo externo ao psiquismo – o aparelho psíquico é marcado por esse excesso mesmo que não haja inscrição do traço mnêmico; tal marca não pode, então, ser integrada ao ego, nem recalcada. A nova concepção de aparelho que já começa a se esboçar em 1920 traz à tona o problema dos limites para a vida psíquica: os limites da própria representação e os limites dos recursos egoicos.

O trabalho de elaboração psíquica impede a descarga direta via corpo. Todavia, a ausência desse trabalho aponta para uma dimensão mais arcaica do ego, na qual seus recursos são ainda precários e incapazes de exercer forte domínio sobre a força pulsional. A este respeito, Freud traz à cena um ego primitivo, um ego corporal, organização psíquica ainda atrelada intimamente ao espaço e às funções corpóreas. A emergência dessa compreensão perpassa as proposições de "Além do Princípio do Prazer", ganhando, no entanto, maior relevância na formulação da segunda tópica, em 1923, com "O Ego e o Id". No novo modelo do aparelho psíquico, o caráter fronteiriço da instância egoica será acentuado, passando a mediar também os limites intrapsíquicos entre os espaços internos, os limites entre o psíquico e o corporal, além da relação com o "fora", isto é, o ambiente e a alteridade.

O corpo no processo de constituição egoica

A problemática do corpo está presente ao longo de toda a construção da obra freudiana, seja como objeto de investigação de manifestações psicopatológicas, seja através das tendências "biologizantes" de Freud de trazer para a cena um corpo-organismo, ou o corpo da autoconservação e, sobretudo, o corpo pulsional e erógeno. Em um primeiro momento, esse corpo se satisfaz autoeroticamente em zonas erógenas localizadas, apresentando-se como corpo fragmentado. Não há ainda uma "ação psíquica" (Freud, 1914) que unifique o contorno corporal, integrando as partes em um todo: o ego, neste momento, é também fragmentado. Com o narcisismo, o investimento da libido no ego promove uma ligação destas zonas, compondo um conjunto organizado. Neste ponto, o contorno egoico ganha estruturação.

A relação eu/corpo está intimamente entrelaçada: o ego é a instância ligada à percepção-consciência, e, por isso, tem implicação direta com o vivido corporal, ao mesmo tempo que se edifica como projeção mental do corpo.

Portanto, investigar o estatuto do corpo em questão é tarefa necessária para sabermos de que modo o ego se apresenta em sua forma mais arcaica.

Centrar nas vivências corporais os elementos mais primitivos da constituição do ego implica colocar em evidência o papel das sensações e percepções (de prazer, de desprazer e de dor) para o reconhecimento da existência subjetiva. É através da experiência sensorial que se inicia a construção de uma historicidade, tanto pela tomada de consciência de si, quanto pelo contato com o mundo externo. Os cheiros, o sabor, o toque, a temperatura, as texturas, o som, o ritmo mergulham o bebê num mundo de sensações ainda não codificadas, mas, ainda assim, impressas psiquicamente. São essas sensações que caracterizam o modo inaugural de encontro e de relação com o meio ambiente e com o "outro", em especial, o outro materno.

Forma-se uma primeira delineação da existência própria: o limite da superfície corporal (in)forma, ao mesmo tempo, a experiência de um limite psíquico que possibilitará a estruturação do aparato psíquico como um todo. E, num recorte mais específico, esse ego corporal precede, num sentido lógico, o ego psíquico. A função da alteridade para a constituição psíquica apresenta-se no processo de formação do ego-corporal, de maneira específica: com Laplanche (1987/1992), vemos a ênfase do papel do outro para a emergência da pulsão no corpo infantil através dos cuidados que o outro adulto dispensa ao bebê.

É através do investimento libidinal e da sedução materna que esse corpo é provocado a sentir, passando, assim, a ser erogeneizado, pulsionalizado; e é também função desse outro sanar as sensações corporais despertadas, vivenciadas muitas vezes como aflitivas. É, igualmente, papel do adulto o de codificar, interpretar e traduzir essas sensações experimentadas pela criança – a qual ainda não possui um universo simbólico e de representações constituído – até que essa função seja internalizada.

Considerar a característica limítrofe da instância egoica implica explorarmos a complexidade do processo de separação eu/outro, interno/externo, corpo/psiquismo. A constituição psíquica é constantemente atravessada pelo ambiente, pelos afetos e pelo outro, também dotado de inconsciente. A compreensão desses matizes é tão complexa quanto o próprio processo constitutivo do ego, que se faz continente e permeável, como escudo protetor e percepção, superfície e inconsciente. É no cenário do desenvolvimento da segunda tópica que Freud afirmará de maneira explícita o papel formador da experiência corporal na constituição egoica: "[...] O ego é, primeiro e acima de tudo, um ego corporal; não é simplesmente uma entidade de superfície, mas é, ele próprio, a projeção de uma superfície (Freud, 1923/2006, op. cit., p. 39).

Aponta Mano (2013, p. 46) que a linearidade com que o envoltório protetor foi concebido em 1920, entre mundo externo e mundo interno, é substituída por uma concepção de estrutura de encaixes, na qual há superfície e projeção de superfície. Freud nos diz que é com o corpo que o psiquismo aprende a perceber sua existência e a diferenciar os estímulos externos dos internos. O ego toma a superfície corporal – a pele (nosso maior envoltório) – como modelo para a composição do psiquismo, sendo ele próprio a projeção de uma superfície. Esse ego corporal, vale ressaltar, é a *projeção mental* da superfície do corpo de modo que aquele já se encontra no âmbito do psiquismo. E é a bipolaridade tátil que prepara o desdobramento reflexivo do ego.

Em "O Ego e o Id", essas acepções são levadas adiante de maneira que o ego surge em decorrência do corpo próprio, o corpo-organismo-sensorial do sujeito no meio ambiente. A experiência psíquica é, antes de tudo, a experiência corporal de estar vivo e habitar o mundo. A esse respeito, sustenta Anzieu (1985/1989, p. 94) que tudo o que é psíquico se desenvolve em constante referência à experiência corporal. Além do papel dessas experiências sensórias, base do funcionamento psíquico, Freud (1923/2006, op. cit., p. 39) aponta para o papel da dor como modalidade através da qual chegamos à ideia de nosso corpo. A dor passa a ser um sinal, "uma via para a assunção do corpo próprio e, portanto, para a coesão entre o eu e o corpo" (Fortes, 2013, p. 289).

Lembremo-nos que a problemática do traumático e da emergência da pulsão de morte na teoria é decorrente de situações clínicas que trazem à cena justamente a compulsão à repetição e também a questão da descarga direta, via corpo, do excesso pulsional, na qual o trabalho de elaboração não pôde ser efetuado.

À guisa de conclusão

A inserção de novos paradigmas clínicos, resultantes do estudo e da clínica da psicose além de outros distintos da neurose clássica – como, por exemplo, a hipocondria, as patologias narcísicas – virá promover significativa mudança na metapsicologia freudiana, fornecendo uma nova perspectiva na teoria do ego – e de que forma isso se mostrou atrelado à própria evolução da teoria pulsional – quando o olhar clínico de Freud se expande além da neurose.

O conceito de narcisismo é considerado marco teórico, pois promove profundo remanejamento do problema relativo à economia libidinal, passando o ego a ser concebido como objeto de investimento libidinal. Com efeito, essa nova posição a respeito do ego abala a visão dessa instância como agente interno desafetado pela libido. A partir de então, levanta-se a questão acerca da neutralidade do ego no conflito psíquico, uma vez que ele mesmo passa a ser entendido como investido e constituído pelo sexual. E, ao inserir o ego na trajetória da libido como objeto de amor, Freud passa a considerar o narcisismo como parte integrante no sentido de constitutivo do desenvolvimento do aparelho psíquico como um todo.

Pensar o ego como banhado pelo sexual consiste numa posição a partir da qual as fronteiras entre o eu e o outro se revelam bem menos nítidas quando se trata do destino da pulsão. Isso porque o ego não é tratado aqui como mero agente interno, mas como lugar psíquico constituído a partir da imagem do outro. Nesse contexto, o foco da questão do ego se volta, portanto, para o problema da delimitação entre o eu e o outro. O que passa a estar fundamentalmente em jogo, em primeiro plano, não é mais apenas a problemática do recalque, mas a da pulsão como força constitutiva da delimitação egoica: de que forma a pulsão será introjetada no ego e que falhas que poderão advir desse processo? A identificação passa, então, a ser um conceito-chave no que concerne à relação do eu com a alteridade e à própria estruturação do mundo interno, do psiquismo.

No desenvolvimento da primeira teoria pulsional, Freud vê o ego como elemento atuante no processo de constituição psíquica, responsável pela diferenciação entre mundo interno e externo. O que seria característico desse primeiro momento é o reconhecimento do prazer como algo interno, sendo a projeção do desprazer uma sinalização da realidade externa. Dessa forma, num primeiro tempo, o ego se vê colado na satisfação pulsional, só reconhecendo o não eu como aquilo que é sinalizado pela vivência de desprazer.

O fator clínico determinante no período de profunda reestruturação teórica que assinalamos anteriormente foi a dimensão do traumático e sua estreita articulação com a segunda teoria pulsional. Em um primeiro momento, fica evidenciada a passividade do ego diante da invasão traumática do pulsional, o que explicita as falhas de sua capacidade de continência e de elaboração, isto é, a impossibilidade de um trabalho psíquico sobre determinadas marcas, marcas de um excesso pulsional.

A relação do ego com o corpo é outro aspecto que, ainda latente ao longo de toda a obra freudiana, ganha especial ênfase nesse momento. A fronteira entre o corpo-somático e o psiquismo passa a ser trabalhada por Freud a partir de novo enfoque da gênese egoica, a qual, além da pulsão e da imagem, encontra seu terceiro apoio no âmbito da percepção corporal. As funções de paraexcitação, percepção e memória são aprendidas a partir das vivências corporais, na qual a superfície do corpo funciona como experiência de base na formação de uma superfície psíquica. O caráter continente do ego se vê, portanto, atrelado à sua gênese corporal, elemento de fundamental importância na teorização de Freud desse momento, e que nos interessa sobremaneira, tocando na questão das fronteiras egoicas, agora, particularmente, aquela situada entre o ego e o corpo.

Uma vez traçada a fronteira externa do psiquismo, os conteúdos internos e suas dinâmicas ganham espaço na formulação da segunda tópica. Aqui, o entendimento das relações intrapsíquicas do ego com as outras instâncias permite que o caráter de espaço fronteiriço dessa instância seja, mais uma vez, ressaltado. Em lugar de certa linearidade própria aos limites do modelo da primeira tópica, Freud desenvolve no novo modelo a ideia de formação de redes em série, de encaixes e sobreposições como modo de relação existente entre as instâncias do aparelho psíquico. Sublinhemos, sobre este ponto, os limites do inconsciente, a formulação de que o ego é uma diferenciação do id a partir do contato com a realidade externa e a concepção segundo a qual o ego possui uma dimensão inconsciente.

O caráter inconsciente da defesa e da resistência já havia sido indicado por Freud antes da construção da segunda tópica, mas só agora é efetivamente conferido um lugar psíquico para a inconsciência do ego. Esse passo acrescenta uma nova camada a ser teoricamente explorada quanto à questão das relações internas do psiquismo e desmonta, mais uma vez, a pretensão de um ego coeso visto dominantemente como agente dos mecanismos de defesa. O que se evidencia é, precisamente, o ego como território misto e dotado de conflitos internos.

Em síntese, os quadros clínicos não neuróticos convocam a teoria psicanalítica a se interrogar sobre o corpo, a simbolização, a memória e os mecanismos de defesa a partir de uma ótica diferente daquela encontrada no "primeiro Freud". A emergência do conceito de pulsão de morte nos aponta para a possibilidade das falhas no processo de ligação. Temos, então, um corpo que se impõe enquanto um organismo estranho ao eu, elemento, conforme buscamos sublinhar no decorrer deste artigo, de especial relevância nas situações clínicas nas quais o ego convoca o registro corporal, tal como revelam, de modo exuberante, as patologias alimentares.

Referências bibliográficas

ANZIEU, D. (1985) *O eu-pele*. São Paulo: Casa do Psicólogo, 1989.

CARDOSO, M. R. "Das neuroses atuais às neuroses traumáticas: continuidade e ruptura". *Rev. latinoam. psicopatol. Fundam.* São Paulo. v. 14, n. 1, p. 70-82, Mar. 2011.

FORTES, I. "A dor como sinal da presença do corpo". *Tempo psicanal.*, Rio de Janeiro, v. 45, n. 2, dez. 2013.

FREUD, S. *Edição Standard Brasileira das Obras Psicológicas Completas de Sigmund Freud* (E.S.B.). Rio de Janeiro: Imago, 2006 [1969].

______. (1895)[1950]) "Projeto para uma psicologia científica". Vol. I.

______. (1914) "Sobre o narcisismo: Uma introdução". Vol. XIV.

______. (1920) "Além do princípio do prazer". Vol. XVII.

______. (1923) "O ego e o id". Vol. XIX

______. (1938) "Esboço de psicanálise". Vol. XXIII.

LAPLANCHE, J. (1987) *Novos fundamentos para a psicanálise*. São Paulo: Martins Fontes, 1992.

LAPLANCHE, J.; PONTALIS, J.-B. (1967) *Vocabulário da psicanálise*. Trad. Pedro Tamen. 4. ed. São Paulo: Martins Fontes, 2004.

LEJARRAGA, A. L. *O trauma e seus destinos*. Rio de Janeiro: Revinter, 1996.

MANO, B. *Clínica do continente*. São Paulo: Casa do Psicólogo, 2013.

UCHITEL, M. *Neurose traumática:* uma revisão crítica do conceito de trauma. São Paulo: Casa do Psicólogo, 2001.

Especificidades da relação transferencial na clínica dos transtornos alimentares

GABRIELA MALZYNER

O que é transferência?

Ao falar da transferência na técnica psicanalítica, Freud (1915, p. 177) afirma que:

> [...] as únicas dificuldades realmente sérias que tem que enfrentar residem no manejo da transferência, somos levados a compreender que essa, além de caracterizar-se por seu difícil manejo, aponta-nos para questões absolutamente relevantes do trabalho em análise.

Devemos então compreender que a dinâmica da transferência está ligada ao modo como cada sujeito conduz sua vida erótica, isto é:

> Nas precondições para enamorar-se que estabelece nos instintos que satisfaz e nos objetivos que determina a si mesmo no decurso daquela. Isso produz o que se poderia descrever como um clichê estereotípico (ou diversos deles), constantemente repetido – constantemente reimpresso – no decorrer da vida da pessoa [...]. (Freud, 1912, p. 111)

Segundo Birman (1999), o nosso desamparo nos remete constantemente para o erotismo num movimento marcado, infinitamente, pela circularidade.

O desamparo humano marca a nossa existência, o bebê nasce sem a menor capacidade de dar conta de sua própria vida. Ele terá que ser investido, cuidado, libidinizado para que venha a se tornar humano, para que ganhe o estatuto do Eu.

Por meio desses primeiros cuidados, exercidos pela figura materna, o bebê se constitui como sujeito. É, pois, mediante a sedução materna, que a vida, como possibilidade, é transmitida. A marca do desamparo acompanhará o humano. Esse registro o fará depender do amor do outro para sempre: a marca que se instalou no psiquismo está ligada à forma como o objeto foi visto frente aos perigos do mundo, como o único capaz de fazer escudo ao que acomete o sujeito. "Para o adulto, o estado de desamparo é o protótipo da situação traumática geradora de angústia" (Laplanche; Pontalis, 2000, p. 112).

O desamparo humano está ligado não apenas à impossibilidade de dar conta de si fisicamente, mas também da noção de que o sujeito nasce imerso num caldeirão pulsional e o outro humano (figura materna) será aquele capaz de ligar as pulsões parciais. Assim o "proto-sujeito" (Birman, 1999, p. 49) (bebê) precisa de outro humano que auxilie na satisfação dessas pulsões, satisfazendo suas exigências.

A transferência, então, pode ser compreendida como uma reedição da maneira como o sujeito se liga aos objetos. Assim, na análise, ele irá depositar no analista a esperança de que este seja capaz de auxiliá-lo na árdua tarefa de fazer ligações pulsionais. Vemos, então, a reedição da maneira como o sujeito se liga a outro sujeito na esperança de não ficar à mercê de suas pulsões. Birman (1999) afirma que o outro é o responsável por transformar a força da pulsão em um circuito pulsional, e isso ocorre mediado pelos objetos de satisfação.

Vale ressaltar que a transferência carrega em si não apenas o amor, mas também o ódio, e pode se apresentar como grande ponto nodal de uma análise. Freud fala da dificuldade do manejo da transferência na clínica, pois considera que ela possa se apresentar como fonte de resistência, seja transferência carregada de amor ou ódio.

A chegada ao consultório

Para considerarmos a técnica psicanalítica nos atendimentos aos transtornos alimentares, temos que nos debruçar sobre a entrada em análise. O que permite ao sujeito a possibilidade de se fazer questões e pôr em marcha a associação livre?

Quinet (1991) aponta para divergências técnicas entre psicanalistas. Afirma que, para a International Psychoanalytical Association (IPA), o contrato mais a associação livre seriam mantenedores do bom andamento do *setting* analítico, mas, para o autor, isso será revisto a partir dos textos freudianos. Afirma:

> Lacan introduz o conceito de ato psicanalítico, retirando assim a psicanálise do âmbito das regras para situá-la na esfera da ética. É o analista com seu ato que dá existência ao inconsciente, promovendo a psicanálise no particular de cada caso. (Quinet, 1991, p. 8)

Quinet retoma a ideia de como Freud se depara com a questão da associação livre a partir da fala de sua cliente Frau Emmy von D. A regra fundamental da psicanálise surge a partir desse atendimento e, para ele, essa passa a ser a única regra psicanalítica: a associação livre por parte do analisando. "É a associação livre que marca o início da psicanálise e também o início de cada psicanálise – é o ponto em que a análise deve começar" (Quinet, 1991, p. 9).

Freud falava em "tratamento de ensaio", preliminar ao início de análise. Lacan denominou essa prática "entrevistas preliminares", as quais buscam ligar o paciente à figura de seu analista (instalar a transferência) e a partir dela poder estabelecer um diagnóstico diferencial (entre neurose e psicose). As entrevistas preliminares se igualam, mas também se diferenciam do processo analítico. Equiparam-se na regra da associação livre, mas não na busca do diagnóstico diferencial.

O analista está submetido a esse paradoxo. Quinet afirma que, do ponto de vista do psicanalista, as entrevistas preliminares podem ser separadas em dois momentos: o de compreender e o de concluir. É no momento de concluir que há a passagem do tempo de entrevistas para o de análise. O autor ressalta a importância de uma escolha por parte do analisando, mas também do analista. É no momento de concluir que o analista aceita aquele sujeito em análise.

Na constituição desta dupla escolha, o sujeito será impelido a elaborar sua demanda de análise, o que é verificado, como veremos na prática, como um fator de histerização na produção do sintoma analítico (Quinet, 1991).

As entrevistas preliminares podem ser divididas em três funções: a função sintomal (sinto – mal), a função diagnóstica e a função transferencial. A função sintomal (sinto – mal) está ligada à ideia lacaniana de que a única demanda de análise verdadeira é aquela na qual o sujeito se desvencilha de seu sintoma. A demanda de análise é correlata à elaboração do sintoma enquanto "sintoma analítico". O que está em questão nessas entrevistas preliminares não é se o sujeito é analisável... A analisabilidade é função do sintoma, e não do sujeito (Quinet, 1991).

É preciso que a demanda seja endereçada àquele analista, que a queixa inicial do sintoma seja substituída e que o sintomal passe do estatuto de resposta para o estatuto de questão, para que o sujeito se instigue em decifrá-lo.

A pergunta norteadora visa descobrir ao que este sintoma está respondendo, ou, em termos freudianos: "O que fez fracassar o recalque e surgir o retorno do recalcado, para que fosse constituído o sintoma?" (Quinet, 1991, p. 16).

Quinet aponta para a noção de que o sintoma analítico é correlato ao estabelecimento da transferência, fazendo emergir o sujeito suposto saber-pivô da transferência.

Na clínica com essas moças que sofrem de transtorno alimentar, encontramos grande dificuldade em transformar a certeza em dúvida, a resposta em pergunta. Muitas vezes, elas possuem extrema dificuldade em compreender o que "têm a ver" com a própria dor. Os relatos na clínica acompanham queixas e desconforto social, mas somente após muito trabalho poderão chegar à pergunta para si mesmas. Meninas que conseguem fazer essa "virada" já estão a salvo, pois parecem capazes de sair de suas "fortalezas narcísicas", de sua onipotência, e se implicarem na sua dor.

Sem que exista esse primeiro movimento, qualquer proposta clínica ficará esvaziada, pois o que estará em evidência é o desejo e a angústia do analista, e não das analisandas. Mais uma vez estaremos diante de alguém que lhes oferta alimento sem que antes possam realmente se indagar sobre a sua vontade e o seu desejo.

Nasio, psicanalista francês, traz uma questão bastante importante para a clínica psicanalítica: a noção de cura. A cura, em psicanálise, é um conceito bastante complexo e afasta-se da medicina na medida em que não busca a eliminação do sintoma. Apesar disso, a cura é um elemento central na marcha do processo analítico. Ele explica essa questão retomando Lacan e afirmando que a análise se inicia exatamente porque o sujeito que busca a análise acredita que o analista poderá auxiliá-lo num processo de cura. Esse ponto é fundamental na clínica. Vemos que muitas meninas não se envolvem num processo analítico, o que nos leva a vislumbrar um mal prognóstico para sua conflitiva. Nos ditos casos de transtornos alimentares, essa não entrada em análise é comumente observada.

Fernandes (2006) afirma que para que possamos falar em "cura" da anorexia e bulimia, a relação dessas jovens com elas mesmas terá que ser transformada, mas, para que isso ocorra, elas não podem ter "cristalizado" essa forma de conduzir a vida psíquica.

Penso que isso nos remete à questão pulsional. Parece que a pulsão, ao encontrar um caminho de satisfação, buscará esta forma específica até que ocorra um desvio. A análise teria que ser capaz de promover esse corte na repetição, mas isso implica certa abertura e flexibilidade da libido. A transferência precisa se instalar para que isso ocorra e aí reside uma questão relevante a esta clínica.

A primeira dificuldade que encontramos frente à moças que apresentam problemas alimentares é a chegada aos consultórios. Temos dados que apontam para um grande número de desistências entre o chamado à CEPPAN (contato telefônico, via e-mail, site etc.) e a vinda à triagem.

Os números da instituição mostram isso de forma evidente. Muitas meninas buscam atendimento, mas uma proporção significativa delas não consegue sequer chegar à triagem inicial. Parece faltar crença na cura... Ou poderíamos nos questionar de que cura estamos falando aqui, afinal, muitas dessas jovens não reconhecem questões em si mesmas.

A CEPPAN possuía um protocolo em que, após a triagem inicial, realizada sempre por duas analistas, o caso era passado para o grupo, e a analista que se disponibilizasse a atender aquele caso específico deveria aguardar o contato da paciente. Ou seja, exigíamos um duplo movimento por parte dessas garotas.

Observamos que muitas meninas se perdiam nesta passagem da triagem até a busca pelo analista; então, optamos por modificar a conduta. Hoje, após a triagem, o analista designado a atender o caso entra em contato com a paciente, eliminando assim o segundo movimento de busca.

Pensamos inicialmente que, com isso, estaríamos eliminando uma "vala" por onde elas escorriam. Talvez o que esteja ocorrendo neste cenário seja exatamente a falta de esperança de que haja um outro capaz de auxiliá-las, ou até mesmo uma impossibilidade de ver como questão aquilo que se passa internamente.

O que afirmo é que, de alguma maneira, não há a ideia de cura nesse psiquismo. Talvez porque falte pôr em questão seus atos: não há abertura para a dúvida. Disso decorre outra hipótese: essas formas de conduta alimentar, provavelmente, desempenham um papel fundamental na organização psíquica. A consequência dessa organização pode ser a morte e, em muitos casos, é exatamente disto que se trata.

Nasio (1999, p. 169) cita Freud e afirma: "A eliminação dos sintomas de sofrimento não é procurada (pelo terapeuta) como objetivo particular, mas, sob a condição de uma conduta rigorosa da análise, ela ocorre, por assim dizer, como um benefício anexo". Podemos afirmar que a cura não é a meta de uma análise, mas, sim, uma consequência desta.

Nossa prática (assim como ética básica) concentra-se em ajudar cada analisando a tornar-se consciente de suas fantasias e conflitos recalcados, com o resultado de que o conjunto de valores até então não reconhecidos, aceitos anteriormente como verdades básicas, sejam trazidos também para a percepção consciente (McDougall, 1997).

Metapsicologia

É importante pensarmos a questão metapsicológica, pois ela nos autoriza a compreender a dinâmica do encontro com o outro e do nosso trabalho clínico. Como afirma Garcia (2007, p. 61):

> O processo analítico nos exige muito mais do que a mera interpretação do reprimido e que a possibilidade de integração teórica e técnica deste modo de pensar se daria a partir de uma visão metapsicológica, que permitisse compreender a posição transferencial do analista como suporte direto da premência pulsional ou, como costumo dizer, como objeto atual da pulsão.

O originário proposto por Piera Aulagnier (1985, apud Violante, 2004) aparece como conceito fundamental para a compreensão do trabalho analítico junto a meninas que sofrem de anorexia. Para a autora, há sempre num novo encontro a marca do originário. Isso nos permite pensar que a cada sessão de análise há a possibilidade de fundarmos partes significativas do aparelho psíquico. Ela compreende haver três instâncias fundamentais: processo originário, primário e secundário, sendo os processos primário e o secundário muito similares àqueles propostos por Freud. A outra instância proposta por Aulagnier é a do processo originário, no qual há pictogramas de representação.

Poderíamos pensar metaforicamente em "moldes" que vão aos poucos deixando marcas no sujeito. Nesse instante originário, o aparelho psíquico ainda é vivido pelo bebê como um aparelho de sensações. Nesse momento, o bebê ainda não diferencia o eu e o outro, o mundo lhe é desconhecido. Num segundo momento, em que já existe processo primário, o bebê atribui à mãe a responsabilidade por tudo aquilo que experimenta. A mãe é tida como aquela que tudo causa, é pelo desejo dela que o bebê vive. Nesse processo, o bebê vivencia a violência primária, o desejo da mãe lhe é imposto. É exatamente esta violência primária materna que possibilitará ao bebê entrar na civilização, ela é fundante do psiquismo por meio da erotização corporal. A libidinização materna é sentida como prazerosa e, ao mesmo tempo, desprazerosa pelo bebê. Como a pulsão está fusionada – Eros e Thanatos estão presentes a cada encontro com o objeto –, o bebê terá que metabolizar essas sensações a cada encontro com o outro.

Essa noção é fundamental na clínica dos transtornos alimentares. Essas meninas possuem, em sua maioria, grande dificuldade em metabolizar o encontro, em se deixarem cuidar, tudo se passa como se o outro fosse "engoli-las". Tornam-se, por diversas vezes, fóbicas na relação transferencial, chegando a faltar frequentemente às sessões de análise. Na "Carta 52", Freud traz a ideia de um aparelho psíquico formado pelo processo de estratificação. Os traços de memória estariam sujeitos a rearranjos de tempos em tempos e a uma retranscrição. Para ele (1896/1975, p. 283):

> [...] sucessivos registros representam a realização psíquica de épocas sucessivas da vida. Na fronteira entre essas épocas deve ocorrer uma tradução do material psíquico. Explico as peculiaridades e as psiconeuroses com a suposição de que essa tradução não se fez no caso de uma determinada parte do material, o que provoca determinadas consequências.

O recalque seria, então, uma falha na tradução desse processo. Isso ocorre devido ao desprazer que seria gerado pela tradução. Essa seria uma defesa normal, que Freud opõe àquelas em que o recalque não consegue atuar e acabam por repetir no aparelho psíquico memórias desprazerosas. Ele atribui a isso a quantidade de carga envolvida no evento. Assim, nos casos em que não é possível inibir o traço, o evento se comporta como se fosse um evento atual. Para Freud, isso ocorre com eventos sexuais (1896/1975, p. 284):

> Quando uma experiência sexual é recordada numa fase diferente, a liberação de prazer é acompanhada por uma compulsão e a liberação de desprazer é acompanhada pelo recalcamento. Em ambos os casos, a tradução para as indicações de uma nova fase parece ser inibida.

A libidinização materna do corpo do bebê é experimentada por ele como da ordem do irrepresentável. A violência primária está ligada exatamente a esse momento da constituição psíquica de cada um de nós, no qual o outro exerce a função de cuidados e de libidinização. Por um lado, isso aponta para algo da ordem do traumático, mas é fundamental para que exista o sujeito. Não há vida humana possível sem que o outro a invista.

Para Aulagnier (apud Violante, 2004, p. 63), o corpo é parte integrante do funcionamento psíquico. Diz a autora:

> O corpo e a organização sensorial fornecem os modelos somáticos que o modo originário do funcionamento psíquico (anterior ao primário e que, depois, coexiste com ele) repete nas suas representações.

> A atividade pictográfica *é uma atividade pulsional* da qual a representação pictográfica resulta, tendo como material exclusivo a imagem da coisa corporal e ignorando a imagem da palavra.

Violante cita a definição de corpo para Aulagnier:

> [...] um conjunto de funções sensoriais, elas mesmas veículos de uma informação contínua que não pode faltar, não somente porque esta informação é uma condição para a sobrevivência somática, mas também porque ela é condição necessária para uma atividade psíquica, que exige que sejam libidinalmente investidos, informado e informante.

Vejamos agora como essas concepções podem nos auxiliar a compreender a metapsicologia dos transtornos alimentares.

Metapsicologia da anorexia e bulimia

Maria Helena Fernandes (2006) articula uma metapsicologia da anorexia e da bulimia. Para tanto, contempla três pontos de vista: o tópico, o dinâmico e o econômico.

O corpo está associado ao ego-polo perceptivo do aparelho psíquico, responsável pela percepção e adaptação à realidade. Na anorexia e bulimia, a dificuldade de percepção corporal estaria ligada a percalços na constituição do autoerotismo.

Na anorexia, há uma falha na erogeneidade como consequência na percepção corporal. Isso evidencia a dificuldade da constituição do corpo libidinal, como se não houvesse superado o registro da necessidade e não pudesse constituir a organização libidinal autoerótica. Na anorexia, a falta de um investimento libidinal adequado impede qualquer queixa:

> Se as queixas hipocondríacas podem constituir uma forma particular de investimento e de apropriação da experiência corporal, elas se contrapõem a anorexia, cujo abandono e desamparo aliena, em graus diversos, o sujeito de seu próprio corpo. (Fernandes, 2006, p. 166)

Esse ponto é bastante relevante para a clínica, como discutido anteriormente. A dificuldade de endereçamento, de esperança e de entrada em análise parece estar ligada à não queixa.

Fernandes levanta a hipótese de que nos transtornos alimentares possa ter ocorrido uma falha nas relações primordiais entre mãe e bebê: o investimento libidinal da mãe com o próprio corpo, com o corpo do bebê e com a experiência de prazer ficam comprometidas. Assim, não teria havido uma passagem "adequada" do registro da necessidade para o autoerotismo. Para a autora, nos casos de anorexia e bulimia, há uma falha nesse registro autoerótico:

> A constituição do autoerotismo, enquanto segundo tempo do desenvolvimento do indivíduo, de sua relação com o mundo, supõe originalmente a existência de um objeto maternal que assegurou a satisfação das primeiras necessidades; o autoerotismo vem apenas em resposta da perda deste objeto. O acesso ao corpo sexuado, promessa de prazer, supõe então a existência de um primeiro tempo no qual as necessidades básicas foram satisfeitas, única condição possível para que o bebê possa lidar com a ausência sem ver-se ameaçado de destruição. (Fernandes, 2006, p. 172)

Lacan nos auxilia na compreensão dos fenômenos anoréxicos no *Seminário 4*, no capítulo intitulado "O Falo e a Mãe Insaciável". Ele parte da noção de frustração ligada à recusa do símbolo do amor, e não apenas ligada a uma necessidade. Ele marca que o plano simbólico está dado desde o início, na marca da falta e da castração materna. Para Lacan, "[...] certas coisas que acontecem só são concebíveis se a ordem simbólica já estiver presente" (1995, p. 184).

A criança já nasce permeada por uma série de formas de trocas e de relação com o objeto. A isso Lacan chama de dom:

> Só existe dom porque existe uma imensa circulação de dons que recobre todo o conjunto intersubjetivo. O dom surge de um mais – além da relação objetal, já que ele supõe atrás de si toda a ordem de troca em que a criança ingressou, e só pode surgir deste mais – além do caráter que o constitui como propriamente simbólico.

O jogo presença-ausência é marca fundamental da relação com o objeto. A presença do objeto seria então apenas o signo do dom. O objeto em si é, por definição, perdido. A marca da satisfação está ligada à frustração, pois ela evidencia a decepção pelo objeto não estar lá. Essa dialética complexa e dolorosa está presente em toda relação de objeto: ali onde encontramos satisfação, nos deparamos também com a falta e, por consequência, com a frustração.

A dolorosa dialética do objeto, ao mesmo tempo ali e nunca ali, em que ela se exercita, nos é simbolizada nesse exercício genialmente captado por Freud em estado puro, na sua forma isolada. Essa é a base da relação do sujeito com o par presença-ausência, relação de presença sobre fundo de ausência, e com a ausência na medida em que esta constitui a presença. A criança aniquila, na satisfação, a insaciedade fundamental dessa relação. Ela adormece o jogo na captação oral. Sufoca aquilo que se origina da relação fundamentalmente simbólica (Lacan, 1995).

O autor apresenta a seguinte pergunta: "O que ocorre no momento em que a satisfação da necessidade entra em jogo e substitui a satisfação simbólica?" (Lacan, 1995, p. 186).

O objeto real assume lugar de símbolo. O que assume ênfase e valor simbólico é a atividade, a forma de apreensão que coloca a criança em posse do objeto. Para o autor, é exatamente por isso que a oralidade assume o papel que tem: a libido de conservação entra na dialética da substituição da exigência do amor pela satisfação, assim a atividade é erotizada.

Lacan ressalta que não é mais o objeto em si que exerce a função, mas a atividade. Ele exemplifica isso quando nos fala sobre um bebê que não mama no seio materno, mas, sim, na mamadeira. O que está em evidência é a atividade erotizada da mamada, e não o veículo que porta o objeto:

> Não é o objeto que desempenha, em seu interior, o papel essencial, mas o fato de que a atividade assumiu uma função erotizada no plano do desejo, o qual se ordena na ordem simbólica. [...] Chamo atenção de vocês neste ponto para o fato de que isso vai tão longe que é possível que, para desempenhar o mesmo papel, não exista em absoluto objeto real. Trata-se, com efeito, apenas daquilo que dá lugar a uma satisfação substitutiva da saturação simbólica. Apenas isso pode explicar a verdadeira função de um sintoma como o da anorexia mental. Já lhes disse que a

> anorexia mental não é um não comer, mas um comer nada. Insisto: isso quer dizer comer nada. Nada, isso é justamente algo que existe no plano simbólico. (Lacan, 1995, p. 188)

O autor afirma que esse ponto é fundamental, pois o que está em questão não é uma criança que não come, mas um sujeito que come nada. Isso é diferente da negação da atividade. A atividade oral está erotizada. Graças a esse "comer nada", a criança faz a mãe depender dela. Esse momento é o da inversão, que introduz a dialética simbólica da atividade oral. Essa mesma maneira de dialética ocorrerá posteriormente com a libido. A primeira manifestação de onipotência está ligada a essa dialética frente ao objeto de quem depende, frente a uma mãe todo-poderosa.

Lacan (1995) faz menção à ideia kleiniana de posição esquizoparanoide, pois compreende que, no imaginário, a figura materna é possuidora de todos os símbolos posteriores: "Eles estão ali, com efeito, já que a mãe constitui um campo virtual de aniquilação simbólica, do qual todos os objetos vindouros irão tirar, cada um por sua vez, seu valor simbólico" (Lacan, 1995, p. 189).

Para que o sujeito possa passar de uma posição paranoide para uma depressiva (seguindo o raciocínio kleiniano), é necessário que possa refletir sobre sua própria impotência. Isso ocorre no que Lacan chama de estádio do espelho.

No momento em que o bebê, por volta do seu sexto mês de vida, é capaz de confrontar a imagem de si no espelho, ele se realiza nesse outro total e se apresenta a si mesmo, o que pode ser observado é um sentimento de triunfo. O caráter do encontro com essa imagem projetada de si é jubilatório.

Por um lado, existe a experiência de domínio, que da à criança a noção de si, mas, por outro lado, há o encontro com a realidade do mestre. Na medida em que a forma do domínio é dada ao sujeito sob a forma de uma totalidade a ele mesmo alienada, mas estreitamente ligada a ele na sua dependência, há o júbilo. As coisas correm de outra maneira quando, uma vez que a forma lhe foi dada, ele reencontra a realidade do mestre. Assim, o momento de seu triunfo é também o mediador de sua derrota. Quando se encontra em presença desta totalidade sob forma do corpo materno, ele deve constatar que ela não lhe obedece. Quando a estrutura especular reflexa do estádio do espelho entra em jogo, a onipotência materna só é refletida, então em posição claramente depressiva, e aí surge o sentimento de impotência da criança (Lacan, 1995, p. 190).

O sujeito se defende dessa experiência de onipotência do objeto no nível do objeto anulado como simbólico. É dessa maneira que a criança põe em xeque sua dependência e alimentando-se de nada. Assim, ela inverte o jogo, colocando-se como mestre da onipotência. Portanto, precisamos realmente sustentar em nosso espírito que a ordem simbólica é, se assim podemos dizer, o leito necessário à entrada em jogo da primeira relação imaginária, sobre a qual se faz o jogo da projeção e de seu contrário (Lacan, 1995).

Como se introduz o falo na dialética da frustração?

Lacan afirma que o falo imaginário é o pivô dessa dinâmica. À mãe falta o falo, e é porque ele lhe falta que ela o deseja. O desejo está ligado à falta. Assim, o falo imaginário desempenha função, pois no simbólico ele já preexiste ao sujeito, pois o significante não é inventado por cada sujeito, ele existe.

> Trata-se do falo, e de saber como a criança realiza mais ou menos conscientemente que sua mãe onipotente tem falta, fundamentalmente, de alguma coisa, e é sempre a questão de saber por que via ela vai lhe dar esse objeto faltoso, e que sempre falta a ela mesma. (Lacan, 1995, p. 196)

Para o autor, todo o período pré-edipiano – no qual se originam as perversões – está calcado no jogo em que o falo é o significante. No imaginário materno, a criança está enlaçada na dinâmica da onipotência. O falo é objeto central na dinâmica mãe-bebê. Toda ideia de identificação com a mãe e identificação com o objeto tem em seu bojo a relação com o falo.

Lacan aponta para uma problemática muito significativa: antes do Édipo, a criança tenta satisfazer aquilo que não pode ser satisfeito, o desejo da mãe. A criança então se coloca como objeto enganador.

> Este desejo que não pode ser saciado, trata-se de enganá-lo. Precisamente na medida em que mostra à sua mãe aquilo que não é, constrói-se todo o percurso em torno do qual o eu assume sua estabilidade. [...]

> Na medida em que se faz de objeto para enganar, a criança se vê engajada diante do outro numa posição em que a relação intersubjetiva é inteiramente constituída. [...] E como este é um desejo que não pode ser satisfeito, só se pode enganá-lo.

Parece residir nesse ponto a impossibilidade de se fazer demanda no início de um processo analítico. Não há a falta; tenta-se onipotentemente dar conta das angústias da vida. Cabe à dupla, então, analista-analisando, abrir "a porta" da falta, do limite e, então, da castração, possibilitando uma nova forma, permeada pelo originário – como proposto por Aulagnier – de estar na relação íntima com o outro.

Referências bibliográficas

BIRMAN, J. *Cartografias do feminino.* São Paulo: Editora 34, 1999.

FERNANDES, M. Helena. *Transtornos alimentares: anorexia e bulimia.* São Paulo: Casa do Psicólogo, 2006.

FREUD, S. *Observações sobre o amor transferencial.* Novas recomendações sobre a técnica da psicanálise III. (1915(14)). v. XII.

______. *A dinâmica da transferência* (1912). v. XII. p. 111.

______. (1896) "Carta 52". Vol. I Em: Edição Standard Brasileira das Obras Completas. Rio de Janeiro: Imago, 1975.

GARCIA, J. C. *Desafios técnica psicanalítica.* São Paulo: Casa do Psicólogo, 2007.

LACAN. *O Seminário 4:* a relação de objeto. Rio de Janeiro: Jorge Zahar Editor, 1995.

LAPLANCHE; PONTALIS. *Vocabulário de psicanálise.* São Paulo: Martins Fontes, 2000.

MCDOUGALL, Joyce. *As múltiplas faces de Eros.* São Paulo: Martins Fontes, 1997.

NASIO, J. D. *Como trabalha um psicanalista?* São Paulo: Jorge Zahar Editor, 1999.

QUINET, A. *As 4+1 condições da análise.* Rio de Janeiro: Zahar, 1991.

VIOLANTE, M. L. V. *Ensaios freudianos em torno da psicossexualidade.* São Paulo: Via Lettera, 2004.

Quantos ml têm a sua felicidade: transtornos de imagem e constituição psíquica

ILANA TAWIL SCHWARTZMAN

Ao me deparar com o desafio de pensar sobre como abordar um tema tão múltiplo como a psicanálise dos transtornos alimentares, escolhi rememorar um dos primeiros casos que recebi na minha clínica. Apesar de não ter passado de uma série de entrevistas, foi o suficiente para despertar o meu interesse: uma mulher com uma grave distorção de imagem corporal, que, curiosamente, não se tratava de um transtorno alimentar.

A paciente apresentava as características de uma dismorfia corporal, transtorno psiquiátrico que hoje atinge 2% da população mundial e cerca de 4,1 milhões só no Brasil[1]. Sem me aprofundar especificamente nessa patologia, faço um convite para refletirmos sobre a proximidade do funcionamento psíquico de pacientes que fazem um uso voraz de cirurgias plásticas e/ou procedimentos estéticos como aqueles que são afetados pelos transtornos alimentares[2].

A ideia é refletir sobre a constituição da imagem corporal e suas distorções, trazer algumas das fantasias psíquicas presentes no ato de realizar uma

1 Bernardo, 2020.

2 Este texto tem como base a minha pesquisa desenvolvida para o Mestrado em Estudos da Psicanálise na Birkbeck University of London: "Body, Self and Identity: A Psychoanalytical Study of Cosmetic Surgery" (2015).

cirurgia plástica e promover um diálogo com fenômenos contemporâneos que inevitavelmente parecem atravessar a nossa clínica, como a exposição intensa às redes sociais, as novas formas de se relacionar com a nossa imagem e a banalização das intervenções estéticas.

Caso Manuela: Beleza sem filtro, self em sofrimento[3]

Manuela, de 30 anos, procurou terapia como uma condição imposta por seu cirurgião plástico. Ela já havia realizado quatro ou cinco procedimentos cirúrgicos em seu nariz, mas seguia insatisfeita. Achava-o horrível e motivo de grande vergonha, sentia que todos à sua volta a consideravam muito feia, pois percebiam esses defeitos. Ao procurar um outro médico para fazer mais um procedimento, ele percebeu que havia uma questão que ia além da cirurgia em si e por isso fez uma indicação de terapia. Manuela teve dificuldade em entender o motivo do encaminhamento, já que para ela bastava mais uma cirurgia para resolver o seu problema, mesmo assim decidiu seguir a orientação médica. Ela passou os primeiros encontros relatando exaustivamente os detalhes de todas as suas cirurgias, acompanhada de fotos para explicar bem o que considerava serem os defeitos.

A paciente dedicava horas do seu dia pesquisando narizes de outras mulheres na internet, com a esperança de conseguir um cirurgião que fizesse igual. Ela tinha certeza de que a ponta de seu nariz era milimetricamente torta, ou que sua narina esquerda abria mais do que a direita, entre outros defeitos, e que isso deixava o seu rosto horroroso. A obsessão com a "feiura" do seu nariz a impedia de se relacionar com os outros, trazendo prejuízos de todos os tipos para a sua vida. Muitas vezes ficava sem sair de casa, tamanha a dificuldade de enfrentar o mundo carregando esse nariz. A paciente passou anos de procedimento em procedimento na esperança de que alguém conseguisse "consertar" esses defeitos. Era nítida a semelhança entre a distorção de imagem apresentada por Manuela e a de outros

3 Alteração de nome e dados relevantes com a finalidade de proteger a identificação da paciente.

pacientes com anorexia e bulimia; no caso dela, expressava o seu foco de obsessão através de intervenções cirúrgicas.

Manuela me contava sobre uma difícil relação familiar. O seu pai abandonou a família quando ela era bebê e a sua mãe deprimiu depois desse abandono. As duas desenvolveram uma relação difícil, excessivamente próxima, e, ao mesmo tempo, muito violenta. Contava de uma mãe muito invasiva e crítica, e lamentava por essa ser a única forma de relação que elas construíram. Uma fala me deu uma pista muito importante quando ela disse que seu nariz, antes de realizar qualquer procedimento, lembrava muito o de sua mãe. Pude entender como isso fazia com que ela odiasse mais ainda essa parte do seu corpo, querendo apagar qualquer traço dessa semelhança. Infelizmente, tivemos apenas alguns encontros, pois ela abandonou a análise após outro cirurgião aceitar fazer mais um procedimento em seu nariz.

Constituição do self(ie)

No universo dos transtornos alimentares, uma menina extremamente emagrecida, com um aspecto cadavérico, olha-se no espelho e vê uma imagem totalmente diferente da qual se espera, o que me remete aos espelhos de circo que distorcem completamente a nossa imagem, deixando-nos altos ou largos com proporções surreais. Penso também nas atuais selfies e nos seus infinitos filtros. Claro que em situações desse tipo de transtorno, a percepção física está totalmente destituída de realidade, mas, para uma anoréxica, por exemplo, a imagem refletida no espelho gera desconfiança e estranhamento, como se aquele corpo visto no espelho não se tratasse do próprio corpo. Desse modo, a confiança passa a ser buscada a partir de mudanças externas, concretas, na carne.

O culto à magreza extrema e a cultura da dieta têm um papel importante quando se pensa nas questões alimentares. A banalização das cirurgias plásticas e procedimentos estéticos também são aspectos relevantes para se pensar nos transtornos de imagem e a constituição psíquica. À medida que se estuda o desenvolvimento da imagem corporal a partir da constituição do sujeito e sua relação com o outro, acredito ser pertinente dialogar com os desdobramentos contemporâneos, já mencionados, tal qual o uso intenso das redes sociais que muitas vezes estimulam e/ou camuflam o diagnóstico dessas patologias.

Sabemos que a psicanálise contribui muito para o pensar sobre a constituição da imagem corporal a partir das primeiras interações do bebê com o mundo externo. Desde as primeiras semanas de vida, o corpo é considerado o ponto de partida para o contato com o outro, e o seu desenvolvimento, tanto imaginário como físico, se inicia nessas primeiras relações. As distorções desse corpo podem refletir a qualidade desses vínculos. Em outras palavras, essas primeiras relações, fundamentais para a sobrevivência do bebê, são fundantes da sua imagem corporal. Essas experiências ficam marcadas no psiquismo e por consequência no corpo. Segundo Winnicott (1967), uma relação que não foi boa o suficiente pode levar a dificuldades ou até a uma incapacidade de integração do ego, e o bebê inicia um árduo processo de individualização sem uma referência consistente e segura com a qual ele possa contar. No cotidiano da clínica me questiono: será que as novas formas de se relacionar com a imagem no mundo contemporâneo podem atravessar esse processo de constituição da imagem corporal?

Talvez a minha geração tenha sido uma das últimas a ter que aguardar um processo de revelação de fotos para poder ver a própria imagem. Esse processo, que já chegou a demorar dias e depois horas, é uma realidade que as novas gerações desconhecem. Hoje em dia, a criança já é exposta à própria imagem milhares de vezes ao longo da infância por meio de dispositivos eletrônicos. Com dois anos, ou às vezes até menos, já é possível brincar de transformar o rosto com orelhas de gatinho ou focinho de cachorro. Cria-se aí uma relação com a própria imagem diferente de qualquer outro momento na história, e se o processo de constituição psíquica se dá sempre em relação com o outro, não podemos deixar de sublinhar que os adultos, pais dessas crianças de hoje em dia, também estão mergulhados nesse mundo imagético. Então volto a me questionar: como essa dinâmica atravessa esses momentos fundantes?

As patologias relacionadas à distorção de imagem certamente precedem todas essas transformações do consumo de imagem e filtros mediados por telas digitais, portanto, trata-se de um transtorno multifatorial. Mas será que o aparecimento cada vez mais precoce dos sintomas nos diz algo? Na última década, segundo a Sociedade Brasileira de Cirurgia Plástica, houve, no

Brasil, um aumento de 141% no número de procedimentos em jovens entre 13 e 18 anos comparado com a década anterior[4]. Dados como esse causam um espanto, levando em consideração que nessa faixa etária os corpos ainda estão em formação e, portanto, esses tipos de intervenções, muitas vezes definitivas, são feitas sem respeitar o desenvolvimento natural e o amadurecimento do próprio corpo.

O que está por trás do desejo compulsivo pela intervenção estética? Não tenho a pretensão de patologizar toda e qualquer busca por um procedimento, até porque não podemos atribuir uma distorção corporal, ou uma fragilidade egoica a qualquer indivíduo que procura fazer uma intervenção cirúrgica. A intenção é trazer um olhar crítico para o fenômeno da modificação corporal compulsiva e também explorar as semelhanças das fantasias inconscientes manifestadas por pacientes com transtornos alimentares.

A modificação a qualquer custo

No início da sua vida, o bebê introjeta aspectos do seu ambiente para poder se constituir psiquicamente. No caso de uma relação com falhas essenciais, essa introjeção pode ser de aspectos imprevisíveis ou até terríveis vindo de fora. Ele pode se identificar com esses aspectos e passar a vivê-los não só como se estivessem dentro do sujeito, mas também como se fossem o próprio sujeito. As perturbações em sua imagem corporal podem aparecer por meio de uma percepção do corpo como feio e indesejável, devido à identificação com este objeto terrível. Assim, cria-se uma necessidade de modificação a qualquer custo. Esse é um fator relevante para a compreensão da característica obsessiva das pessoas que sofrem de distorções graves no corpo e desejam alterar esse objeto interno "feio". Como o psiquismo do bebê ainda não está totalmente desenvolvido, ele terá que encontrar um lugar temporário para esses sentimentos e o corpo assumirá essa função. Ele é o alvo mais acessível, já que ainda é percebido como separado do psiquismo, oferecendo concretude e facilitando as projeções.

---

4 Santhana [s.d.].

Nos seus primeiros relatos, a paciente Manuela já contava sobre seu início de vida conturbado. A imprevisibilidade na relação com a sua mãe, por exemplo, continha uma mistura de ausência pela depressão e de intrusão pela excessiva proximidade. Situações como a relatada pela paciente podem gerar uma confusão entre os limites do Eu e o outro, dificultando a sensação de pertencimento ao próprio corpo. Relações desse modo correm o risco de impedir uma diferenciação clara com o objeto. Um vínculo intrusivo, por exemplo, pode gerar uma dificuldade de discernimento do que é próprio do mundo interno e o que é parte da realidade. Essa invasão pode fazer o sujeito vivenciar seu corpo como pertencente inteiramente ao objeto. É quase como se o corpo fosse habitado por uma presença estranha e, assim, modificá-lo garantiria a chance de uma tentativa de se resgatar.

Sentir-se confortável com o nosso corpo e mente é um desafio, independentemente do quão boas foram as primeiras experiências de vida. Isso significa admitir o paradoxo de que ao mesmo tempo que assumimos a posse do nosso corpo, temos que aceitar que o corpo carrega o traço do outro. Quando as experiências iniciais não são boas o suficiente, esse entendimento parece impossível, produzindo um sofrimento profundo que remete às atuações constantes das experiências iniciais de vida. Como uma tentativa de se proteger psiquicamente, o sujeito encontra formas de tentar negar, transformar ou se livrar dessa ligação inevitável com o outro, às vezes recorrendo à violência ao próprio corpo. As intervenções cirúrgicas podem assumir o papel da tentativa mágica de não deixar rastros do outro no nosso corpo.

O importante é ser você (desde que seja magra, sem celulites e sem rugas!)

Já é bastante difundida a ideia de que a influência das mídias sociais compactuada com a indústria da beleza reforça o uso do corpo para aliviar angústias psíquicas. Me deparei recentemente com um anúncio nas redes sociais para próteses de silicone, que inspirou o título desse trabalho: "Quantos ml têm a sua felicidade? Descubra!". Mesmo com as recentes mudanças nos discursos midiáticos, a máxima da publicidade de que a felicidade e o pertencimento social estão associados à beleza e à magreza segue firme. Esse funcionamento contribui para uma importante alienação do sujeito, que fará qualquer coisa para sentir-se parte e pertencer, na esperança de ganhar um lugar mais seguro e consistente.

O ato de modificar o corpo através de cirurgia plástica não é de transgressão, e sim de normatização. A harmonização facial é um exemplo disso. Esse procedimento foi um dos mais realizados nos últimos anos e é divulgado pela mídia como algo que envolve poucos riscos e oferece a chance de ficar com o rosto igual ao de celebridades e influenciadores que também harmonizaram a sua face. Consiste na realização de diversas intervenções no rosto (botox, *lifting*, preenchimentos) para que ele se torne mais "harmônico". Os resultados podem ser assustadores. Em alguns casos, criam-se rostos idênticos, que até brilham nas mesmas partes e, por consequência, geram um apagamento das marcas singulares de cada indivíduo. Apagam-se traços da história e das raízes de cada um; olhos que puxaram o papai, boca da vovó, são substituídos por simetria e "perfeição". Afinal, será que é essa a intenção?

Os resultados desses rituais de beleza geralmente nos mostram que são apenas uma forma de esconder angústias, e não uma maneira de se vincular ao outro verdadeiramente, pois geram a falsa percepção de pertencimento social. Vale lembrar que os efeitos de todos esses procedimentos são temporários, criando uma necessidade de refazê-los cada vez com mais frequência. A quem interessa essa dinâmica de consumo?

O corpo parece ser percebido como um objeto concreto em nossas mãos, vivido como se fosse uma massinha de modelar capaz de ser alterado ao bel-prazer. Claro que alterações da nossa imagem fazem parte da cultura e do cotidiano, porém vivemos em um momento em que intervenções cirúrgicas ganham uma equivalência chocante a gestos comuns, como escolher uma roupa, mudar o cabelo ou passar maquiagem.

Na contemporaneidade é presente a ideia de que as partes do corpo podem estar separadas umas das outras e cada vez mais desconectadas do nosso psiquismo. Assim, ao focar apenas partes dissociadas, é possível "consumir" novos pedaços, repará-los e alterá-los conforme o desejo, sem ser demandado psiquicamente. A "compra" de um novo corpo é fortemente associada ao consumo de uma nova identidade que, por sua vez, levará a uma nova vida.

Ao dividir o corpo em objetos parciais, fica mais simples reconstruí-lo sem ter que lidar com essa reconstrução de forma simbólica. Ficamos liberados para consumir repetidas vezes procedimentos estéticos, intervenções cirúrgicas, implantes de próteses, da mesma forma que se escolhe um acessório da moda ou pacote turístico. Somos confrontados com as demandas complexas da sociedade contemporânea ao mesmo tempo que travamos uma luta interna e dolorida de nos sentirmos donos do próprio corpo.

As interfaces com a tecnologia excedem a capacidade da mente de entender os limites inevitáveis da realidade, deixando mais difícil a reconciliação com o fato de que nós não temos como controlar nossa natureza corporificada. Ao negar a nossa vulnerabilidade, ganhamos um controle muito sedutor para nos submetermos a infinitos procedimentos que podem transcender a nossa idade, etnia e até mesmo a nossa história pessoal. A cultura das cirurgias plásticas e da indústria da beleza se alimenta dessa necessidade de controle, explora as patologias da imagem e propõe estratégias de mudanças do corpo, fazendo uso da nossa fragilidade. O desejo de controle por quem consome esses procedimentos sustenta-se na fantasia de que podemos apagar o traço do outro através do manejo concreto dos nossos corpos. Esse controle eventualmente fracassa, e o nosso corpo acaba por mostrar que, além de falho em sua essência, sempre carregará a marca do outro.

Dr. Cirurgião, me entrego em suas mãos!

O número de intervenções cirúrgicas cresceu exponencialmente, inclusive, durante a pandemia de covid-19. A realização da nova versão da lipoaspiração, Lipo Lad HD, cresceu em 70% no último ano no Brasil[5]. Fiquei surpresa quando aprendi que esse método, além de aspirar a gordura do corpo, causa uma sequela cicatricial intencional para simular um abdômen desenhado. Esse fato me fez pensar na função que o toque e as marcas na pele têm na fantasia de quem realiza uma cirurgia.

O toque é fundamental para o desenvolvimento primitivo do bebê, mais especificamente a relação entre a pele e o objeto. A pele é considerada uma

5 Andrade, 2020.

fronteira entre o mundo externo e o mundo interno. No início da vida, a pele é estritamente conectada ao ego. Anzieu (1989) descreveu o conceito de Eu-pele, considerando que o Eu é primeiramente estruturado pela pele e o contato físico que o outro provém a ela. Portanto, a pele tem um papel fundamental no desenvolvimento psíquico. As primeiras experiências de toque são gradualmente ressignificadas através da interação com o objeto e depois vão adquirindo sentidos simbólicos, constituindo o mundo interno. Através da estimulação física, a pele promove as representações que constituirão o self.

As falhas iniciais no Eu estão intimamente ligadas às suas funções de abstração, gerando uma necessidade maior de experiências concretas, já que elas não conseguem ser simbolizadas e integradas entre si. Por consequência, um Eu-pele patológico está conectado às percepções físicas, pois tenta comunicar falhas internas através da pele. O excesso ou a falta de toque pode ser experimentado como uma transgressão da pele e do self. Portanto, mutilá-la pode representar uma tentativa de manter as fronteiras do Eu-pele para se sentir intacto e coeso.

O sentimento de confiança no início da vida é fundamental, pois a partir dele a capacidade simbólica será desenvolvida. Se a confiança não é estabelecida, o bebê não consegue tolerar a ausência do objeto, pois a sua função simbólica está comprometida. Assim, se ele não consegue suportar essa ausência, cria-se uma necessidade de usar a pele e o contato físico como única forma de se comunicar e atrair o olhar do outro. A pele corporifica a concretude e torna-se a mediação entre o mundo interno e o mundo externo (Ulnik, 2007).

É possível assumir que a modificação do corpo direcione o olhar para a pele, ao mesmo tempo que a mão/bisturi do cirurgião plástico atenda à necessidade da concretude do toque. Optar por deixar uma cicatriz aparente no corpo como no procedimento de lipoaspiração, feita pelas mãos de um cirurgião, me parece simbólico para ilustrar esse funcionamento. Além disso, a necessidade de marcas violentas no corpo pode ser uma tentativa de ajudar o indivíduo no processo de apropriação do seu próprio self, explicando a busca de procedimentos que muitas vezes causam dor. A dor e o sangue usualmente estão conectados a fronteiras do corpo e ajudam a construir consciência dos seus limites.

Penso também em uma paciente que acompanhei o processo de realização de cirurgia bariátrica. Após tomar a decisão de fazer a cirurgia, ela não ficou nem um pouco preocupada com o procedimento em si, não queria saber de detalhes da sua operação, não queria nem opinar no método que seria utilizado, mesmo o médico apresentando as diversas opções. Ela dizia que estava entregue aos cuidados do cirurgião, não queria se preocupar com nada, apenas se ver magra após o procedimento. Isso me fez pensar justamente nas primeiras relações mãe e bebê, nas quais ele está totalmente entregue nas mãos do outro, tendo como única opção confiar que o que está sendo feito será para o seu bem. Às vezes, as mãos de um cirurgião podem servir como acolhimento e um cuidado concreto desse corpo machucado. Para Anzieu (1989), a mãe pode ser vista como um envelope. A depender da qualidade da relação, esse envelope pode ser amoroso ou causar sofrimento. Nessa dinâmica, as cirurgias plásticas são uma tentativa de transformar a natureza do envelope em amoroso a qualquer custo.

Pele, película e efeito Zoom

Outro exemplo interessante foi o crescimento da realização de rinoplastias nos últimos tempos. Esse procedimento apresentou aumento vertiginoso de 4.800% em buscas no Google no ano de 2019[6]. Durante a pandemia esses números vêm crescendo, e alguns especialistas têm nomeado esse fenômeno de "Efeito Zoom"[7]. Esse efeito é decorrente da necessidade de se deparar com a sua imagem, em videoconferências, aulas, reuniões, com uma frequência sem precedentes, gerando um tremendo incômodo. A partir desse incômodo, um número impressionante de pessoas tem buscado a sala de cirurgia.

Há alguns anos, o Brasil lidera o ranking de países onde mais se realizam cirurgias plásticas e procedimentos estéticos. Apesar de esse fenômeno não ser novidade para todos nós, o uso cada vez mais voraz dessas intervenções vem aparecendo como um novo alerta. As redes sociais têm contribuído para esse aumento. Antes do seu surgimento, os influenciadores eram principalmente

---

6 Dados do Google, 2020.

7 Oliveira, 2020.

celebridades de cinema, novelas e passarelas, que realizavam procedimentos caríssimos e tinham uma vida muito distante do consumidor. Com o alcance das redes sociais, pessoas comuns que conseguem juntar milhares de seguidores tornaram-se as principais responsáveis por influenciar o consumo. As chamadas "subcelebridades" podem ser conhecidas da cidade, amigas do colégio ou colegas de profissão. Elas criam uma relação íntima com os seus seguidores, uma vez que estão mais próximas do contexto sociocultural de quem as seguem.

Não é difícil encontrar uma variedade de postagens sobre procedimentos estéticos e cirurgias plásticas com a mesma naturalidade com a qual se fala de comida, viagens, moda ou qualquer outro assunto. Deparo-me com o *look* do dia a caminho do consultório do cirurgião plástico, selfies pós-cirúrgicas com rostos inchados e cheio de hematomas e as tão sonhadas fotos de antes e depois. O alcance dessas postagens é impressionante. Por exemplo, logo após um casal de influenciadoras digitais postarem sobre o procedimento de lipoaspiração que ambas fizeram, o Google registrou um aumento de 800% nas buscas relacionadas ao método aqui no Brasil[8].

Em contrapartida, a divulgação dos riscos físicos e psicológicos não aparece com tanta frequência. As personalidades digitais contribuem para a popularidade dessas intervenções sem criar uma conscientização dos perigos envolvidos. O ano de 2021 teve início com uma notícia trágica da morte de uma mulher, com apenas 26 anos, após complicações decorrentes de uma lipoaspiração. A notícia tomou uma proporção ainda maior, pois tratava-se de uma subcelebridade digital que contava com cerca de 170 mil seguidores em suas redes. Em dezembro de 2020, uma outra influenciadora digital de 21 anos postou um vídeo, com seis milhões de visualizações, contando sobre sua rinoplastia malsucedida. Após alguns dias da operação o seu nariz abriu, deixando a cartilagem exposta. A jovem teve que ser submetida a um procedimento de emergência e teve uma experiência verdadeiramente traumática[9].

Ainda nas pesquisas fica evidente que nos consultórios de cirurgia plástica os pacientes não se olham mais nos espelhos, mas sim nas fotos com filtros de embelezamento, cultivando um desejo de ter aquele nariz afinado ou aquela boca preenchida, feições muitas vezes irreais.

---

8 Santhana [s.d.].

9 Preti [s.d.].

"Quando acordei hoje de manhã, eu sabia quem eu era, mas acho que já mudei muitas vezes desde então..." (*Alice no País das Maravilhas*, Lewis Carroll)

Os aplicativos nos instigam a não parar de nos olharmos e por consequência nos autoavaliarmos a cada selfie tirada. Os filtros nos dão possibilidades ilimitadas de novas faces, podendo caminhar de um divertido experimento para um aprofundamento da insatisfação com a nossa imagem *#semfiltro*. A dismorfia corporal, por exemplo, ganhou uma roupagem contemporânea: "dismorfia do Snapchat". Trata-se de uma alteração na percepção da imagem a partir do uso de filtros em excesso. Por consequência, pessoas se veem profundamente insatisfeitas por desejarem parecer como as suas fotos artificiais e nunca atingirem esse objetivo, mesmo após se submeterem a diversas intervenções.

No universo dos *likes*, do imediatismo e da busca desenfreada por aceitação, o olhar do outro parece ganhar um peso maior. Retomando as primeiras relações, o olhar materno pode funcionar como um espelho, no qual o bebê se vê através do olhar da mãe e, ao perceber um reflexo acolhedor, se acalma. O senso de existência deriva do que é visto no rosto da mãe. Esse reflexo impacta diretamente na criança e no seu self, que o identifica como amoroso e desejante. Qual olhar está em jogo quando se investe tanto nas selfies?

O olhar do outro é fundamental para o desenvolvimento de um self desejável, porque implica em um cuidado do objeto com o potencial de contenção das projeções vindas do bebê. Às vezes, a mãe pode entender e aliviar as ansiedades do filho somente olhando para ele. Por outro lado, o olhar pode ser sentido como extremamente crítico e ao ser introjetado causar sérias perturbações. A experiência é a de que esse olhar crítico parece viver dentro do sujeito, "enxergando" tudo que está dentro dele. Essa situação pode fazer com que ele experimente o seu corpo como uma prisão, passando a ser um escravo desse olhar (Lemma, 2009).

No processo de uma boa identificação, um observador desejável e bom é introjetado e começa a habitar o corpo como o "outro" que vê e ama o indivíduo exatamente como ele é. Por outro lado, a privação desse sentimento de ser ideal para o outro, especialmente nos primeiros meses, dificulta o sentimento de conforto dentro do corpo. A busca por uma aparência bonita surge na esperança de o objeto finalmente refletir o olhar que admira.

Quando o bebê se constitui baseado em uma constante incerteza sobre os sentimentos em relação a si mesmo, a insegurança leva a uma tentativa desesperada de criar um corpo ideal para se certificar do olhar amoroso do outro. São os mecanismos de negação e controle como a anorexia, ou de violência e gozo como a bulimia, mas também de obsessão narcísica com as cirurgias plásticas em excesso.

Por toda essa complexidade é necessário investigar se há um mundo interno fragilizado e uma fragilidade egoica por trás da escolha de modificar o corpo. A investigação do estado mental do indivíduo quando ele requisita uma cirurgia é necessária. Isso pode parecer óbvio, mas por conta da facilidade com a qual as cirurgias são acessadas, questionar as motivações inconscientes do paciente não é algo considerado uma prioridade. No caso de Manuela, trazido no início do texto, essa percepção do cirurgião que a encaminhou para um suporte psicológico foi determinante para colocar em discussão a realização ou não do seu procedimento. É importante notar que o grau de perturbação não é medido pelo número de cirurgias nem pelas partes do corpo escolhidas, e sim pelo quão necessária essa modificação se torna e quais são as fantasias por trás dela.

A distorção da imagem corporal é acompanhada de uma delimitação confusa do corpo. No extremo, a confusão ou até a falta de limites corporais pode produzir um estado psicótico no qual o indivíduo se sente invadido, como se a sua intimidade tivesse sido corrompida. Assim, dar um contorno ao corpo de acordo com os padrões estéticos individuais ou sociais é sentido como uma forma de garantia desses limites, pelo menos temporariamente. Além disso, a ideia de passar por um longo e doloroso procedimento cirúrgico que tenha um novo corpo como resultado pode ser vivida até como uma experiência de renascimento. Em outras palavras, cria-se a percepção de que ao escolher a forma que o corpo irá aparentar, o indivíduo se livra dos seus defeitos e fantasia que pode renascer sem a necessidade do objeto. O novo Eu poderá ser amado, aceito, e o mais importante, controlado apenas por ele. Se a remodelagem do corpo acontecer sem nenhuma interferência do outro, isso poderá significar simbolicamente que o indivíduo recuperará o controle do seu próprio corpo, apagando qualquer conexão física com o objeto.

O cirurgião está operando apenas na pele, mas a cirurgia está essencialmente acontecendo dentro das fantasias inconscientes do self. Por isso, quando o sujeito está aperfeiçoando partes do próprio corpo, em uma busca desesperada para aliviar as suas angústias, é difícil desmobilizá-lo da ideia de transformação mágica do self. A torcida é para que análise continue se dando e que possamos acolher esse não acontecimento.

Referências bibliográficas

ANDRADE, R. "Queridinha dos famosos, cirurgia lipo lad é alvo de polêmica no Instagram". *Metrópoles,* 25 set. 2020. Disponível em: www.metropoles.com/vida-e-estilo/comportamento/queridinha-dos-famosos-cirurgia-lipo-lad-e-alvo-de-polemica-no-instagram. Acesso em: out. 2022.

ANZIEU, D. *O eu-pele*. New Haven: Yale University Press, 1989.

BERNARDO, A. "Síndrome da feiura imaginária: conheça a dismorfia corporal". *Veja Saúde,* 8 nov. 2020. Disponível em: saude.abril.com.br/mente-saudavel/sindrome-da-feiura-imaginaria-conheca-a-dismorfia-corporal/. Acesso em: out. 2022.

DAVIS, K. *Re-Shaping the female body:* the dilemma of cosmetic surgery. Nova York: Routledge, 1995.

KUCZYNSKI, A. *Beauty junkies:* under the skin of cosmetic surgery industry. New York: Doubleday, 2006.

LEMMA, A. "Being seen or being watched? A psychoanalytic perspective of body dysmorphia". *International Journal of Psychoanalysis*, 2009; 4: 753-771.

______. *Under the sk*Em: a psychoanalytic study of body modification. Londres: Routledge, 2010.

OLIVEIRA, R. "Efeito Zoom: chamadas de vídeo causaram boom na procura por plásticas". *Metrópoles,* 23 nov. 2020. Disponível em: www.metropoles.com/vida-e-estilo/beleza/efeito-zoom-chamadas-de-video-causaram-boom-na-procura-por-plasticas. Acesso em: out. 2022.

PRETI, Mariana. "Dismorfia do Snapchat: Saiba como as redes sociais estão influenciando o aumento de cirurgias plásticas". *C2ti,* [s.d.] Disponível em: c2ti.com.br/blog/dismorfia-do-snapchat-saiba-como-as-redes-sociais-estao-influenciando-o-aumento-de-cirurgias-plasticas-midias-sociais. Acesso em: out. 2022.

SANTHANA, L. "Nunca quis outro nariz até ver um melhor no Instagram". *Elle Brasil*, [s.d.] Disponível em: elle.com.br/Revista-Digital/banalizacao-cirurgia-plastica?utm_source=instagram&utm_medium=feed&utm_campaign=cirurgia&utm_content=later-13872489. Acesso em: out. 2022.

WINNICOTT, D. W. "Desenvolvimento emocional primitivo". *International Journal of Psychoanalysis*, 1945; 26: 137-143.

______. O papel do espelho da mãe e da família no desenvolvimento infantil. Em: D. W. Winnicott. *Playing and reality*. Londres: Tavistock, 1967.

BUSCA por rinoplastia teve aumento de 4.800% nas últimas semanas. *GQ Globo*. 1 jul. 2020. Disponível em: gq.globo.com/Corpo/Saude/noticia/2020/07/busca-por-rinoplastia-teve-aumento-de-4800-nas-ultimas-semanas.html. Acesso em: out. 2022.

O caminhar de Ana: do sonhar em branco à simbolização

IVY MARTINEZ

Este trabalho consiste em recorte de caso clínico e discussão teórica sobre o processo terapêutico de Ana[1], percurso marcado pela falência do sonhar, do viver criativo e da presença viva, temas fundamentais para a psicanálise contemporânea. Apresentarei alguns elementos sobre a história dessa paciente, porém sem a intenção de esgotar seus múltiplos sentidos ou expor o processo psicanalítico completo; mas com o objetivo de levantar questões sobre seu sofrimento, em especial, a marca de ausências objetais graves e desvitalização que se destacaram como importantes elementos contratransferenciais. A aridez de sua vida psíquica e os desafios que se impuseram em nosso caminho geraram o desejo de lançar luz a esse percurso clínico.

Ana foi atendida durante quatro anos em meu consultório. Geralmente, trazia conteúdos atuais e corriqueiros de uma dona de casa, apresentava muita dificuldade de estabelecer nexos, consequências e ligações com sua biografia. Na realidade, pouco mencionava sobre sua história, infância, relações familiares, passagens da vida, momentos significativos, paixões, saudades, perdas, dores. O encaminhamento se deu por um diagnóstico de anorexia feito por sua médica, que mencionou grande preocupação com seu emagrecimento excessivo.

1 Nome fictício.

A paciente chegou para os primeiros atendimentos sem uma queixa específica; estava com cinquenta anos, porém aparentava ter uns dez ou 15 anos a mais. Sua pele era extremamente enrugada, sem viço, sem brilho, assim como seu olhar, que parecia nada refletir. Era casada e tinha dois filhos, sua filha mais velha tinha 25 anos e o filho, 20. Também era avó de dois meninos, de cinco e dois anos. Apesar de aparentar mais idade pelos seus traços faciais e excessiva magreza, nos seus trejeitos e forma de expressão, assemelhava-se a uma criança. Esse impacto estético ressoou em mim ao longo do processo e se revelou uma coerência biográfica.

Caso clínico

Biografia

Sua história apresentada ao longo de nossos encontros, através de fragmentos que foram agrupados e colados aos poucos, indicou que Ana estava ausente de sua própria vida, apesar de realizar tarefas e funções sem grandes problemas. Uma marca que sobressaltou aos meus olhos é que a paciente se atinha a afazeres estritamente relacionados a terceiros, como filhos, netos, marido e irmãs. Sobre ela, apresentava-se indiferente, não comunicava projetos, desejos ou sonhos, no sentido do sonhar durante o sono ou do sonhar como metáfora de esperança. Como quem contasse sobre um acontecimento visto na TV, relatou sofrer de insônia, de forma apática, sem ter pensado em qualquer cuidado para isso ao longo de sua vida, fosse farmacológico ou psicoterapêutico.

Com essa imagem de uma mulher emagrecida, envelhecida e insone, passou a preencher as sessões com dados descritivos de sua história, de maneira marcadamente impessoal, no primeiro tempo do processo, por aproximadamente um ano. Era a filha caçula de seis irmãos. Relatou que os pais sempre trabalharam muito e que foi cuidada pelas irmãs mais velhas. Descreveu esse cuidado como algo prático e racional, sem evocar afetos, tanto do ponto de vista físico quanto emocional. As irmãs também viviam ocupadas com os afazeres domésticos, pareciam ter pouco tempo e espaço para se interessarem e se ocuparem da vida de Ana.

Sinteticamente, apresentou uma relação distante, superficial e ao mesmo tempo conturbada com sua mãe, que sempre foi muito exigente e a criticava frequentemente. As críticas eram relacionadas à maneira de se vestir, à sua magreza e, principalmente, ao seu jeito. Para ela, Ana sempre estava fazendo as coisas de forma errada, não importava o que fosse. Ela soube por sua irmã mais velha que sua mãe sofreu um aborto antes de seu nascimento e passou por um quadro depressivo grave ao longo de sua primeira infância. Ana parecia encontrar um pouco de afeto na relação com o pai, sempre muito ausente por conta do trabalho. Com ele conseguia alguns abraços e conversas, de modo um tanto esporádico, mas significativo. Mesmo sobre essa relação, pouco tinha a dizer e quando questionada, e respondia monossilabicamente.

Estava casada há vinte anos; seu marido também demonstrava não ter contato com afetos, pois ela o descrevia um homem muito pragmático e racional. Não trazia em seu discurso questões relacionadas a ele, descrevia uma relação baseada em resolução de problemas. Era útil; ela relatava uma série de problemas domésticos, resoluções, sem nunca enunciar um afeto sequer por ele.

Ana demonstrava ter uma boa relação com os filhos. Dedicou-se a eles, inclusive: interrompeu sua jornada de trabalho como secretária em uma escola de educação infantil assim que sua filha nasceu, quando completou 25 anos. Contou que seu filho não trazia problemas, sempre foi muito responsável, bom aluno, um jovem preocupado com o futuro e com os estudos. Em relação a sua filha e genro, descrevia preocupação ao observar maneira que eles cuidavam dos netos e da vida financeira. Moravam em uma casa cedida por Ana e pelo marido, e dependiam muito do auxílio deles para gerenciar o cuidado com as crianças. Ana deixava claro que sua vida era preenchida por acontecimentos da vida dos outros, sobretudo, seus filhos. Inclusive, a partir de um acontecimento importante na vida da filha, a gravidez de seu primeiro neto, seus sintomas alimentares se agravam.

Primeiros encontros

Logo nos primeiros encontros, Ana relatou que apenas seguiu os conselhos de sua médica e seguiu com as sessões, como uma boa filha que obedece à mãe. Apresentava-se nas entrevistas e nos primeiros tempos do tratamento retraída e distante. Vestia-se de forma muito simples, sem qualquer vaidade. Começou a ter problemas para se alimentar quando a filha mais velha engravidou e se casou. A partir desse momento, passou a sentir um nó na garganta e "ficou difícil de engolir qualquer coisa". A mudança e separação da filha pareceram ter inaugurado um contato mais profundo com o seu vazio, preenchido até então pelo cuidado e rotina dos filhos.

No contato comigo, nesse início, alternava longos períodos de silêncio ou falas desafetadas com outros, nas quais parecia uma criança pequena. Nessa segunda forma, apesar de menos frequente, parecia ter alguém ali. Apresentava-se com uma voz tímida e aguda, semelhante a um movimento regressivo importante, no qual expunha aspectos de si muito pouco elaborados ou simbolizados, mas que soavam para mim como uma comunicação. Certa vez, eu lhe disse que ela estava me apresentando duas "Anas", uma mais triste e resignada, e outra que parecia uma criança mais vivaz, apesar da timidez. A paciente ficou muito surpresa com a minha colocação e sorriu. Pareceu sentir-se reconhecida em meio a uma música monocórdica, na qual somente uma nota pode ser ouvida.

Era notável que esse estado infantilizado não fazia apelo algum. A manifestação mais robusta era a de não acontecimento, do ponto de vista emocional, fato que diverge de cenas carregadas de enredo simbólico, no qual o outro é parte da cena. Para Ana, o outro parecia ser uma vaga referência.

Durante as entrevistas e o primeiro ano de atendimento, a paciente seguiu sem queixas, sem incômodos, sem reclamações ou contato com afetos. Realizava as tarefas do dia a dia de maneira mecânica e repetitiva. Quando incomodada com algum tema de sua rotina engessada, caminhava por horas a fio, sempre escondida dos familiares que repreendiam tal comportamento com receio que emagrecesse ainda mais. A preocupação do marido ou dos filhos com o seu peso era experimentada como se estivesse sendo destituída da posse sobre sua própria vida. Não apresentava planos para si mesma, nunca conseguiu dirigir, apenas caminhar, caminhar muito, principalmente quando algo da sua opaca rotina parecia sair do eixo. Seguiu por toda a vida com muita dificuldade de reconhecer seus gostos, preferências, desejos. O que permanecia, para mim, diante de nosso contato e sua apresentação, era que Ana veio em busca de sentidos ainda não simbolizados, aspectos de si expropriados. Para mim, sua ausência emocional era o elemento que se fazia mais presente em nossos encontros.

Processo

Ao longo das sessões, quando questionada sobre sua relação com o seu corpo e alimentação, a paciente trouxe, algumas vezes, o medo de ganhar peso. De maneira breve e superficial, contou que comer muito a deixava sufocada e culpada. Quando fazia algum bolo ou doce para os netos, geralmente, comia mais do que havia planejado, passava as horas subsequentes em jejum, buscando aliviar a culpa pelo exagero. Não fazia conexão desses acontecimentos com nenhum aspecto interno ou afeto; parecia não conseguir pensar, apenas agir.

Ana não tinha uma fala eloquente, muitas vezes passava as sessões muda, dizia que não tinha o que falar. Comunicava, mais ou menos claramente, que só comparecia às sessões pois era uma exigência de sua médica. Quando realizava exames laboratoriais, fazia questão de trazê-los e confrontá-los com a ideia de que estava doente. "Veja, meus exames estão perfeitos, estou bem". De alguma maneira, na nossa relação, a comunicação era de outra qualidade; sua concretude e superficialidade davam a impressão de dores e temores inacessíveis e impensáveis. Tratava-se de uma paciente extremamente difícil, pois não entrava em contato com seus afetos ou questões de sua história. Porém, de alguma maneira, a esperança ou intuição da apropriação de aspectos de si perdidos ou não construídos pareciam fazê-la retornar a sessão seguinte.

Como se existisse uma pergunta não formulada ainda, que de alguma forma indicava que algo não estava bem com ela.

Depois de aproximadamente um ano do nosso percurso, Ana começou a trazer uma queixa, com certa dificuldade, ligada à sua filha, genro e ao estilo de vida que escolheram. Ele colecionava carros, geralmente sem possibilidade de uso, que ocupavam todo quintal e garagem da casa. A paciente não via utilidade naquele acúmulo, além de achar que os netos ficavam sem espaço para brincar. No início das sessões, trazia essa questão em forma de preocupação, que lentamente foi se transformando em um grande incômodo, porém impedida de comunicar para quem quer que fosse. Conseguiu, de maneira tímida e acanhada, dizer que se sentia sobrecarregada, apesar de ser árduo admitir, pois culpava-se por sentir-se exigida demais pelo cuidado com os netos, que muitas vezes ficavam sob sua responsabilidade antes e após a escola.

Ao ser indagada por diversas vezes ao longo do percurso sobre sua infância, costumava passar longos períodos em silêncio, por vezes, dizia que nada passava a sua cabeça. Em um certo momento, em mais uma tentativa de obter elementos de sua história, perguntei se ela tinha amigos, colegas, se brincava, e ela lembrou de uma cena após ter ficado quase a sessão toda sem falar. Contou a única memória de uma cena infantil relatada ao longo de diversas sessões, um brincar solitário, no qual subia e descia de árvores em sua casa. Esse fragmento, que surgiu de forma triste, mas profundamente enraizada em seu passado, soou para mim como uma ausência objetal com a qual Ana caminhou ao longo do tempo. Trouxe como o relato mais vivo, uma brincadeira sem outro, imaginária ou real; parecia estar profundamente acostumada com essa condição.

Por volta do terceiro ano do processo analítico, em um desses momentos que Ana parecia uma criança em sua forma de se expressar, disse que ficava impressionada por não trazer às sessões relatos de sua família sobre como era na infância. Nas sessões seguintes, trouxe, muito inquieta, a notícia obtida por meio de uma conversa recente com a irmã, de que sua professora do primário referia a seus pais a preocupação por parecer muito triste, naquele momento, possivelmente aos oito ou nove anos. Com isso, resolveu perguntar a essa irmã sua opinião sobre ela. E também, de forma vaga, mas suficientemente clara, Ana buscou um espelho que confirmou essa tristeza vista pela professora. Sua irmã disse que sempre a achou quieta, triste e isolada. Esse acontecimento gerou bastante impacto, e ela então me perguntou se eu a achava triste, pois ela não percebia isso. Respondi sobre minha impressão de haver uma dor muito perdida e distante para ela. Ficou muito interessada em me ouvir e buscar nas sessões referências de si e de sua infância, na qual não pode sentir a tristeza, a ausência e a falha.

Do ponto de vista transferencial, parecia uma menina querendo ouvir da mãe uma história sobre si mesma, como quem abre um álbum e recorda fotos, momentos, lembranças e acontecimentos de quem *se foi*. Estranhamente, a paciente pareceu intuir que um pedaço de sua vida objetal e biográfica ficou fora de sua posse. Ana ganhou certa vitalidade no processo, fato que antes parecia estar impedido, como alguém que mal dormia e nunca sonhou. Dessa forma, comunicava um vazio psíquico que ficava em primeiro plano durante o processo. Não conseguia sofrer pela ausência dos pais, na infância e ao longo da sua vida, marca que esteve evidente na transferência e nas demais relações.

Talvez por nunca ter inaugurado uma relação com essa qualidade, parecia não saber se alimentar do outro, do contato, dos afetos, fato que compareceu nas sessões. Contudo, transferencialmente, nem sempre se manifestou fora do campo das intensidades. Por certo período, ela apresentou um medo de enlouquecer ao tentar completar o quadro de sua história e seus nexos esfumaçados. Imputou a mim a responsabilidade por ter provocado estados emocionais indesejados em vários momentos do processo. Mesmo com ambiguidade inerente à transferência, apropriou-se desse olhar para si, em conjunto, trabalho feito a dois, nós reconhecidos a dois, não necessariamente desatados. No caso dessa paciente, ter o nó parece ser o ganho terapêutico, assim como a abertura para pensar e dar destinos quaisquer para eles. Do meu ponto de vista, o mais importante não era a dissolução dos nós ou simplesmente seu reconhecimento, mas, sobretudo, a capacidade de a paciente ligar-se a um outro com alguma presença afetiva, experiência de objetalização e trânsito intersubjetivo. O significativo era que cada uma da dupla possuísse uma ponta do cordão, um campo de encontro e comunicação.

Ao final dos quatro anos de análise, Ana aparentava mais ânimo e vivacidade, parecia ter conseguido se identificar com uma figura mais vitalizada e reconhecer, mesmo que parcialmente, algumas de suas dores. Ao mesmo tempo, a tristeza compareceu de forma mais intensa nos nossos encontros, acontecimento fundamental para o percurso da paciente. Assim, Ana viveu por um longo período no vazio, sofria por algo que não conseguia identificar. Antes uma dor inacessível, agora, mais acompanhada por uma biografia marcada por ausências, porém com maior apropriação de sua história.

Reflexões sobre o material clínico

A trajetória terapêutica trilhada com Ana proporciona ampla reflexão a partir da consideração do valor fundante do sonhar para a constituição da subjetividade, tema que comparece na clínica psicanalítica dos dias atuais, frente a condições de impedimento desse recurso como função simbolizante. Diante da polissemia de sentidos e da peculiaridade de cada história, é importante enfatizar que um encontro clínico pode ser analisado e discutido sob diversos eixos. No presente texto, pretendo refletir sobre as questões relacionadas à função da simbolização derivada do sonhar e sua falência, marca de ausências objetais graves e desvitalização que perfilaram como elementos contratransferenciais.

No processo de Ana foi possível observar que em sua história prevaleceram a experiência de vazio, a proeminência do agir, das intensidades em relação aos sentidos, além da ausência do viver espontâneo e criativo. Essas características podem ser comumente encontradas, por exemplo, em quadros psicossomáticos, nos transtornos alimentares, nas toxicomanias, nas adicções e outros quadros psicopatológicos que apresentam a precariedade da atividade simbolizante, própria do sonhar.

Para a compreensão psicopatológica deste caso, destaca-se na obra freudiana a diferenciação entre processo primário e secundário, que depois será formulado como princípio do prazer e princípio da realidade, uma referência metapsicológica fundamental de transformação de intensidades pulsionais e sua descarga motora em detrimento ao pensamento (Freud, 1900). A função do processo primário consiste em evitar o acúmulo de excitações no aparelho psíquico por meio de descarga motora. Já no caso do processo secundário, a aquisição da capacidade de adiamento dessa descarga para que seja possível haver memória e experiência. Dessa forma, o objetivo final, nesse caso, é uma ação que modifique intencionalmente a realidade externa. Por meio desse processo a atividade psíquica começa propriamente a entrar em marcha.

No caso de Ana, apenas o recurso da descarga motora parecia estar disponível, exclusivamente o agir de maneira operatória, pois, quando angustiada, investia horas em longas caminhadas, sem rumo, sem conseguir formular uma queixa específica, somente com o objetivo de buscar alívio. Nessa primazia da ação, o viés da compulsão toma o lugar do processamento psíquico das intensidades pulsionais e mediações como o pensamento. Gurfinkel (2001) caracteriza essa impulsividade como uma zona de não simbolização, ou uma região psíquica na qual há um prejuízo na capacidade de transformar o pulsional em elemento pensável, representável e capaz de ser integrado e articulado pelo trabalho da figurabilidade. Dessa forma, a construção e o desenvolvimento do psíquico permanecem ameaçados pelo ato impulsivo e pela incapacidade de pensar, como é possível notar no processo da paciente, que não conseguia fazer ligação ou analogia de seu estado de angústia com aspectos internos. Decorre dessa condição que Ana mantinha uma conduta repetitiva, por conta da precariedade simbólica e do impedimento para o desenvolvimento psíquico e emocional satisfatório.

Nesse sentido, o automatismo do ato impulsivo comporta uma função de descarga distante da expressão teatral. Como no caso de Ana, o agir era uma manifestação que pouco se articulava com cenas infantis, perspectiva mais próxima da neurose, que permite o desdobramento em diversos sentidos simbólicos (Gurfinkel, 2001). O autor exemplifica metaforicamente essa condição: "um soco no estômago é um soco no estômago e um tapa na cara é um tapa na cara". Essa imagem ilustra um mundo árido e empobrecido, no qual a poesia, o brincar, os diversos registros de uma experiência vívida encontram-se falidos.

No processo psicoterapêutico foi possível observar que a falta de vitalidade predominava como aspecto mais exuberante, inclusive na contratransferência, vivido como tédio, pois não havia o reconhecimento de preferências e desejos. Essa condição psíquica da paciente pode ser compreendida como produtos de falhas na integração que constituem um estado de aparente indiferença e desvitalização (Green, 2000), marca que compareceu no percurso com Ana. Green (2000) denomina "arquipélago" esse estado de divisão interna. Esses arquipélagos são compostos por núcleos distintos, sem comunicação e separados. Segundo o autor, a expressão desse estado se dá também pela ausência de consciência da presença do outro e pela dificuldade de constituir representações internas dos objetos como consequência do processo de desobjetalização.

Para pensar em certas condições psicopatológicas mais contemporâneas, é importante destacar a ideia de que a ausência do sonhar em certas situações não se deve ao esquecimento ou ao recalque, mas a uma falha na função onírica (Gurfinkel, 2008). Como é possível observar na narrativa de Ana, a impossibilidade do sonhar pode ser considerada como um tipo de sono em branco, um sono sem sonhos, sem esperança. De acordo com Gurfinkel (2008), o adjetivo branco se baseia em André Green, que conceitualizou a "psicose branca", a angústia "branca", advinda do complexo da mãe morta (Green, 1980/1988), diferenciando-as da angústia "vermelha", cuja referência é a angústia de castração em que um acontecimento positivo ocorre no psiquismo, um ato sangrento associado a ela. Portanto, a angústia branca diz respeito ao vazio deixado por perdas objetais traumáticas e não passíveis de elaboração.

Nesse sentido, parece que Ana teve uma mãe fria e distante, que pouco pôde tocá-la, ou deixar marcas inscritas como lembranças em sua memória, pois de alguma maneira ela parecia carregar rastros de um não acontecimento, mais do que o excesso de invasão dessas relações iniciais. Além disso, a lembrança de sua irmã sobre um aborto anterior ao nascimento de Ana e o estado quase catatônico que a mãe pareceu habitar durante a infância da paciente podem indicar uma qualidade de contato descrita por Green (1980/1988) como complexo da mãe morta, um vazio importante como vivência central da vida anímica da paciente.

Segundo Green (1980/1988), o complexo da mãe morta não resulta da perda real de um objeto, mas de uma depressão materna. Nesse caso, se a mãe deprime, o cuidado será marcado pelo embotamento do afeto e a diminuição do interesse pela criança. Dessa forma, não manifesta o seu amor, torna-se uma mãe melancólica, desinvestindo de maneira brutal no seu filho. Do ponto de vista da criança, isso pode ser catastrófico e provoca, principalmente, uma perda de sentido, pois ela não dispõe dos recursos psíquicos para compreender tal processo. Segundo o autor, esse núcleo traumático precoce resulta em "um movimento único de duas vertentes: o desinvestimento do objeto materno, principalmente afetivo, mas também representativo, que constitui um assassinato psíquico do objeto, e a identificação inconsciente com a mãe morta" (Green, 1980, p. 231).

Esse desinvestimento, que ocorre tanto do ponto de vista afetivo quanto representacional, resulta em um buraco na rede de relações com a mãe. Segundo Green (1980), não se trata de uma identificação com o objeto, mas de uma identificação com o buraco deixado pelo desinvestimento. Nesse sentido, é importante ressaltar que algumas mães realizam os cuidados de maneira adequada do ponto de vista técnico, porém sem a qualidade de uma presença singular e sem conexão com as reais necessidades do bebê, o que poderá impactar negativamente na constituição psíquica e emocional da criança. Como frisa Candi (2015):

> É importantíssimo ainda dizer que o horror experimentado pela não resposta gera uma dor excessiva que ataca a criação de sentido. O horror da não resposta é uma catástrofe que causa um buraco na continuidade do ser. Estamos aqui no território do irrepresentável. Não cabe, portanto, esperar por lembranças nem relatos; somente uma lenta reconstrução do passado na situação analítica pode ajudar o paciente a libertar os pedaços aprisionados e, talvez, pela primeira vez, experimentar a vida que ele não conseguiu viver.

Em relação ao desinvestimento, trata-se de uma identificação com o objeto de maneira primitiva, que ocorre como um mimetismo, com a finalidade de garantir a posse do objeto, que recai sob o Eu da criança, porém, impedido de constituir-se por identificação. É a partir dessa fusão com o objeto que surge a impossibilidade de vivenciar o luto. Segundo Candi (2015), o sujeito segue aprisionado a uma experiência afetiva não vivida. A morte passa a ser a marca da não resposta, pois o impulso não é acolhido e reconhecido pela mãe. Dessa forma, esse apelo não adquire qualidades afetivas que reforçam o caráter humano; a criança não pode se apropriar de seus impulsos e sentir-se viva e real.

No processo de Ana, pode-se perceber a presença do complexo da mãe morta em sua ausência de queixa, experiência de vazio, falta de planos e desejos, falta de sentido na vida e no viver operatório. Além disso, era impressionante para mim a concretude seca das manifestações da paciente ao longo das sessões, um tipo de despoetização radical de seu ser e fazer. Esse impacto gerou em mim a dúvida se Ana era capaz de sonhar. Nunca trouxe um sonho, mas o mais chamativo era que a qualidade simbólica, qualquer profundidade, parecia estar longe de ocorrer na maioria de seus relatos.

Trata-se de um sonho e de um sonhar que não cumprem sua função simbolizante; o sono em branco não é um descanso ou uma restituição, mas, segundo Gurfinkel (2008), é um repouso abissal, silencioso e consiste um sono-buraco, condição da inexistência do sonhar no horizonte do sono. Essa concepção leva ao reconhecimento de que certos tipos de condição psicopatológica não têm no sono o *setting* para o sonhar, mas um lugar de ausência no qual um espaço potencial deveria existir.

Na trajetória de Ana não foi possível reconhecer um sono pleno. Segundo Gurfinkel (2008), nele, a função onírica está preservada e atuante, preenchendo o sono somático de experiência psíquica e, principalmente, colocando em movimento a atividade simbolizante. O sono, nessa perspectiva, perfila, prenhe de objetos oníricos; mas, sobretudo, ele pode ser experimentado como espaço de sustentação do criar e do viver. O autor faz uma ressalva de que o adjetivo "pleno" pode ser mal-interpretado, caso seja tomado no sentido de plenitude-completude. Assim, a presença positiva de objeto é fundamental para a sustentação do espaço transicional, mas não se trata, nesses casos, de "um alimento para o desejo". Consiste da presença de um outro vivo, no tempo da fundação do aparelho psíquico, presença que dá lugar a atividade simbolizante do sonhar.

Em certas configurações psíquicas, portanto, o sonhar não pode ser dado como certo. Contudo, Gurfinkel (2008) aponta uma gradação que vai da ausência de sonhos ao sujeito que sonha. No caso de Ana, o estado insone e a apatia tomavam toda a sua vida emocional. O conceito de colapso do sonhar (Gurfinkel, 2001) designa essa falha nas mediações simbólicas, pois o sonhar é um paradigma da atividade simbolizante derivado do espaço potencial, conceitualizado por Winnicott (1975).

Essa reflexão teórico-clínica sobre alguns aspectos vividos na análise dessa paciente indicam condições emocionais de desterro e colapso narcísico, cada vez mais comuns na atualidade nos consultórios psicanalíticos. Para além da discussão psicopatológica ou metapsicológica, é marcante como a partir do campo transferencial tornou-se possível uma espécie de "narcisação" traumaticamente interrompida em sua história. Foi a partir de estados vividos contratransferencialmente que as inquietações sobre a vida de Ana foram apresentadas e consideradas a dois. Trata-se de um campo de encontro, referência bastante distante de tudo o que a paciente apresentava em sua vida. Seu caminhar solitário pode ter ganhado novos destinos. Apesar de não sairmos do consultório em momento algum do processo, a experiência de quatro anos juntas pode ter criado uma referência de um "caminhar junto", evidentemente ausente em sua biografia. Essa paciente talvez possa ter grandes ganhos com novos processos analíticos, acesso a novos sentidos, certamente não explorados em nosso tempo juntas. Contudo, a marca de um outro interessado, a função e a perturbação da alteridade, a referência de troca e experimentar-se em companhia do outro talvez possam acompanhá-la.

Referências bibliográficas

CANDI. T. S. Postado em Artigos, Cultura e etiquetado como André Green, mãe morta, psicanálise em 23 de fevereiro de 2015 por sociedadedepsicanalise. Disponível em: www.sbpsp.org.br/blog/295-2/. Acesso em: out. 2022.

FREUD, S. A interpretação dos sonhos. Em: ______. *Edição Standard Brasileira das Obras Psicológicas Completas*. Rio de Janeiro: Imago, 1996. V. 4 e 5, p. 17-730. Publicado originalmente em 1900.

GREEN, A. *Narcisismo de vida, narcisismo de morte*. São Paulo: Escuta, 1988a.

______. *Sobre a loucura pessoal*. Rio de Janeiro: Imago, 1988b. Publicado originalmente em 1977.

GURFINKEL, D. *Do sonho ao trauma*: psicossoma e adicções. São Paulo: Casa do Psicólogo, 2001.

______. *Sonhar, dormir e psicanalisar*: viagens ao informe. São Paulo: Escuta, 2008.

WINNICOTT, D. W. *O brincar e a realidade*. Rio de Janeiro: Imago, 1975.

Da barriga cheia ao frio na barriga: o deslizamento significante no tratamento analítico

JAQUELINE PINTO CARDOSO

"Sou um apanhador de desperdícios: amo os restos como
as boas moscas.
Queria que a minha voz tivesse um formato de canto.
Porque eu não sou da informática: eu sou da invencionática.
Só uso a palavra para compor meus silêncios."
– *O apanhador de desperdícios,* Manoel de Barros

O processo psicanalítico é uma experiência de linguagem, uma vez que os sintomas são tratados através da fala do sujeito. O que um analista escuta num tratamento analítico, ou melhor, como escuta? Se, para a psicanálise, o essencial é o que o paciente diz, não se trata de verificar e comprovar os fatos, porque a clínica psicanalítica não trata de fatos (Miller, 1997), mas da verdade do sujeito enquanto sujeito do inconsciente. Freud, em 1900, já nos advertiu em *A interpretação dos sonhos* (1973) sobre a diferença entre realidade psíquica e realidade material, e que não há no inconsciente um signo de realidade, de um acontecimento real, mas sim uma ficção construída psiquicamente a partir das interpretações da experiência vivida.

Outro ponto que norteia a escuta analítica é a recusa da compreensão. Não se deixar levar em demasiado pelas histórias contadas, perdendo as escolhas significantes. Se o analista compreende o analisante, caindo nas tramas do imaginário, ele atribui significados ao que é dito e perde a possibilidade da cadeia simbólica se deslizar. Se cada um constrói uma ficção mítica para si, composta pela dimensão imaginária, há que se orientar a escuta para o que dessa trama se ressalta como a materialidade da letra separada da significação, para o real do sintoma.

No texto *O seminário sobre 'A carta roubada'* (1998a), Lacan ressalta que a comunicação, no sentido imaginário, carrega um único sentido, o que contraria a dimensão da linguagem. Ele salienta a questão do significante puro, livre de significações, representada pela carta roubada. "O ensino desse seminário serve para sustentar que essas incidências imaginárias, longe de representarem o essencial de nossa experiência, nada fornecem que não seja inconsistente, a menos que sejam relacionadas à cadeia simbólica que as liga e as orienta" (Lacan, 1998a, p. 13).[1]

Em *Função e campo da fala e da linguagem* (1998b), de 1953, Lacan nos adverte a não abandonarmos, como analistas, o fundamento da fala. E o que seria esse fundamento? Que um significante se remete a um outro significante, e não a um significado. O significante é a imagem acústica/o som da palavra; e o significado seria o conceito, a ideia. Para a psicanálise lacaniana, o significante teria uma primazia em relação ao significado: "não existe sentido senão metafórico, só surgindo o sentido da substituição de um significante por outro significante na cadeia simbólica" (Lacan, 1998b, p. 16).

No *Seminário 5*, de 1957-58, Lacan nos ensina a respeito de dois níveis do que é dito: o discurso racional, no qual os sentidos apresentam-se fixados, configurando uma fala vazia; e a cadeia significante, constituída pela ressonância dos efeitos metafóricos e metonímicos, além do elemento fonemático da palavra. "Em suma, está no significante aquilo com que nós, analistas, temos que jogar incessantemente" (Lacan, 1999, p. 19).

Mas a escuta precisa estar atenta não só ao dito, mas em como o sujeito se posiciona diante do que diz (Miller, 1997), que representa a localização subjetiva. A palavra pode ser usada de diferentes formas, como, por

1 Trata-se do texto *O seminário sobre 'A carta roubada'*, no qual Lacan trabalha com o conto de Poe *A carta roubada*, traduzido por Baudelaire, para ilustrar o pensamento freudiano do sujeito determinado pelo percurso de um significante. A tradução brasileira desse conto pode ser encontrada na *Antologia de contos de Edgar Allan Poe*. Rio de Janeiro: Civilização Brasileira, 1959.

exemplo, para se enganar, quando o sujeito afirma algo em que não acredita; ou para repetir o discurso de um outro. Se o analisante afirma, "sou incompetente", temos que ver o que vem modulando essa afirmação. Pode ser "isso é o que meu pai diz de mim", assumindo uma posição em resposta ao desejo paterno; ou, então, "é como minha mãe se sente", revelando uma posição de identificação materna; e por aí vai uma gama infinita de sentidos que fogem do lugar-comum da palavra.

> Estas diferentes maneiras recebem, classicamente, o nome de modalização, pois modulam o dito, indicam a posição que o sujeito assume perante ele, contrariando a lógica da matemática clássica, que lida somente com dois valores (...). Na língua, porém, a modalização é quase infinita, muito sutil. E também o tom da voz pode modalizar. (Miller, 1997, p. 236-237)

Portanto, diante de um enunciado, é fundamental reconhecer a enunciação, sua posição diante do que diz, que representa um operador da prática analítica e revela algo da ordem do gozo e do desejo. Se alguém diz: "tenho tal comportamento, mas me incomodo com isso", está revelando um gozo que intensifica as questões do desejo; há um enigma e uma abertura para querer saber algo disso. Mas se o enunciado diz: "Tenho tal comportamento, faço e repito", percebe-se um gozo que anula o desejo, pois não há um enigma e uma busca por saber sobre seu comportamento. A questão se fecha em si mesma, como uma resolução.

Os significantes que aparecem e se repetem na cadeia simbólica vão sendo marcados pelo analista, o que permite que o sujeito os escute e se escute. A interpretação analítica mínima ocorre quando se apresenta ao sujeito o seu próprio dito, mesmo que ele negue ou não se reconheça: "(...) também se come as próprias palavras em análise, ainda que não sejam um prato saboroso (Miller, 1997, p. 240). O analista não pode deixar escapar o que for da alçada significante, nem que não saiba o que fazer com isso no momento em que o escuta.

Se, por um lado, a psicanálise lacaniana, com seu retorno a Freud, nos ensina que o inconsciente é estruturado como uma linguagem (Lacan, 1957), representando o discurso do Outro, ela também nos orienta para o inconsciente como real, incluindo os equívocos da língua e o que aparece como fora de sentido e o que escapa à representação (Lacan, 1972-73). Seguindo essa orientação, a análise visa introduzir a falta, e não a solução para a falta, no sentido de preenchimento.

Apresentaremos aqui um recorte de caso clínico, que foi previamente apresentado em outro capítulo de livro.[2] Acompanharemos, como numa escuta flutuante, o percurso e o deslizamento da cadeia significante, que marca um percurso de uma análise, que não representa progresso, mas sim um movimento de contorno do real. Se a palavra carrega a posição subjetiva do sujeito, o significante mestre representa aquilo que o orienta na vida e aponta para o modo de gozo: "(...) é a ordem simbólica que é constituinte para o sujeito, demonstrando-lhes numa história a determinação fundamental que o sujeito recebe do percurso de um significante" (Lacan, 1998, p. 14).

Orientemos, então, nossa escuta seguindo o rastro dos significantes,[3] naquilo que traz pistas ou nos despista,[4] abrindo caminho para os equívocos da língua.

Como demais, como minha mãe

A compulsão alimentar ocupava toda a cena analítica e surgia sempre um *incômodo* de não conseguir sair desse sofrimento desde a adolescência. Suas lembranças a remetiam a uma cena familiar ao redor da mesa, em que ela era convidada a comer demais: quando não estava mais aguentando, sua avó lhe oferecia um remédio para melhorar o desconforto gástrico para continuar se empanturrando. Os significantes que captava das figuras femininas que a antecediam eram relacionados ao excesso e à transgressão de limites.

---

2 CARDOSO, J. P. Impasses e invenções para uma mulher. *Em*: REIS, M. L. O. R. (org.) *Perché mi piace:* a vida com elas. 1. ed. Curitiba: Calligraphie, 2018.

3 Os significantes que forem relevantes à construção do caso clínico serão marcados em itálico.

4 Lacan cita o verbo *dépister* para falar do sentido antinômico de algumas palavras, que caracteriza a "instância do significante". Dois significados se destacam: um uso mais comum, que seria "descobrir alguém ou algo seguindo sua pista", e um emprego em desuso na língua francesa, cujo significado é oposto ao primeiro, que é "despistar" (Lacan, 1998, p. 24).

A identificação primária com o Outro materno se dava pela via do comer demais, e o que se repetia em seu discurso era: "*Como muito, como minha mãe*". Como o tempo do inconsciente é outro que não o cronológico, mas sim o tempo lógico, foi necessário marcar inúmeras vezes o "como minha mãe" para que o sujeito conseguisse escutar nesse *como* não só a comparação e similaridade com o sintoma materno, mas também a variante do comer a mãe, engolir esse Outro materno. A demanda oral aí presente, representada pelo desejo de se alimentar do corpo do Outro, apareceu num sonho que se repetia na infância: a filha mordendo a mãe, lhe arrancando pedaços, como no mito de Totem e Tabu, no qual os filhos se identificam com o pai ao devorá-lo (Freud, 1912-1913).

A-como-dada

Os sonhos começaram a aparecer com muita frequência, indicando a abertura ao inconsciente. Sonhava com *cômodos* dentro de uma casa. Quando abria as portas, encontrava muitas guloseimas. A sensação era de júbilo, como se estivesse encontrando um *tesouro*. Logo, supomos que a comida estava ocupando um lugar exclusivo de representante fálico. Depois de relatar muitas vezes esses sonhos e de ser marcado o significante *cômodo*, aparece uma associação com *estar acomodada*: ela espera que algo lhe seja dado.

A devastação encontrada na relação mãe-filha ocorre quando uma filha espera que sua mãe lhe dê as respostas para as questões fálicas (Brodsky 2008). Se não há no inconsciente um significante que represente A Mulher, como bem nos ensinou Freud e Lacan, há que se inventar significantes que representem o feminino. Nesse caso, o que se encontra até o momento são referências da ordem do excesso, do objeto comida no lugar da falta e a ilusão de que se pode tudo: "*posso comer tudo o que eu quiser*".

Ocorre então um deslizamento do objeto comida para o dinheiro, ainda na mesma dinâmica oral de ser alimentada pelo Outro. Em um sonho, grita inúmeras vezes para o marido, que ocupa o lugar de provedor: *Me dá o dinheiro!*

Comedido – Comer-dito – Comer-dizer

Uma lembrança do avô materno: na mesma mesa em que muitos se empanturravam, ele dividia um bombom em várias partes e ofertava a quem quisesse, em uma atitude de partilha do alimento. A comida aparece aí não mais como satisfação da necessidade, mas como objeto compartilhado à mesa, resgatando a função social do banquete (Flandrin; Montanari, 1998):

> (...) o homem civilizado come não somente (e menos) por fome, para satisfazer uma necessidade elementar do corpo, mas, também, (e sobretudo) para transformar essa ocasião em um momento de sociabilidade, em um ato carregado de forte conteúdo social e de grande poder de comunicação. (Montanari, 1998, p. 108)

Na história da alimentação trazida pelos autores, referente à cultura europeia ocidental, a função social que faz parte do consumo de alimentos é chamada de comensalidade e representa uma lei simbólica que regula a relação do sujeito com a comida. Seria a lei que traz uma dimensão de humanidade e sociabilidade para o ato de comer, saindo do registro meramente pulsional.

A seguinte fala é feita após a lembrança: *Meu avô era comedido*. Um significante novo se coloca, vindo do lado masculino: *comedido*. Nessa altura da análise, os significantes marcados pelo analista não passavam mais facilmente batidos pela escuta do analisante. A partir daí, abre-se a escuta para a associação do som de *comedido* com *comer/dito – comer/dizer*. E, então, a palavra no lugar da comida.

À medida que se segue o rastro dos significantes, percebe-se um deslizamento na cadeia simbólica e uma repetição fonemática da raiz "com": *como minha mãe – cômoda – acomodada – comedido*, que posteriormente é associado pela analisante com a ideia de junção e que diz de sua posição subjetiva de dependência ao Outro materno. Podemos supor que isso que se repete e insiste no discurso de um sujeito, como uma melodia, representa o automatismo de repetição, que é o inconsciente se manifestando através das leis da linguagem. Segundo Lacan (1998, p. 13):

> Nossa investigação levou-nos ao ponto de reconhecer que o automatismo de repetição (*Wiederholungszwang*) extrai seu princípio do que havíamos chamado de *insistência* da cadeia significante. Essa própria noção foi por nós destacada como correlata da *ex-sistência* (isto é, do lugar excêntrico), em que convém situarmos o sujeito do inconsciente, se devemos levar a sério a descoberta de Freud.

Engasgada – Entupida

Na teoria das pulsões, Lacan (1964) trabalha a relação da pulsão oral com a fala, fazendo referência a uma satisfação que se fecha em si mesma, calando a fala. Diante de uma boca que se enche de comida, as palavras não acham seu espaço. O sintoma de se calar era frequente, assim como de querer se esconder e passar despercebida. No entanto, ela lembra que não foi sempre assim: quando muito pequena, era muito falante e as palavras eram carregadas de humor e de certo sarcasmo, o que era repreendido pelo Outro. Palavras que *constrangiam*, traziam *desconforto*. Não se podia *falar merda*.

Uma sensação na relação transferencial: estar *engasgada* ao falar. Palavras que ficam retidas na garganta, que não podem ser ditas. Não mais o objeto comida que se engole para se entupir, mas *entupida* de palavras que não podem ser ditas diante de um Outro que não pode acolhê-las. Mas, ao contrário do que pensa, ali, na relação analítica, pode-se *falar merda*, não é esperado que seja uma boa menina.

Alguns acontecimentos de corpo que respondem à posição de estar engasgada trazem a imagem de um *corpo entupido*: *nariz entupido*, *secreções na garganta*, *intestino preso*. Lembra de uma frase de uma amiga sobre ela: "Parece que você engoliu um cabo de vassoura", dizendo sobre sua perda de autenticidade numa época em que estava em uma relação ciumenta e possessiva. Quando se tenta engolir o falo e corresponder à demanda de um Outro, o sujeito desaparece enquanto ser desejante.

Fome de comer x Fome de viver

Diante do seguinte enunciado: "*A comida é como um entorpecente, me consome, me faz adormecer; parece que o único prazer está em comer*", a seguinte intervenção analítica foi feita: "Não parece prazer, você vive consequências ruins com isso". Começa, então, a falar das sérias consequências do comer desenfreado em seu corpo. E, em seguida, outra intervenção analítica: "pode-se morrer pela boca". Algo da crença de que comer em excesso é só prazer cai, assim como a fantasia de poder comer o que quiser sem consequências.

Diante da temática da morte, apresenta-se uma sensação que lhe traz muita culpa: de que ela sobreviverá com a ausência do Outro materno. De que não morrerá junto, como sempre sentiu desde a infância. Traz a morte simbólica da mãe e começa a questionar seu amor, já que ele sempre esteve ligado à dependência. Se no ato de amar o sujeito dá o que não tem, transmitindo a falta a ser (Lacan, 1956-57), é imprescindível que o objeto caia deixando o espaço vazio.

Ao mesmo tempo que surge a morte simbólica do Outro materno, há um resgate significante do lado do pai, quando observa sua busca incessante de saber, por exemplo, de *aprender outras línguas*: "*meu pai tem fome de viver*". Mais um significante que vem do lado masculino, "comedidamente", em que o gozo está circunscrito pela palavra.

Na teoria da sexuação, Lacan (1972-73) aborda a forma como o falasser se posiciona no sexo, a partir de seu gozo, indo além da anatomia homem/mulher. O gozo masculino estaria submetido à castração e ao gozo fálico, e o gozo feminino estaria não todo submetido à castração, aparecendo um gozo opaco, sem sentido. Nesse caso, observamos como o lado masculino, representado por significantes "comedidos", parece proteger o sujeito desse excesso do gozo feminino, de uma boca aberta que engole tudo e não deixa espaço para o vazio, dando muita consistência para o objeto e dificultando a busca pelo saber.

Alguns questionamentos surgem diante desse gozo sem sentido, de uma boca faminta e sem direção. O que fazer com essa intensidade que a consome e com uma pulsão avassaladora? Engolir o gozo feminino calando-se e escondendo-se?

Em um sonho aparece a figura de uma criança abandonada, que sai em busca de sua história. Quando lhe perguntam seu sobrenome, inventa: "cashsher", lendo-se "cachecher". Em suas associações, se intriga com esse significante ligado ao seu nome e desliza entre cash (dinheiro), kosher (comida judaica), she (ela), chegando a uma redução à escuta do som "shhhhh", um chiado ou som que diz: "fica quieta, cale-se".

Se não há um significante que nomeie A Mulher no inconsciente, inventa-se. *Cacher:* verbo em francês que designa "esconder-se". Interessante como o inconsciente se utiliza aqui de outras línguas e brinca com o significante de diversas formas. Algo do infantil, da brincadeira com a palavra a diverte.

Lembra de poesias da adolescência em que a temática gira em torno da dificuldade de expressar seu amor; tenta buscar no universo gramatical significantes que se aproximem desse impossível de dizer. Como algo que pulsa intensamente e precisa desesperadamente de um contorno, de um significante, mesmo que fugidio, que escape assim que é dito.

Em outro sonho aparece como uma mulher forte, dominadora, quase uma louca. Depois se vê na figura de um homem que tenta desesperadamente fugir dessa loucura feminina, que a qualquer momento pode atacar. Foge, tem que deixar para trás, perder para se salvar. Vê-se como um órfão, mas um órfão que abandona, ao invés de ser abandonado. Órfão de significantes? Há que se inventar.

Há beleza na cena onírica, em como o sujeito se debate com as questões de seu gozo, feminino e masculino, juntos tentando conviver e sobreviver um ao outro. Eles coexistem. O feminino que por si só enlouquece e o masculino que, na perda, enquanto gozo fálico, circunscrito pela palavra, tenta se defender do sem sentido. Nessa coexistência algo único e singular pode surgir.

Barriga cheia x frio na barriga

Aparecem dois significantes que representam o corpo de duas formas distintas: *barriga cheia* e *frio na barriga*, abrindo para o sujeito um enigma sobre a dimensão da necessidade, do desejo e do real em jogo no sintoma. E é justamente nesse impasse entre a *fome de comer* e a *fome de viver* que se encontra o sujeito no momento de sua análise. Ora é consumido pelo pensamento de comer loucamente, entregando-se a uma satisfação imediata, que logo em seguida não a satisfaz, trazendo mais angústia; ora vai em busca do que pode movimentar seu desejo: escreve, estuda, sai do *como-dismo* e se *co-move*, com o que consegue criar quando deixa um espaço vazio. O impasse está entre a satisfação imediata e o desejo. Entre a barriga cheia e o frio na barriga. E esse frio não é necessariamente o oposto de cheio, na imagem do corpo cheio/vazio, mas se aproxima de um afeto ou talvez do sem sentido? De um gozo que escapa à representação e que começa a aparecer frequentemente quando sai de cena o corpo cheio.

O sujeito entre dois gozos: gozo fálico – circunscrito pela palavra, e o Outro gozo, que escapa à palavra, escorre pelas mãos e se aproxima da experiência do estranho, de algo *incômodo*, do qual muitas vezes tenta fugir.

Incômodos

Quando o objeto comida perde um pouco a consistência, como algo que tampona o vazio, surgem alguns *incômodos*. Diante do sonho repetido de morder a mãe, outra cena de "mordida" se coloca, mas deslocando a pulsão de lugar: "*Quase fui mordida por um doberman*". Ser mordida por um "*man*"/ homem. Algo da ordem do sexual se coloca, havendo um deslocamento da pulsão oral para a genital. Lembra do incômodo com o olhar dos homens e coloca o desejo somente do lado do Outro. E onde está seu desejo? Foge dos incômodos de seu próprio desejo e gozo.

A procura pela primeira vez por uma análise se deu quando se sentiu *desmascarada* – traz uma cena em que cai a imagem de *boa menina*, *menina de família*, para aparecer a mulher desejante. A cena de angústia que se apresenta é desejar o namorado da amiga, algo da ordem do proibido, da problemática edípica. Há algo de insuportável nisso, pois se o desejo se centra em querer o homem da Outra mulher, o desejo não pode aparecer. É *catastrófico*.

Outro *incômodo* é em relação à questão da autonomia financeira. Nota como a dependência presente no sintoma de querer ser alimentada pelo Outro se relaciona com *depositar* no Outro a função de *sustento*. Apresenta um sonho com a temática do dinheiro, mas ocupando uma outra posição. Se inicialmente ela ordena que o Outro colocado como provedor lhe dê o dinheiro, aqui é ele quem diz: "*Eu também não tenho*". Ela se assusta e pensa, "*estamos juntos na merda*". Está em jogo a falta simbólica: ninguém tem o falo, nem mesmo o Outro. Logo, conclui: "*então o que é possível é compartilhar a merda*". Diz de outra posição subjetiva na qual não se elege um objeto pra tampar a falta, mas admite-se viver com a falta e compartilhá-la na relação amorosa. E aí uma intervenção analítica: "o desejo vai à merda", pegando emprestado as palavras de Lacan (1992, p. 204) quando fala do obsessivo que deposita no Outro o comando e vive a impotência de seu desejo. Se há uma satisfação em ser alimentada e sustentada pelo Outro, e se esse Outro vai perdendo a consistência, a satisfação pulsional também vai à merda.

O que está em jogo aqui é a solução possível de cada sujeito diante do real. O Outro está em queda e a escrita tem uma função de amparo importante para esse sujeito: com a escrita de seus significantes marcados em análise, vai sentindo um movimento, algo vai se transformando. A escrita aparece como uma saída para circunscrever a falta e dar um contorno para o impossível de dizer, aparecendo algo de lúdico nesse processo.

Diante de um texto que escreve endereçado a alguém que ocupa o lugar de mestre, que detém o saber, escuta: "Que largada!", referindo-se à maneira interessante como inicia sua escrita. Quando conta essa cena, a seguinte intervenção analítica é feita: "finalmente você largou!", e podemos prosseguir; largou o objeto (comida) e soltou as palavras, acessando tanto o inconsciente estruturado como linguagem como o inconsciente real, o que faz furo.

A sensação descrita nesse momento da análise é de um esvaziamento, porém não sem angústia. As palavras se esgotam no caminho do esvaziamento de sentido do sintoma. Esse fracasso de sentido experimentado nesse momento aponta para uma lição clínica fundamental baseada no ensino de Lacan (Macedo 2012). O analista parte daquilo que fracassa para o sujeito: seus sintomas, atos falhos, aquilo que vai mal na vida do sujeito e que o orienta para a busca de um saber. Num momento posterior, o manejo analítico precisa se orientar para o esvaziamento de sentido, para que algo do real e do modo gozo presente no sintoma apareça.

Há que se deixar de lado a busca infinita pelo significante, no percurso do simbólico, e experimentar o *frio na barriga* enquanto um acontecimento de corpo, da ordem do real e do impossível de dizer. E a escrita, nesse caso, surge como uma nova invenção do sujeito para lidar com o real, que não mais só ficar de barriga cheia. Uma invenção ou truque, como bem nos apontou Lacan (1974), como resposta ao traumatismo que todo ser experimenta diante da não relação sexual.

Referências bibliográficas

BRODSKY, G. "Entre sintoma e devastação". *Entrevários*, n. 2, abr. 2008.

FLANDRIN, J.-L.; MONTANARI, M. (org.) *História da alimentação*. São Paulo: Estação Liberdade, 1998.

FREUD. (1900). *A interpretação dos sonhos*, vol. I. Madrid: Biblioteca Nueva, 1973.

______. (1912-1913). "Totem e tabu". Em: ______. *Obras completas, volume 11:* totem e tabu, contribuição à história do movimento psicanalítico e outros textos (1912-1914). Trad. e notas Paulo César de Souza. 1. ed. São Paulo: Companhia das Letras, 2012.

LACAN, J. (1953). "Função e campo da fala e da linguagem em psicanálise". Em: *Escritos*. Tradução Vera Ribeiro. Rio de Janeiro: Jorge Zahar Ed., 1998b.

______. (1956-57). *O Seminário, livro 4:* a relação de objeto. Trad. Dulce Duque Estrada. Rio de Janeiro: Jorge Zahar Ed., 1995.

______. (1957). "A instância da letra no inconsciente ou a razão desde Freud". Em: *Escritos*. Tradução Vera Ribeiro. Rio de Janeiro: Jorge Zahar Ed., 1998.

______. (1957-58). *O Seminário, livro 5:* as formações do inconsciente. Tradução Vera Ribeiro. Rio de Janeiro: Jorge Zahar Editor, 1999.

______. (1964). *O Seminário, livro 11:* os Quatro Conceitos Fundamentais da Psicanálise. Trad. M. D. Magno. Rio de Janeiro: Jorge Zahar Editor, 1998.

______. (1972-73). *O Seminário, livro 20:* mais, ainda. Trad. M. D. Magno. Rio de Janeiro: Jorge Zahar Editor, 1985.

______. (1974). *O Seminário, livro 21:* Los incautos no yerran (Los nombres del padre). Inédito.

______. (1992). *O Seminário, livro 8:* a transferência. Rio de Janeiro: Jorge Zahar, 1992.

______. (1998). "O seminário sobre 'A carta roubada'". Em: *Escritos*. Tradução Vera Ribeiro. Rio de Janeiro: Jorge Zahar Ed., 1998a.

MACEDO, L. F. de. "O fracasso do sentido em psicanálise". *Opção Lacaniana Online nova série*, n. 8, ano 3, jul. 2012.

MILLER, J. A. *Lacan elucidado*: palestras no Brasil. Rio de Janeiro: Jorge Zahar Ed., 1997.

MONTANARI, M. Sistemas alimentares e modelos de civilização. Em: FLANDRIN, J.-L.; MONTANARI, M. (org.) *História da alimentação*. São Paulo: Estação Liberdade, 1998.

A clínica psicanalítica da anorexia e da bulimia e a lógica perversa[1]

MARIA HELENA FERNANDES

Segundo o artista plástico Alexander Calder (1966), o que compõe a criação artística "é a disparidade na forma, na cor, no tamanho, no peso e no movimento [...]. É a ruptura aparente da regularidade que o artista domina que faz ou destrói uma obra" (p. 52). Trazendo para a escrita psicanalítica a lição de Calder, poderíamos pensar que refletir sobre nossa clínica cotidiana implica certamente em criar uma certa familiaridade com a estranheza das disparidades, ruptura com a regularidade aparente das formas clínicas e também dos discursos teóricos que as sustentam.

Os desafios que coloca a clínica psicanalítica da anorexia e da bulimia solicitam a capacidade inventiva dos analistas e sua disponibilidade para entrarem em contato com a estranheza das disparidades. É essa disponibilidade que lhes permite construir rupturas naquilo que lhes é familiar a fim de que possam questionar a regularidade aparente do próprio discurso psicanalítico. Sendo assim, não posso deixar de assinalar a riqueza dessa clínica na sua potencialidade para engendrar perguntas e levantar hipóteses a respeito também das vicissitudes do mal-estar contemporâneo.

Apesar do aumento da incidência da anorexia e da bulimia a partir da década de 1950, sabemos que ambas são quadros clínicos descritos há séculos. Sendo assim, mais importante do que a tentativa ingênua de lhes atribuir uma causalidade fundada na cultura é a constatação atual da incidência dessas

1 Uma primeira versão desse artigo foi publicada nos *Cadernos de Psicanálise da Sociedade de Psicanálise da Cidade do Rio de Janeiro – SPCRJ, v. 29*, n. 32, p. 61-81, 2013.

patologias no mundo todo, o que coloca em discussão justamente os efeitos da globalização. O mal-estar decorrente dos processos de homogeneização da cultura, através de uma espécie de ocidentalização do mundo, encontra nesses quadros clínicos uma de suas formas de expressão, entre outras tantas. Talvez uma forma privilegiada, por engajar diretamente o corpo, alvo dos ideais de completude e perfeição veiculados na contemporaneidade.

Ao explorar as questões teóricas colocadas pela psicopatologia contemporânea, Mário Fuks (2000, p. 209) evoca a figura clínica da anorexia, salientando:

> A entrada em anorexia terá como objetivo buscar um ideal absoluto e hipnotizante que impõe o triunfo da imagem sobre a percepção. É a partir daí que ela passa a ser quem dá as cartas: triunfa sobre a necessidade alimentar, a sexualidade e as regras da moderação. Forçada a comer, o desespero será dos outros. Alcoólatras, toxicômanos e alguns perversos ficam fora do alcance da angústia com o mesmo recurso.

A partir daí, o autor continua destacando, ainda, o enfraquecimento da alteridade e seus efeitos na dimensão temporal e afetiva da experiência do sujeito contemporâneo:

> História, temporalidade e projeto, como mediação simbólica e regulação narcísica desaparecem. As relações amorosas tendem a ser superficiais e passageiras, com pouca tendência a transformarem-se em verdadeiros vínculos. Os afetos são tênues, sem enigmas nem dramas. [...] Não havendo perda, mas substituição, também faltam a nostalgia e o reencontro. Não se cultiva a memória nem se dá lugar ao luto. (p. 209)

Tudo isso nos parece familiar na clínica cotidiana, sobretudo com adolescentes e jovens. A aceleração desmedida do tempo parece levar a um apagamento da ideia de futuro; o tempo é hoje, não há amanhã. Assim, os valores e conceitos se tornam relativos, evidenciando o que vem sendo descrito como a quebra das grandes narrativas, dos discursos capazes de costurar a história na sustentação da esperança.[2]

---

2 A respeito da multiplicidade de narrativas dominantes na contemporaneidade e seus efeitos na clínica psicanalítica, remeto o leitor ao artigo de Mara Caffé, "O Padre-Nosso da Psicanálise" (2012).

No que se refere particularmente às jovens bulímicas, não se pode deixar de notar que, diante da angústia despertada pelas contradições e solicitações próprias da adolescência e da existência de um modo geral, o ato bulímico muitas vezes aparece privando, em graus diversos, a atividade psíquica do espaço interno ao pensamento, ao afeto e à reflexão, que é sua condição de possibilidade. O regime da urgência e a intolerância para com as exigências da realidade parecem levar a uma espécie de abolição da temporalidade, abrigo do desejo, das contradições e das interdições. Desse modo, ganham lugar de destaque os mecanismos da recusa e evitamento do pensamento reflexivo.

Esse declínio da interioridade e o concomitante privilégio da exterioridade, conferindo à imagem um papel central na atualidade, vem sendo amplamente assinalado. O que parece interessar agora, salienta Joel Birman (2001, p. 248-249), "é a estetização da existência e a inflação do eu, que promovem uma ética oposta à do sofrimento". A meu ver, essa cultura do evitamento da dor indica uma espécie de precariedade da atividade psíquica, na qual o espaço para a reflexão sobre o sofrimento encontrava abrigo e possibilidade de elaboração. No lugar dessa reflexão, observa-se, atualmente, um imperativo constante de superação imediata de todo sofrimento, como se as marcas das dores da vida não pudessem mais encontrar uma inscrição psíquica, ficando destinadas a uma inscrição corporal (Fernandes, 2009).

Em um trabalho anterior, enfatizei a centralidade da questão do corpo e dos ideais e sua relação com a alimentação na psicopatologia da atualidade. Nessa ocasião, defendi a hipótese de que a preocupação com a alimentação havia se convertido no fetiche privilegiado do controle do corpo na contemporaneidade. É o corpo fetichizado que parece servir de estandarte ao projeto higienizador e totalitário de controle da existência humana na atualidade. Conforme ressaltou Hannah Arendt (2000), uma das formas do totalitarismo é a tentativa de automatizar e padronizar a existência humana. Ora, atualmente, tudo precisa ser cuidadosamente controlado, inclusive o afeto e o tempo. Com a atual hegemonia da economia neoliberal, a lógica da exterioridade parece responder à exigência de eficácia mercadológica; o sujeito eficiente é aquele que não se deixa perturbar pelos seus afetos e aproveita produtivamente seu tempo. Talvez não seja um mero acaso se na psicopatologia contemporânea é justamente o eixo controle-descontrole que caracteriza a prevalência da lógica perversa nas formas de apresentação do sofrimento atual. Isso é evidente na anorexia e na bulimia, nas toxicomanias, na síndrome do pânico, nos transtornos obsessivo-compulsivos e também na variedade das condutas impulsivas (Fernandes, 2011).

Esses assinalamentos, que apontam mudanças significativas no modo de subjetivação vigente na atualidade, corroboram o que vem sendo observado pelos psicanalistas em sua clínica cotidiana. Ora, se a assustadora expansão da bulimia entre nossas jovens adolescentes causou alarde dentro e fora dos meios especializados, parece ser particularmente a figura clínica da anorexia aquela que continua servindo, de forma exemplar, para refletir a imagem do sofrimento contemporâneo, talvez por colocar em evidência, simultaneamente, a tentativa de recusa da alteridade, da morte e do tempo.

Sendo assim, o meu objetivo neste artigo é demonstrar que a clínica psicanalítica da anorexia e da bulimia coloca em evidência a prevalência atual de certos modos de funcionamento psíquicos que não só se encontram presentes também em outras patologias como parecem amplamente habitar a cultura contemporânea. Desse modo, pretendo salientar a seguir que nesses quadros clínicos observamos que os mecanismos da recusa e da clivagem ocupam um lugar de destaque, evocando, assim, a prevalência da *lógica perversa* nas formas de expressão do sofrimento atual.

O corpo fetiche e a recusa

A palavra *anorexia*, evocando ausência de desejo e de apetite, parece conter, em si mesma, o paradoxo colocado em evidência pelo quadro clínico que ela designa. Se o que a jovem anoréxica mostra é a recusa em alimentar-se, isso não quer dizer que não exista vontade de comer ou mesmo que essa recusa deva-se a uma ausência de desejo. Ora, o que a clínica psicanalítica não cansa de nos ensinar é justamente que essa recusa esconde um desejo que, pela sua intensidade e pela ambiguidade que ele desperta, só pode ser administrado por uma vontade obstinada de recusá-lo.

De fato, a obstinada recusa alimentar das anoréxicas, acompanhada da insistente recusa das transformações do corpo produzidas pelo emagrecimento, não deixa passar desapercebido, especialmente nos casos mais graves, que algo escapa aos mecanismos tipicamente conhecidos na neurose.

Esse inquietante *algo mais,* esse *além da neurose*, tem sido reconhecido por vários autores que assinalam a tonalidade perversa presente na organização do funcionamento psíquico dessas jovens.

Paul-Laurent Assoun (1995) assinala que a anoréxica deixa Freud perplexo porque ela é justamente aquela que sabe o que quer, ou melhor, ela é a encarnação mesmo de uma escolha – a escolha de não comer. Uma escolha que se apoia sobre a recusa das necessidades do corpo. Segundo Assoun (1995, p. 135), é essa "forma particular de *Verleugnung* que dá a essa estrutura neurótica sua coloração perversa".

Philippe Jeammet (1991) também vai nessa direção e, ao referir-se à bulimia, fala em "arranjo perverso" (p. 98). É importante notar que não se trata de uma estrutura perversa estável, mas sim de um arranjo defensivo secundário. Diferentemente da perversão, na qual o papel da angústia de castração é determinante, nesse arranjo perverso a angústia de castração cede lugar à angústia de separação, com sua oscilação entre abandono e intrusão.

Mais tarde, referindo-se à anorexia e a bulimia, P. Jeammet (1999) discute a dimensão aditiva presente nesse arranjo perverso e salienta ainda:

> Uma das facetas deste arranjo perverso é sua propensão a sobreinvestir todo o domínio das sensações ligadas à exterioridade, ao contato das superfícies, em oposição ao domínio das emoções, da troca afetiva e da internalização dos vínculos, que é, dessa forma, contornado" (p. 40-41, grifo nosso).

P. Jeammet verá nessa "cultura da sensação" uma tentativa dessas jovens de se proteger do vazio interno e do risco de perda do objeto. Isso nos permite compreender melhor a busca ativa de sensações físicas, principalmente a de cansaço, provocada pelo excesso de atividades motoras, que se observa frequentemente nessas jovens.

E. Kestemberg, J. Kestemberg e S. Decobert (1998), por sua vez, ao se apoiarem nos conceitos freudianos para compreender a perversão, particularmente a partir do estudo sobre o fetichismo, salientam que o que lhes chama a atenção nesses casos é a impossibilidade de elaboração da angústia de castração, na qual o mecanismo da recusa parece incidir sobre o próprio corpo do sujeito. É assim o corpo próprio que é elevado à categoria de fetiche. A realidade recusada, insistem os autores, "*não é tanto a realidade exterior* – (tal como é classicamente descrito como específico da psicose) –, *mas a realidade do próprio corpo*" (p. 190, grifo nosso). Fica evidente, então, que a recusa do corpo assume não somente um lugar de destaque nessas patologias, mas também permite estabelecer aqui uma fronteira com a psicose. Esses autores definem, com precisão, que não se trata de uma recusa da realidade exterior; não há delírio nem alucinação ricamente estruturados, como estamos acostumados a ver na psicose. Trata-se de *uma recusa da realidade do próprio corpo*: seu tamanho, sua forma, sua espessura, sua imagem, bem como suas necessidades e seus desejos.

Lembremos que Freud, quando se debruçou sobre o problema do fetichismo, em 1927, utilizou a palavra *Verleugnung* (recusa) para caracterizar essa posição defensiva do ego que consiste em recusar-se a reconhecer a realidade de uma percepção considerada traumatizante, particularmente a da ausência de pênis na mãe. Assim, a recusa no sentido freudiano se apresenta como recusa da realidade e carrega a ideia de uma clivagem do ego.

Em outras ocasiões, explorando a noção de recusa no texto de Freud, salientei que A. Bourguignon e A. Manus (1980) discutem a pertinência da tradução de *Verleugnung* por recusa, salientando que alguns preferem a palavra *desmentido* (*désaveu*), alinhando-se, portanto, à tradução inglesa *disavowal* (p. 135). Segundo esses autores, Freud (1914), no texto sobre o narcisismo, utiliza a palavra *recusa* pela primeira vez para se referir à relação entre a atitude dos pais, que consiste em esconder e esquecer todas as falhas ou defeitos da criança, e a recusa neles da sexualidade infantil (p. 96). Segundo J. Laplanche e J.-B. Pontalis (1967), é somente a partir de 1924 que Freud começa a empregar o termo *recusa* em um sentido suficientemente específico (p. 115). Não obstante, A. Bourguignon e A. Manus (1980) assinalam a presença desse sentido específico já em 1916-1917, nos textos de "Introdução à Psicanálise" e em "Complemento Metapsicológico à Teoria do Sonho" (Fernandes, 1999; Fernandes, 2006).

Como se pode ver, a noção de recusa está longe de ser unívoca, ainda que tenha como traço comum a ideia de uma clivagem do ego. Aliás, em seu texto sobre o "Fetichismo" (1927) e no "Esboço de Psicanálise" (1940), Freud expõe de maneira mais aprofundada a sua concepção da recusa referindo-se à castração, o que interessa diretamente à psicose e à perversão. Convém talvez aqui diferenciar o mecanismo da recusa (*Verleugnung*) da denegação ou negação (*Verneinung*). No mecanismo da recusa, não se trata de eliminar uma representação incômoda recusando-se a reconhecê-la como dizendo respeito ao sujeito (como é o caso no mecanismo da denegação ou negação), mas negando *a realidade mesma da percepção* ligada a essa representação.

A recusa da realidade humana e a clivagem

Após essa breve digressão para melhor compreender a definição do mecanismo da recusa em Freud, voltemos a acompanhar E. Kestemberg, J. Kestemberg e S. Decobert (1998). Eles assinalam também que, nesses casos, observa-se a presença de um ideal do ego sempre distante e projetado no futuro, sugerindo assim uma manipulação fetichista de si mesmo, dos outros e de seu próprio corpo. Eles escrevem:

> De fato é a realidade do próprio sujeito, *no que ela tem de mortal*, no que ela tem *de erótica*, no que ela tem *de humana*, que é negada por esses adolescentes em uma megalomania jamais explicitada sobre forma de representação delirante, mas totalmente atuante no seio de *um fetichismo singular*. Uma clivagem particular do ego permite manter o princípio de realidade em um setor privilegiado no qual ele funciona de uma maneira praticamente perfeita (atividades cognitivas), mas é rejeitado quando se trata de demandas pulsionais, de fantasmas, que permanecem mal integrados e mal aceitos. (p. 191, grifo nosso)

Essa clivagem particular do ego – que só faz fracassar o princípio de realidade diante da realidade do próprio corpo – é marcadamente observável nessas jovens. Frequentemente, são descritas como filhas ideais, estudiosas e bem comportadas; nunca tinham dado trabalho aos pais até pararem de comer. Ao recusar o alimento, o primeiro dom oferecido pela mãe, essas jovens parecem se situar *além da necessidade*. A recusa da realidade do corpo – que, em outra ocasião traduzi como um *corpo em negativo, corpo recusado* – é o estandarte de uma recusa a toda e qualquer possibilidade de necessitar do outro (Fernandes, 2010).

Tal pavor de depender do outro só pode ser enfrentado mediante uma recusa da realidade humana do sujeito enquanto tal, isto é, de suas necessidades e de sua vulnerabilidade. É assim que se pode compreender o aparente paradoxo entre o êxito dessas meninas no campo da exterioridade (atividades escolares, obediência aos pais e às leis etc.) e o fracasso delas no domínio da interioridade, isto é, as dificuldades que apresentam para administrar as demandas afetivo-relacionais e pulsionais próprias da adolescência. Fica evidente, assim, o empobrecimento da vida psíquica e a marcada dificuldade de contato com a subjetividade (Fernandes, 2022).

Valérie Valère (1978), a jovem francesa que se tornou célebre após ter escrito um livro em que conta a experiência de seu tratamento para a anorexia, expressa essa recusa da realidade humana de forma contundente:

> Não se pode, de um dia para o outro, não conhecer mais a fome, não ter mais necessidade de nada, isso é falso! Trata-se de um treinamento, um objetivo: não ser mais como os outros, não ser mais escrava dessa exigência material, não mais sentir essa sensação de completude na barriga [...]. Eu tenho a impressão que essa regra leva a um outro mundo, límpido, sem dejetos, sem imundices, ninguém se mata porque ninguém come. (p. 112)

A ordem subversiva e indomável das anoréxicas parece evocar um mundo sem morte, isto é, sem corte, sem separação, sem conflito, sem diferença. Um mundo no qual ninguém se mata porque todos já são imortais e, como os Deuses do Olimpo, não precisam de comida. Nessa perspectiva é a dimensão da morte que desaparece.

Isso nos permite compreender que essas jovens, ao levar a inanição à beira da morte, não estão querendo se matar, como frequentemente é assinalado. Porém, nessa obstinada recusa da morte, elas podem efetivamente morrer, pois é a realidade do próprio sujeito, *no que ela tem de mortal, de erótica e, enfim, de humana,* que é recusada enquanto tal. O misto de fascínio e horror que exercem as anoréxicas poderia ser pensado como uma espécie de reação contratransferencial perante nossa dificuldade diante da própria morte, isto é, diante de nossas angústias de separação e de castração (Fernandes, 2009).

A recusa da realidade humana, no que ela tem de mortal e erótica, sugere que a anorexia abrigaria, assim, um fantasma de indestrutibilidade do corpo, como se o sujeito se recusasse a ver-se como vulnerável. Nesse sentido, o sentimento de onipotência e a recusa da realidade do corpo próprio parecem manter entre si relações estreitas, combinando-se a um ego ideal bastante poderoso que leva o sujeito a tentar manter-se na ilusão de um corpo inatingível, simultaneamente ileso à morte e ao tempo.

Não posso deixar de insistir aqui, como já fiz em outras ocasiões, no fato de certos fenômenos de recusa da realidade do corpo próprio serem muito frequentes na *psicopatologia do corpo na vida cotidiana* de todos nós. Não temos o hábito de refletir dessa forma cada vez que negligenciamos seguir um tratamento médico até o fim ou ainda quando nos expomos a pequenos riscos no cotidiano. Para que possamos nos ocupar de nosso próprio corpo, é preciso que sejamos capazes de nos imaginar vulneráveis, submetidos à ordem da natureza humana, regida pelo tempo e pela morte. É preciso que possamos imaginar que esse corpo é atingível e, no mais das vezes, adoece. O que está em jogo aqui é a dimensão de finitude do sujeito, que evidentemente está em relação com a castração, com a possibilidade de aceitar a realidade das limitações do corpo. Se a limitação da potência corporal faz parte da condição de doente, ela também faz parte da realidade do envelhecimento, constituindo, assim, algo comum a toda existência humana (Fernandes, 2002).

Na clínica da anorexia e da bulimia, a impossibilidade de elaboração da castração, conforme salientam E. Kestemberg, J. Kestemberg e S. Decobert (1972), assinala que a recusa incide aqui sobre *o próprio corpo do sujeito*; é nessa recusa da realidade do corpo que se evidencia, simultaneamente, a recusa da morte e do tempo. Essa fusão com o ideal parece assinalar também a tentativa de recusa da alteridade e seus efeitos sobre o destino do sujeito. A meu ver, a recusa da realidade do corpo próprio nessas jovens abriga, na verdade, *uma tripla recusa: da morte, do tempo e do outro.*

A partir da observação de determinados mecanismos presentes em pacientes perversos, Flávio Ferraz (2005) formula a noção de *recusa do tempo*, cuja operacionalidade clínica nos ajuda a melhor compreender, não apenas a dimensão dessa recusa nos casos de anorexia e bulimia, mas também em diversos outros quadros psicopatológicos (*borderlines*, psicoses em geral, autismo, síndrome do pânico e em todos os casos em que a angústia desempenha um papel preponderante). Além disso, Ferraz salienta que "o fator tempo está no âmago da angústia humana em geral" (2005, p. 71) e enfatiza as vicissitudes dessa *recusa do tempo* presentes na cultura contemporânea e sua instigante relação com o corpo e, consequentemente, com a temática do envelhecimento.

Essas considerações teórico-clínicas servem aqui à minha intenção de demonstrar, conforme já assinalei, que a clínica da anorexia e da bulimia coloca em evidência a prevalência atual de certos modos de funcionamento psíquico que não só se encontram presentes também em outras patologias, como parecem amplamente habitar a cultura contemporânea.

Sendo assim, essas constatações me permitem avançar a hipótese de que o corpo idealizado, elevado à categoria de fetiche, parece atualmente servir, de forma privilegiada, como alvo do ideal de completude e perfeição veiculado na contemporaneidade. Abrigando o fantasma de indestrutibilidade do corpo, é o terror do envelhecimento e da morte o negativo que sustenta a lógica perversa do culto ao corpo e à imagem, em que aquilo que se recusa parece ser justamente a vulnerabilidade inerente à existência humana. Vejamos, então, a seguir os elementos conceituais que nos permitem lidar, na clínica psicanalítica, com a emergência dessa *lógica perversa.*

A lógica perversa: aquém do recalcamento

Não resta dúvida que a exigência de modificação teórica que se apresenta no texto "Além do Princípio do Prazer" (1920) é, em grande parte, resultado dos impasses que a clínica colocava cotidianamente ao terapeuta Freud. Tais impasses se expressavam através de fatos clínicos que colocavam em cheque o funcionamento mesmo do princípio do prazer. Se até os anos 1920 esse princípio se encontrava na base do funcionamento psíquico, há que se considerar que as modificações teóricas inauguradas com a introdução da pulsão de morte – que coloca em cena um outro princípio operante no funcionamento psíquico, o princípio de Nirvana – abrem o caminho para abordar os enigmas teórico-clínicos colocados em evidência pela lógica da destrutividade. Uma destrutividade que pode vir de dentro, do interior do próprio sujeito.

Além disso, costuma-se enfatizar que, desde 1914, o modelo da representação começa a ser questionado no interior da teoria freudiana, mas isso só é consumado a partir de 1920, com a entrada da pulsão de morte e da compulsão à repetição. De fato, a partir dos anos 1920, a evolução dos modelos teóricos freudianos enfatizará os processos de descarga da excitação, o que implica uma ampliação das funções do aparelho psíquico. Será função desse aparelho lidar com os aspectos qualitativos e quantitativos da carga de estímulos que o mundo oferece, sendo capaz de adiar a busca da satisfação, o que supõe ser capaz, ainda, de tolerar uma certa dose de desprazer. Essas funções não poderão mais se restringir ao registro da representação, o que necessariamente amplia as possibilidades de funcionamento do aparelho psíquico para além da lógica do recalcamento. Vê-se aí toda a amplitude da abertura teórica que se processou na construção freudiana.

A esse respeito A. Green (1999, p. 44) salienta: "[...] a partir do momento que Freud introduz o modelo do agir, da descarga, da repetição, o modelo do ato vai entrar na psicanálise, como ameaça para a elaboração psíquica". Mais adiante, Green continua:

> E nós compreendemos aí também a considerável mudança que interveio no aparelho psíquico. O aparelho psíquico não é um aparelho que simplesmente elabora, ele não é um aparelho que se contenta em recalcar, porque recalcar é conservar. Ele é também um aparelho que, pela recusa, pela forclusão, pela clivagem, evacua, elimina e, dessa forma, automutila-se. E se o analista não está consciente disso, ele pode passar anos e anos, na sua poltrona, a escutar um analisando sem se dar conta do que se passa, quer dizer, sem fazer nada. (1999, p. 44)

Observa-se, de fato, em nossas jovens anoréxicas e bulímicas, a tendência à repetição, à desorganização do ego e à ação, o que nos coloca necessariamente diante dos limites do modelo metapsicológico da representação (Fernandes, 2006).

Insistindo em sua argumentação, nesse mesmo texto A. Green (1999, p. 52) escreve:

> Quando Freud fala do id, não é mais feita nenhuma alusão a uma atividade representativa de nenhuma espécie. Dito de um outro modo, nada no conceito de id corresponde à ideia de conteúdo. É uma revolução, porque se a moção pulsional vem substituir a representação, é claro que não se pode mais se referir ao desejo. Precisamente porque a moção pulsional remete à descarga cega e irremediável com o objetivo de aliviar o aparelho psíquico, o que não se refere ao prazer, mas a salvaguardar minimamente *a ligação psíquica primária.*

E continua: "O que se vê então aparecer nessa ocasião é que a representação, contrariamente ao sistema anterior, não é mais dada como certa, ela é o resultado de um trabalho. É bem isso que nos ensina a clínica contemporânea" (1999, p. 52). Isso exige do analista um verdadeiro trabalho de *nominação/ligação*, essa colocação em palavras que reenvia sempre a alguma outra, criando, dessa forma, uma cadeia associativa que visa ligar os elementos do discurso em um verdadeiro trabalho de *construção de sentidos* (Fernandes, 2003).

Continuando a se referir às modificações produzidas nesse período da obra freudiana, A. Green (1999) ressalta ainda que, particularmente com o artigo sobre o fetichismo, Freud (1927) opera uma mudança do modelo da neurose para o modelo da perversão. Em um primeiro momento, ele se interessa pela relação entre a neurose e a perversão – nesse momento, a neurose é descrita como o negativo da perversão –, para, em seguida, debruçar-se sobre a relação entre a neurose e a psicose. Green insiste que, embora esse artigo sobre o fetichismo diga respeito às perversões sexuais, a novidade é a descrição da recusa e da clivagem enquanto mecanismos do ego. O fetichismo assinala a coexistência de dois mecanismos, um negando o que é percebido e outro reconhecendo a percepção. Os dois julgamentos coexistem, um não anula o outro. De fato, no "Esboço de Psicanálise", Freud (1940) retoma mais uma vez o fetichismo para enfatizar que o ego, para se defender de um perigo, recusa uma parte do mundo exterior ou mesmo afasta uma exigência pulsional interior. O ego, para se defender, divide-se, sofre fissuras. Por causa de suas origens, ficará sempre à mercê de suas primeiras diferenciações, o que recoloca a questão das relações do ego com o objeto.

Constatamos assim que as mudanças operadas por Freud no interior da sua construção teórica permitem uma ampliação do campo psicanalítico para além da neurose e da representação, as quais encontravam expressão na hegemonia do recalcamento. A progressiva consideração por parte de Freud dos mecanismos da recusa e da clivagem abre todo um campo de possibilidades para se acolher no interior da metapsicologia e, consequentemente, da clínica psicanalítica, outras modalidades de funcionamento psíquico.

Assim como nos ensina a clínica da anorexia e da bulimia, pode-se pensar que, atualmente, mais do que o modelo da neurose, parece ser o modelo da perversão aquele que, ao colocar em evidência uma lógica aquém do recalcamento e da representação, pode nos ajudar a compreender melhor os desdobramentos subjetivos decorrentes da radicalidade das transformações evidenciadas nos últimos tempos na cultura contemporânea. Conforme vimos, é justamente no texto de Freud sobre o fetichismo, de 1927, que o mecanismo da recusa da castração ganha o centro da cena, juntamente com a clivagem do ego.[3] Ora, não se pode deixar de notar que na clínica contemporânea esses mecanismos têm ocupado lugar de destaque nas estratégias empregadas para se lidar com a angústia – o afeto dominante de nossa época.

Obviamente que evocar aqui a *lógica perversa* não quer dizer que atualmente em nossas sociedades ocidentais estejamos diante de um conjunto de sujeitos perversos, mas tão somente que a configuração do social favorece atualmente o amplo recurso aos mecanismos da recusa e da clivagem, descritos por Freud como típicos da perversão. Indo nessa direção, Jean-Pierre Lebrun (2007, p. 336), fala de "perversão ordinária" e sugere: "Freud conseguiu, no século XX, a operação que consistia, no fim das contas, em tornar a neurose normal. Não deveríamos, forçados pelo remanejamento do laço social que temos assistido, fazer o mesmo com a perversão?".

Isso tem, sem dúvida, consequências clínicas. A principal delas se refere diretamente à transferência. A recusa da alteridade, tão claramente observada na clínica da anorexia e da bulimia, parece também presente em várias outras situações clínicas, como se a dimensão transferencial do sujeito

3 A respeito da clivagem, remeto o leitor também ao texto de Freud "Le clivage du moi dans le processus de défance" (1938).

estivesse atualmente mais ou menos recusada. Faz-se necessário, então, um verdadeiro trabalho de constituição do lugar da transferência. Como diz Lebrun, trata-se "simplesmente de um modo de dirigir a cura que leve em conta o regime de evitamento da subjetivação no qual se inscreve o sujeito contemporâneo" (p. 406). É a subjetividade do analista que é convocada, através da sua presença, a criar as condições de possibilidade para a emergência da transferência enquanto um reduto possível de subjetivação.

Assim, a situação analítica pode surgir como o espaço privado de acolhimento da interioridade, lugar privilegiado, capaz de funcionar permitindo resgatar fragmentos, juntar pedaços, criar sentidos, inventar formas, liberando a atividade fantasmática das suas modalidades defensivas, que parecem, hoje em dia, cada vez mais dar um lugar privilegiado às experiências e sensações corporais. O atendimento das jovens anoréxicas e bulímicas nos revela o caminhar incontornável pelas sensações corporais, no início descritas e investidas como um material de análise que nós, analistas, precisamos nos habituar a ouvir sem preconceitos. É essa disponibilidade de escuta que permite uma passagem desse *corpo recusado* a um *corpo libidinizado*, investido pela presença e pela palavra do analista (Fernandes, 2010).

Essas jovens solicitam de nós uma capacidade para habitar o vazio e a incompletude, transitar pacientemente entre a *vulnerabilidade* e a *ternura*, além de uma disposição psíquica para, criativamente, construir teorias ficcionais que, alimentando nossa capacidade de continuar pensando, nos permitem resistir à travessia do deserto. Com elas, somos confrontados à necessidade de gerenciar as angústias de intrusão, de esfacelamento, de desmoronamento e do vazio e, ainda, à necessidade de levar em conta, ao mesmo tempo, *o corpo e a palavra no manejo da relação transferencial.*

À guisa de conclusão: além do princípio do prazer

Se não se trata aqui de atribuir à anorexia e a bulimia uma causalidade cultural, uma vez que parece estar claro a multifatorialidade etiológica dessas patologias, trata-se, no entanto, de tentar entender de que modo a cultura contemporânea atua como favorecedora e mantenedora de certos modos de funcionamento psíquico, privilegiando a emergência de determinadas patologias e não de outras.

Ora, a clínica psicanalítica reflete de forma exemplar que as mudanças recentes em nossa sociedade parecem impor novos destinos pulsionais, interferindo diretamente em nossa economia libidinal. Assim, parecem favorecer a emergência de patologias que colocam em evidência a lógica do além do princípio do prazer, que ultrapassa em muito o modelo da neurose. Sem dúvida, a clínica psicanalítica da anorexia e da bulimia salienta de forma exemplar a amplitude dessa lógica. As astuciosas manobras empregadas por nossas jovens anoréxicas e bulímicas para manter o corpo sob controle parecem indicar justamente que a vida pulsional acaba se constituindo como uma ameaça para o ego.

Se o destaque atribuído atualmente à anorexia e à bulimia sinaliza hoje uma das formas de expressão do mal-estar contemporâneo, foi a teoria freudiana que me serviu de base para assinalar que ele traz consigo a marca indelével do pulsional. A indeterminação e variabilidade dos objetos e destinos da pulsão apontam que a constituição do sujeito não se organiza por vias previamente fixadas. A diversidade de soluções e de caminhos possíveis lançam o sujeito no desamparo das incertezas, na ausência de *scripts*, exigindo dele a vivacidade e criatividade necessárias para inventar trilhas, atalhos, estradas, em direção a sua busca de satisfação, sabendo, no entanto, da impossibilidade de alcançá-la.

Nessas condições, o trabalho analítico funciona também como o espaço de acolhimento do novo e da repetição que, diferentemente do sintoma, pode mobilizar um tempo instaurador de novas ligações. Um tempo por meio do qual se produzem mudanças nas posições subjetivas tanto do analista quanto do analisando, embora certamente de modo diferente para cada um deles. Sendo assim, não se pode deixar de salientar, ainda, aqui, que um dos obstáculos à escuta do analista é sua representação idealizada dos modelos teóricos disponíveis, isto é, seu anseio de se conduzir conforme o modelo escolhido. É a adesão idealizada do analista à teoria que o impede de recriá-la através da sua escuta. Se o analista cola na *teoria, esta deixa de ter sua ficcionalidade instrumental,* perdendo, como enfatizou P. Fédida (1978, p. 319), "a função de ser metáfora em constante trabalho e tecnicamente articulante da vida psíquica na cura".

Se a abordagem psicanalítica da anorexia e da bulimia permite constatar a complexidade teórico-clínica que a constitui, permite também o reconhecimento incontestável de que se tratam de processos psíquicos que solicitam a *criatividade* dos analistas para abrir possibilidades de construção e reconstrução de sentidos na experiência subjetiva dessas jovens. Apesar das dificuldades e dos muitos desafios, o cotidiano do trabalho analítico com elas permite salientar aquilo que nos interessa – *a insistente singularidade de seu sofrimento* – e o que jamais deixa de nos encantar: *a irredutível imprevisibilidade do humano*. São, portanto, esses dois aspectos que, enfatizando a especificidade do olhar da psicanálise para as formas de expressão psicopatológica do mal-estar contemporâneo, sustentam a fecundidade inerente à escuta analítica e permitem encarar com esperança o delicado trabalho que exige a nossa clínica contemporânea.

O senhor mire e veja, o mais importante e bonito do
mundo é isto: que as pessoas não estão sempre iguais, ainda
não foram terminadas, mas que elas vão sempre mudando.
Afinam e desafinam.
– Fala do personagem Riobaldo em *Grande Sertão: Veredas*,
de Guimarães Rosa.

Referências bibliográficas

ARENDT, H. *A condição humana.* Rio/São Paulo: Forense Universitária, 2000.

ASSOUN, P-L. *Freud et la femme.* Paris: Payot et Rivages, 1995.

BIRMAN, J. *Mal-estar na atualidade*: a psicanálise e as novas formas de subjetivação. Rio de Janeiro: Civilização Brasileira, 2001.

BOURGUIGNON, A.; MANUS, A. Hallucination négative, déni de la réalité et scotomisation. *Annales médico-psychologiques,* 1980:138(2);129-153.

CAFFÉ, M. "O padre-nosso da psicanálise". Em: FERRAZ, F. C.; FUKS, L. B.; ALONSO, S. L. (Org.) *Psicanálise em trabalho.* São Paulo: Casa do Psicólogo, 2012, p. 209-227.

CALDER, A. *Autobiography.* New York: Pantheon Books, 1966.

FÉDIDA, P. "Topiques de la théorie". Em: ______. *L'absence.* Paris: Gallimard, 1978.

FERNANDES, M. H. "L'hypocondrie du rêve et le silence des organes: une clinique psychanalitique du somatique". Villeneuve d'Ascq: Presses Universitaires du Septentrion, 1999.

______. "A hipocondria do sonho e o silêncio dos órgãos: o corpo na clínica psicanalítica". Em: AISENSTEIN, M.; FINE, A.; PRAGIER, G. (Org.) *Hipocondria.* São Paulo: Escuta, 2002. p. 173-192.

______. *Corpo.* São Paulo: Casa do Psicólogo, 2003.

______. *Transtornos alimentares:* anorexia e bulimia. São Paulo: Casa do Psicólogo, 2006.

______. "Le corps fétiche: La clinique miroir de la culture". In : GASPARD, J-L. ; DOUCET, C. (Org.) *Pratiques et usages du corps dans notre modernité.* Toulouse: Érès, 2009. p. 117-127.

______. "O corpo recusado na anorexia e o corpo estranho na bulimia". Em: GONZAGA, A. P.; WEINBERG, C. Weinberg (Org.) *Psicanálise de transtornos alimentares.* São Paulo: Primavera Editorial, 2010. p. 39-69.

______. "O corpo e os ideais na clínica contemporânea". *Revista Brasileira de Psicanálise.* São Paulo: Órgão Oficial da Federação Brasileira de Psicanálise, v.45, n.4, p. 43-55, 2011.

______. "Mãe e filha... uma relação tão delicada..." In MARRACCINI, E. M.; FERNANDES, M.H.; CARDOSO, M.R. (org.) *Limites de Eros*, 2a. Edição. São Paulo: Blucher, 2022. p.105-145.

FERRAZ, F. C. *Tempo e ato na perversão*. São Paulo: Casa do Psicólogo, 2005.

FREUD, S. (1914). Pour introduire le narcissisme. Em: *La vie sexuelle*. Paris: PUF, 1995.

______. (1916-1917). *Introduction à la psychanalyse*. Paris: Payot, 1961.

______. (1917) Complément métapsychologique à la doctrine du rêve. Em: *Oeuvres complètes*. Paris: PUF, 1988; v.13.

______. (1920) Au-delà du principe de plaisir. Em: *Essais de psychanalyse*. Paris: Payot, 1981.

______. (1927). Fétichisme. Em: *Oeuvres complètes*. Paris: PUF, v. 18, 1991.

______. (1938). Le clivage du moi dans le processus de défense. Em: *Résultats, idées, problèmes II*. Paris: PUF, 1995.

______. (1940). *Abrégé de psychanalyse*. Paris: PUF, 1992.

FUKS, M. P. "Questões teóricas na psicopatologia contemporânea". Em: FUKS, L. B.; FERRAZ, F. C. (Org.) *A clínica conta histórias*. São Paulo: Escuta, 2000. p. 201-216.

JEAMMET, P. "Dysrégulations narcissiques et objectales dans la boulimie". Em: BRUSSET, B.; COUVREUR, C.; FINE, A. (Org.) *La Boulimie. Monographies de la Revue Française de Psychanalyse*. Paris: PUF, 1991. p.81-104.

JEAMMET, P. (1999). "A abordagem psicanalítica dos transtornos das condutas alimentares". Em: R. Urribarri (org.) *Anorexia e bulimia*. São Paulo: Escuta, 1999. p. 29-49.

KESTEMBERG, E., KESTEMBERG, J.; DECOBERT, S. *La faim et le corps*. Paris: PUF, 1998.

LEBRUN, J-P. *La perversion ordinaire*. Paris: Denoël, 2007.

LAPLANCHE, J.; PONTALIS, J.-B. (1990). *Vocabulaire de la psychanalyse*. Paris: PUF, 1990.

GUIMARÃES ROSA, J. *Grande sertão: veredas*. Rio de Janeiro: Nova Fronteira, 1986.

GREEN, A. "Genèse et situation des états limites". Em: ANDRÉ, J. (Org.) *Les états limites*. Paris: PUF, 1999. p. 23-68.

VALÈRE, V. *Le Pavillon des enfants fous*. Paris: Stock, 1978.

Mal-estar na psicanálise: a corporeidade na clínica virtual

MARINA FIBE DE CICCO

Antes da pandemia, já havia em psicanálise um amplo debate sobre o estatuto metapsicológico do corpo, a derrocada dos vínculos ancorados na corporeidade na tecnocultura e a pertinência dos atendimentos remotos. Com a necessidade de isolamento social, sessões por telefone, Skype, Zoom, Facetime e Whatsapp tornaram-se regra, e as publicações psicanalíticas a respeito do tema atestam que sim, o atendimento a distância funciona – e veio para ficar.

Continuamos, porém, formulando mais perguntas do que respostas sobre o *setting* psicanalítico virtual. As reflexões mais interessantes são as que não buscam exercer julgamentos, mas descrever o que se passa, sem que precisemos ser nem reacionários, no sentido de nos opormos às mudanças, nem entusiastas. Dito de outra forma, podemos aceitar o desafio e nos preparar solidamente para encará-lo sem esquecer que há consequências em se fazer essa inflexão do dispositivo.

Em editorial da *Revista Brasileira de Psicanálise* dedicada à pandemia e a clínica virtual, Marina Massi (2020) elenca a "não corporeidade e suas limitações" como um dos aspectos dos atendimentos remotos mais citados pelos autores da publicação. A leitura da revista indica que fenômenos que envolvem o corpo e a sensorialidade de analista e analisando, sem dúvida, têm lugar nos atendimentos virtuais, mas penso ser urgente indagar: se uma das grandes questões para a psicanálise deste século é como trazer *o corpo* de volta para a conversa analítica, e se finalmente entendemos que o corpo do terapeuta é ele mesmo um importante invariante do enquadre, sobre o qual projetam-se conteúdos por vezes dos mais primitivos (Lemma, 2014), como conceber análises virtuais? Estaríamos renegando o reconhecimento da importância da realidade do corpo para o psiquismo e o trabalho analítico, ameaçando pôr em risco o progresso feito nas últimas décadas na direção de reinserir a corporeidade de analista e analisando no pensamento clínico?

No texto "Máquinas da Empatia: Esquecendo o Corpo" (2018), indispensável aos analistas do século XXI, Sherry Turkle, professora de Estudos Sociais de Ciência e Tecnologia do MIT (Massachusetts Institute of Technology), afirma que a cultura digital é a cultura do apagamento do corpo, levando-nos a esquecer o que ela pode apenas simular – a corporeidade, isto é, a materialidade do corpo encarnado. Turkle declara categoricamente que a psicanálise tornou-se ingênua ao se deparar com a tecnologia, e que embora profundamente enraizada nas questões do corpo, não se mostrou imune ao seu esquecimento. Por isso, analistas de todo globo, anos antes da pandemia, teriam aderido com entusiasmo às análises a distância.

Para a autora, apesar de ser a psicanálise a mais ferrenha defensora da presença e de devermos a ela os mais sofisticados textos sobre a relação entre o corpo e as palavras, a análise por meios virtuais teria se tornado tão banal e louvável "que faz sentido nos perguntarmos se eles (analistas) defenderão a presença física como o padrão ouro para o desenvolvimento e expressão da intimidade e empatia" (2018, p. 30-31). Turkle prossegue: "por que os príncipes do relacionamento entre mente e corpo são tão rápidos em abandonar o corpo e o que isso traz à nossa compreensão?" (2018, p. 38). Sua hipótese é que o aparente encantamento dos analistas com a tecnologia teria origem defensiva. Afinal, trabalhar com nossos corpos, com a empatia encarnada, com o modo confuso de estarmos com nossos pacientes, seria possivelmente algo de que sempre quisemos fugir, e as ferramentas virtuais estariam nos dando essa chance:

> A psicanálise, em toda a sua 'impossibilidade', é estressante para a mente e o corpo do analista. Distanciar-se torna tudo mais fácil. E

> agora nos permitimos uma saída de alta tecnologia, uma maneira de pensar que estamos fazendo mais ou menos a mesma coisa de antes. Na verdade, talvez melhor do que fizemos antes, segundo certas métricas. Melhor, porque com a distância podemos nos concentrar nas palavras. (Turkle, 2018, p. 38)

As contundentes e bem fundamentadas críticas de Turkle são valiosas para não nos deixarmos seduzir ingenuamente pelo atendimento virtual, mas a dificuldade dos analistas em se haver com a realidade do corpo antecede em muito a explosão dos atendimentos on-line. Fernandes (2003) lembra que, por fazer da linguagem seu material privilegiado de trabalho, a psicanálise foi alvo de críticas fáceis, centradas no argumento de que negligenciaria o corpo ao ocupar-se exclusivamente do reinado do discurso. Por muito tempo os analistas efetivamente limitaram a leitura da experiência clínica ao registro das representações e significantes dos processos psíquicos, excluindo do campo tudo que não pudesse ser representado em palavra. A respeito do tema, Joel Birman (1998, apud Fernandes, 2003) ressaltou que restringir a experiência analítica ao mundo da representação teria favorecido "uma espécie de 'recalcamento' da problemática do corpo na psicanálise" (p. 20).

Para Fernandes, porém, o recalcamento da realidade do corpo (em Freud, *Körper*) teria sido obra da tradição psicanalítica pós-freudiana "que viu, durante muito tempo, a preocupação com a questão do corpo na psicanálise como uma espécie de heresia epistemológica, como um atentado contra a pureza da psicanálise" (2003, p. 115). Em Freud, a materialidade do corpo estaria sempre lá, nas origens do psíquico, obrigando o aparelho a um monumental trabalho de ligação. Apesar de ter privilegiado o corpo da representação, e, assim, afirmado a eficácia da psicanálise no tratamento das neuroses, Freud jamais teria submetido o corpo ao reinado da pura representação (2003, p. 116).

Em minha pesquisa de mestrado, investiguei fenômenos clínicos caracterizados pela forte presença do corpo e atuações, não só do paciente, mas também do analista (De Cicco, 2020). Sabe-se que a corporeidade do terapeuta é território pouco explorado na teoria psicanalítica, mas toda sua expressividade corporal, gestos e atos devem ser alvo de atenção, pois o trabalho analítico pode exigir que seu corpo entre na conversa. Interessa-me a hipótese de o apagamento teórico-clínico do corpo do analista ter resultado em uma psicanálise neurótica, temerosa do corpóreo e do primitivo e, portanto, embotada em sua potência terapêutica.

A respeito da copresença e da potencialidade do toque nos atendimentos presenciais e remotos, Sabbadini (2014b, p. 27) pondera:

> É verdade que os pacientes que usam o divã têm apenas alguns breves momentos para olhar para seus analistas no início e no final das sessões, e os analistas sentados em uma poltrona atrás de seus pacientes têm acesso visual limitado a seus corpos. Também é verdade que o contato físico entre eles é quase totalmente inexistente, e que outras modalidades perceptivas (como o olfato) apenas raramente desempenham um papel significativo na relação analítica. No entanto, a mera possibilidade de, digamos, contato corporal entre eles, seja de natureza erótica, afetuosa ou agressiva, é central para a experiência (real e transferencial) que terapeuta e paciente têm um do outro. A ausência dessa possibilidade nas análises por Skype, portanto, não é indiferente.

O pensamento de Sabbadini se expande com a reflexão trazida por Zygouris em conferência de junho de 2021 ("*Psicoterapia e psicanálise – sob a ótica atual*"), em que a autora destaca as consequências de o atendimento virtual excluir duas possibilidades "arquetípicas" do campo transferencial: a agressão mútua (no limite, o assassinato) e a relação sexual terapeuta-paciente. Além dessas passagens ao ato mais extremas, há gestos ou atos analíticos que não têm como se dar nos atendimentos remotos, como quando Boraks (2012), ao tomar as mãos de sua paciente entre suas duas mãos, na despedida da sessão, consegue transmitir a ela uma qualidade afetiva indizível, criando um ponto de virada na análise; ou quando Zygouris (2011), em ato espontâneo, quase intempestivo, se levanta durante a sessão, pega um espelho e o coloca na frente de seu paciente, detonando uma série de associações significativas e surpreendentes (apud De Cicco, 2020, p. 64 e p. 83).

Por outro lado, classificações fáceis, que barateiam a complexidade da questão, não têm lugar. Afinal, Freud provavelmente chamaria de virtuais ou remotas as análises presenciais de uma ou duas vezes por semana de hoje. Parece mais razoável interrogar, por exemplo, se nos atendimentos à distância haveria uma acomodação às resistências, ao invés de sua análise, ou, pelo contrário, se o analisando, desinibido da presença corporal do terapeuta, pode ficar menos defendido. E no caso do analista, haveria uma experiência de perda de corporeidade e maior cansaço ou, inversamente, uma presença mental de mais qualidade pela maior liberdade do corpo – e aqui se coloca possivelmente uma diferença entre os atendimentos remotos com e sem vídeo –, já não confinado a uma poltrona por horas seguidas?

Sabe-se ainda que diferentes enquadres convocam diferentes fenômenos psíquicos, o que deveria nos servir de guia de raciocínio clínico e de passaporte para flexibilização do *setting*. Dito de outra forma, os analistas devem cada vez mais considerar o *setting* e suas variações se quiserem promover/convocar fenômenos psíquicos, ativar/vitalizar conflitos ou mesmo partes da personalidade dos pacientes que fiquem de fora do enquadre/processo analítico habitual. O formato presencial favorece a ocorrência de certos fenômenos, mas diferentes conteúdos virão à tona dependendo, por exemplo, de se usar o divã ou a disposição face a face. Analogamente, os atendimentos telefônicos provocam outros modos de comunicação consciente/inconsciente, também eles diversos dos processos de simbolização que têm lugar na modalidade de atendimento on-line com vídeo.

Ao relatar uma análise conduzida predominantemente pelo telefone, Scharff (2014b) lembra que, em sessões presenciais, as mentes inconscientes do analista e analisando interagem no contexto da presença corporal, evocando desejo e abstinência, e dando acesso a comportamentos abastecidos de memórias. Ela prossegue:

> Quando uma rota de comunicação é bloqueada pelo trabalho no telefone, outras rotas compensam por causa dos canais de comunicação modais cruzados (Anderson *et al.* 2009). A comunicação inconsciente pode ocorrer nas rotas auditivas, visuais e sensoriais. A linguagem está incorporada no sistema sensório-motor ressonante: as palavras despertam emoções. (2014, p. 57)

O atendimento a distância talvez nos prive de intervenções fundadas no compartilhamento da corporeidade, mas analistas como Mariangela Mendes de Almeida (2020), que narra sua experiência no atendimento on-line a bebês e crianças em risco ou com funcionamento autístico, ressaltam que nem por isso a sensorialidade fica fora de cena. Almeida afirma ter notado nos atendimentos on-line uma "busca de fios de contato 'por todos os poros', de disponibilidade e conexão emocional por vários canais sensoriais" (2020, p. 67). Scharff (2014b) também pondera que nas análises por telefone ou Skype, tanto quanto no atendimento presencial, o analista privilegia a conversa, e não a interação corporal, mas, por depender da fala e da escuta como o principal modo de troca, as análises a distância podem evocar uma série de manifestações calcadas nas variações relativas do predomínio dos sentidos da visão ou audição. Em relação à difusão e intensidade da sensorialidade nas sessões remotas, a autora faz referência à clínica de um colega, homem, no atendimento a uma mulher:

> [...] continuando na análise por telefone com uma paciente que teve que se mudar após um período de análise pessoal, Hanly (2007) aprendeu que elementos eróticos de sua transferência foram evocados porque ela podia imaginá-lo como um homem mais jovem, sem contradição visual, e uma transferência materna dependente (antes coberta pela transferência paterna nas sessões presenciais) foi revelada devido à hipercatexia de sua voz calmante. Com efeito, sem a presença libidinal do corpo, o telefone privilegia a semiologia da voz. (2014, p. 55)

A eficácia dos atendimentos virtuais em casos de alta complexidade é possível também porque, como lembra Scharff (2014b), a transferência e a contratransferência acontecem via telefone e internet como na análise presencial, assim como as resistências: esquecimentos na hora de ligar, falar de modo inaudível, silenciar ou conversar com o analista como se numa chamada telefônica cotidiana, atrasar o pagamento etc. Sonhos e associações livres fluem mais facilmente, com frequência, para os analisandos inibidos pela presença corporal do analista. Finalmente, a autora declara: "mesmo que não possamos ver o analisando na teleanálise, o corpo participa da conversa" (2014, p. 53-56).

Para ilustrar sua colocação, Scharff relata uma poderosa identificação projetiva no caso por ela apresentado, na qual começou a tossir incontrolavelmente, o que terminou por trazer à tona cenas de um abuso sexual sofrido pelo analisando. O paciente, senhor M., revelou que nas sessões presenciais, ocasionais, se sentia mais distante do analista do que no atendimento telefônico. A analista considera que, devido ao histórico de abuso sexual, o senhor M. achava sua presença física ao mesmo tempo tranquilizadora e ameaçadora, principalmente quando vinha à tona o material sexual traumático que o enjoava (2014, p. 55-56).

Minha paciente P. queixa-se de seu vício em pedir comidas pelo aplicativo do celular. Suas compulsões alimentares a acompanham há décadas, mas recentemente adquiriram a forma de uma compulsão por fazer pedidos de comida on-line. Sua dificuldade de estabelecer contato comigo é grande, sua fala é abundante, mas desconexa, banhada em angústias que fragmentam suas associações, tornando-as quase ininteligíveis. A bolsa nunca sai de seu colo, e ela relata um recente relacionamento em que discussões exclusivamente por mensagens de Whatsapp eram a regra. Mesmo que o casal estivesse na mesma casa, só falavam por mensagens, cada um em um cômodo diferente. Memórias de abuso sexual pairam no campo analítico, faltas são frequentes, e a maior parte do tempo sinto que, embora ela fale a sessão toda, não consigo acessá-la. São frequentes relatos de sensações de estranheza em relação a seu corpo, de ser "grande demais", e por um longo período da análise ela parece encolhida, constrangida ou intimidada com nosso contato, apesar de tentar se apresentar de forma alegre, comunicativa e sociável.

Exemplos como esses, que não por acaso têm em comum um histórico de abusos sexuais traumáticos, nos tornam mais agudamente conscientes dos efeitos da copresença física, que pode ser tanto catalisadora quanto inibidora do fluxo de associações. Passamos a considerar com mais demora o que pode ser evocado pelo compartilhamento de uma sala com o estranho íntimo analista. Para analisandos com conflitos em relação à intimidade e proximidade, a copresença pode ser fonte de grande ansiedade. Para muitos de meus pacientes que se mostravam mais inacessíveis, hoje entendo que o analista era quase um abusador ou agressor em potencial. O atendimento remoto mostra-se menos ameaçador para pacientes extremamente traumatizados, que podem se beneficiar do estabelecimento de intimidade por aproximações sucessivas.

Interessantemente, ao nos debruçarmos sobre o *setting* on-line, temos a oportunidade de refletir sobre a artificialidade do *setting* tradicional e sobre o potencial que *também ele* pode ter de incrementar resistências, ou o quanto pode ser absolutamente inadequado para alguns pacientes. Como sempre, a possibilidade de analistas e pacientes se beneficiarem ou ressentirem do uso de diferentes modalidades depende estreitamente das particularidades do campo intersubjetivo instalado em dupla.

Virtualidade e tristeza

O filósofo italiano Franco Berardi diz que a pandemia criou um colapso do corpo. Obrigados ao isolamento, à inação e impossibilitados de desfrutar do compartilhamento de espaços, toques e afetos, nos vimos cada vez mais conectados e menos juntos.

Ao relembrar sua estada na renascente Manhattan dos anos 1980, povoada de artistas e jovens que, convidados pelo prefeito da época, deram nova vida a áreas decadentes da cidade, Berardi (2020, p. 180) escreve:

> Músicos, artistas e *techies* transformaram a cidade em uma espécie de laboratório para futuros possíveis. As artes visuais, a música e todos os tipos de drogas e de prazeres eróticos inundavam essas vizinhanças dia e noite.
>
> E então veio a Aids. A Aids tornou o prazer perigoso, colocou a autopercepção em jogo e dissolveu a comunidade do erótico e a amizade igualitária que vinham florescendo ao redor do mundo havia 20 anos. A transição de formas conjuntivas de comunicação para a pureza digital da conectividade foi inaugurada pela disseminação desse retrovírus. Como a epidemia engendrou o medo do contato físico e dissolveu a própria possibilidade de se imaginar a felicidade, as energias sociais migraram do espaço da conspiração (a respiração em conjunto) para o espaço da comunicação incorpórea. Não quero

> sugerir que a involução cultural generalizada que marcou os anos 1980 e abriu caminho para a privatização e para a precarização possa ser reduzida à crise da Aids, mas é fato que a identificação por ela trazida entre prazer e doença foi aos poucos transformando a vida social em um deserto [...] Quando o contato com o corpo do Outro passou a ser percebido como um perigo – e quando essa noção de perigo criou raízes no inconsciente social –, a linguagem transmigrou da esfera conjuntiva para a conectiva. A essa altura, a tristeza se instalou na alma social.

O pensamento de Berardi (2020) convida os analistas a refletirem sobre seu entusiasmo com o ambiente virtual considerando a busca de pureza e evitação de contágio que são a marca da pandemia. O autor nos faz pensar ainda no papel social que devemos ou queremos ter. A psicanálise costuma estar do lado de quem denuncia a tristeza apontada por Berardi, considerando que a desagregação da comunidade de corpos, para usar suas palavras, pode ser tida como ponto de partida para a depressão.

A hipótese de a "paralisia da empatia sexual", como diz também Berardi (2020, p. 182), estar entre as motivações dos analistas para o uso tão entusiasmado das máquinas é corroborada em diversos textos e publicações psicanalíticas que denunciam a evitação do corpo e a tentativa cada vez mais feroz de apagar o que ele representa – o sexo, a castração, a morte – na cultura contemporânea. Assim, é preciso pensar se a perpetuação da bem-sucedida experiência do atendimento psicanalítico telefônico/virtual durante este período de exceção seria uma atuação do receio inconsciente coletivo de contato corporal, com a potência de caos, atritos e impurezas que comporta. E atentar também para que essa maior familiaridade com o virtual não contribua para a normalização do não compartilhamento da corporeidade típico da era digital.

Berardi se debruça sobre fenômenos psicossociais e se pergunta sobre as novas gerações, constatando uma fragilidade crescente das relações afetivas e um aumento das patologias mentais (2020, p. 84-85). Para ele, o indivíduo formado no ambiente digital "tende a perder sua sensibilidade às nuances da existência e à ambiguidade da comunicação conjuntiva" (2020, p. 175-176).

Para entendermos o sujeito formado no ambiente digital, a adolescência, como sugere Bonaminio (2014b), pode ser nosso observatório privilegiado, dada sua função de link cultural entre gerações. Sendo um observatório, a adolescência nos dá a chance de ver quase em tempo real quão rápidas, avassaladoras, transitórias e "intangíveis" são as correntes mudanças sociais nas formas de pensar e representar as realidades interna e externa. "A adolescência põe em evidência aspectos do mal-estar na civilização, e, junto com estes, os incômodos do analista que tem que encará-los" (2020, p. 100).

A paciente Y, 12 anos, com sintomas de uma anorexia restritiva recente e emagrecimento vertiginoso, tem um longo histórico de problemas de saúde e mantém a família refém de seus instáveis desejos de ir ou não a médicos e consultas programados. Em nossas sessões, apesar de certa inibição, inicialmente estabelece um bom contato, mas logo passa a trazer o telefone para os atendimentos e jogar *Fortnite* durante boa parte do tempo. A princípio, peço que me conte como o jogo funciona, converso sobre o que se passa na tela, do que ela gosta no game, as ferramentas que usa etc. Aos poucos, porém, ela parece tragada pela realidade artificial, com gritos de excitação quando "ganha" e reações de grande decepção quando "perde", pois quer ser a vencedora. A possibilidade de usar o jogo como material ou forma de aproximação parece perder-se, ela se retrai e aparentemente me exclui de seu horizonte mental, embora pareça buscar meu testemunho. Paralelamente, a mãe faz uma série de atuações que ameaçam a análise, entre elas confusões com horários, pagamentos e tentativa de escutar o que se passava nas sessões.

Existem três versões do jogo Fortnite, sendo que Fortnite Battle Royale, em particular, tornou-se um sucesso retumbante – atraindo mais de 125 milhões de jogadores em menos de um ano, ganhando centenas de milhões de dólares por mês e se tornando um fenômeno cultural". A descrição da Wikipédia prossegue explicando que o game, para até 100 jogadores, pode ser jogado individualmente, em duplas ou equipes. Inicialmente, jogadores desarmados vasculham o território em busca de recursos que lhes possibilitem permanecer vivos e atacar e/ou eliminar os outros jogadores (adversários). A área segura vai diminuindo com o passar do tempo, o que força os jogadores sobreviventes a confrontos mais frequentes. O jogador que permanecer vivo por último é o vencedor.[1]

Alessandra Lemma (2014b), em artigo sobre o uso excessivo do ciberespaço e as tarefas psíquicas envolvidas na apropriação subjetiva de uma imagem de corpo sexuado na adolescência, ressalta que, nesse período, o desejo de negar a realidade do corpo e as ansiedades relacionadas costuma estar no auge para alguns jovens. O mundo digital, no qual o corpo real é subsumido pela imersão sensorial na realidade bidimensional dos games, pode ser facilmente viciante para jovens que veem o afastamento de relações mediadas pela presença física como a única solução para seus problemas de relacionamentos internos e externos. A realidade virtual permite atingir um estado de incorporeidade que possibilita a realização de desejos de negação da alteridade, controle e dominação onipotentes. Pesquisas teriam mostrado associação entre solidão, baixa autoestima, timidez, depressão e ansiedade social e o uso excessivo de diversas formas de realidade digital (2014b, p. 76-77).

No ciberespaço, Y reivindicava a ilusão infantil de onipotência e "driblava" a perturbação inerente a habitar seu corpo. Na realidade paralela do Fortnite, o corpo se torna um instrumento para autoafirmação, ao invés de base da conectividade com os outros; velocidade e controle excitantes substituem o outro real, que nunca pode ser totalmente dominado pelo self – daí a conveniência de encapsular-se na tela e evitar o contato comigo.

A adolescência, para Moses e Egle Laufer (1984, apud Lemma, 2014b), põe em primeiro plano a importância do corpo na vida mental e impõe ao psiquismo uma colossal tarefa: integrar a realidade do corpo sexual maduro à representação de si, o que está estritamente ligado ao conflito edípico e ao ressurgimento de ansiedades primitivas de separação e dependência de figuras parentais. Laufer (1968, apud Lemma, 2014b) levanta uma questão subjacente a tantas manifestações clínicas da adolescência, inclusive os transtornos alimentares: o corpo é sentido como pertencendo ao jovem ou à mãe?

1 Disponível em: en.wikipedia.org/wiki/Fortnite. Acesso em: jul. 2022.

Quando as angústias derivadas da sexuação e separação do corpo da mãe são muito intensas, surge a necessidade de criar uma imagem corporal idealizada, como a dos avatares dos games, carregada de fantasias onipotentes que continuam sustentando a ilusão de fusão com o corpo da mãe. Isso pode resultar em uma negação da realidade das mudanças sexuais e um *splitting* marcado do corpo (Laufer & Laufer, 1984 apud Lemma, 2014b). Sabemos que, para alguns jovens, especialmente nos casos de transtornos alimentares, o corpo pode ser sentido como um obstáculo que deve ser constantemente domado e sobre o qual é preciso triunfar, o que pode ser feito negando-se suas necessidades (fome, sexualidade) e fugindo para um mundo em que a angustiante alteridade do corpo possa ser controlada – seja o mundo virtual ou a imersão no transtorno alimentar.

Assim, é preciso ter em vista a realidade sociocultural sem esquecer a preciosa contribuição da psicanálise: atenção às configurações subjetivas e aos tramados edípicos nos quais os jovens estão capturados, pois muitos adolescentes com sintomas alimentares, e tantos outros com problemáticas variadas, cujas análises enfrentam grandes resistências, têm em comum seu pertencimento e subjugação, mais ou menos bem disfarçados, à mãe e seu desejo – e a consequente interdição do estabelecimento da intimidade com qualquer outro, incluindo o analista, que sinalize alguma separação e ameace a fidelidade do jovem à mãe. Um velho tema que continua atual, especialmente no contexto de recolhimento narcísico (secundário à fragilização subjetiva) e deserotização inerentes à digitalização da vida, ameaçando ainda mais os jovens de serem eternos cativos dos primeiros objetos.

Conclusão

O objetivo do artigo foi chamar atenção para os determinantes culturais que possibilitam a consolidação da psicanálise a distância, buscando apontar o desafio contido em poder tomar parte na cibercultura – para observá-la desde dentro e oferecer resistência a seus aspectos nefastos – sem nela perder-se, e sem ignorar o enfraquecimento da dimensão erótica e atomização da existência que servem de contexto à difusão do atendimento *on-line*.

É inegável que a comunicação virtual, como nunca antes, torna possíveis mecanismos de distanciamento que podem servir como base, no nível social, para o que Herzfeld (1992, apud Lemma; Caparrotta, 2014b, p. 3) chamou de "produção social da indiferença". Ainda assim, condenar os atendimentos remotos seria fazer certa confusão entre os prejuízos mais gritantes da cibercultura (precarização da afetividade e do estabelecimento de intimidade, dificuldade de reconhecer, habitar e compartilhar a corporeidade) e o que se passa nas análises à distância.

Afinal, é importante lembrar que o dispositivo analítico como o conhecemos, que busca liberar o fluxo inconsciente de representações de suas amarras, usando o objeto analista como força de atração, nunca seguiu os moldes das relações reais corriqueiras. As formas tradicionais de fazer psicanálise também comportam alto grau de virtualidade, artificialismo e recusa de inclusão da realidade do corpo de analista e analisando na conversa, como visto no início do artigo. Lemma e Caparrotta (2014b, p. 15-16), ao apontarem a estranheza da situação analítica tradicional, ponderam que, nas sessões analíticas, a realidade comum de um encontro socialmente ordinário

> é parcialmente suspensa para criar este novo espaço físico e metafórico artificial – uma espécie de espaço virtual que existe dentro de um determinado período de tempo: após 50 minutos, esse enquadre é 'desligado', como se fosse possível desligar o computador quando o paciente sai da sala e se reconecta com sua realidade lá fora.

Por outro lado, se é verdade que nos atendimentos remotos o analista, diferentemente de um avatar, mantém seu estatuto de *outro* que desafia o psiquismo a trabalhar, nas sessões a distância haveria de cara um estreitamento da dimensão da alteridade, que começa na possibilidade de fazer o terapeuta aparecer e desaparecer com um clique e de o paciente manter-se habitando um espaço *seu* (casa, escritório, carro, o que for), de modo que o enquadre fica mais próximo a uma extensão de si. O investimento nas agruras do processo pode ser menor sem impedir que a análise se dê – não há o movimento de sair de casa, encarar o transporte e o trânsito para chegar em um outro lugar, dividir o espaço *do analista* com ele, e coabitar um campo em que é preciso negociar o espaço a ser ocupado pelo corpo de cada um. Dito de outra forma, mesmo que realidade e virtualidade estejam presentes nos atendimentos remotos tanto quanto nos presenciais, talvez nestes uma bem-vinda dose de alteridade seja de saída maior, tocando "o cerne daquilo que tentamos penosamente compreender com nossos pacientes em nossas práticas diárias: como administrar o ser-consigo mesmo e com os outros" (Lemma; Caparrotta, 2014b, p. 3).

Para finalizar, cito o psicanalista Harvey Schwartz, que termina sua entrevista na *Revista Brasileira de Psicanálise* sobre pandemia e a clínica virtual (2020, p. 27) dizendo:

> [...] eu me preocupo com aqueles que estão em formação e, tanto como analisandos quanto como analistas, têm limitada proximidade física com seu parceiro de clínica. Estudantes que estão aprendendo a distancia muitas vezes ficam perdidos quando seus pacientes presenciais reagem à sua presença. Minha esperança é de que, qualquer que seja o futuro da proximidade física, pelo menos alguns de nossos analistas em formação possam descobrir o poder da intimidade do corpo para estimular nossa imaginação.

Analistas em formação e todos aqueles que trabalham com psicanálise devem cuidar para que, independentemente do futuro da proximidade física, continuemos a lembrar de onde partimos, prontos a experimentar a copresença e propagar sua potência.

Referências bibliográficas

ALMEIDA, M. M. "Pandemia e trabalho psicanalítico, do presencial ao remoto". *Revista Brasileira de Psicanálise*, vol. 54, n. 3, p. 65-80, 2020.

BERARDI, F. *Asfixia*: capitalismo financeiro e a insurreição da linguagem. São Paulo: Ubu, 2020.

BONAMINIO, V. "'A perfect world' and its imperfections: psychoanalytic clinical notes on adolescence and virtual reality". Em: Lemma, A.; Caparrotta, L. (orgs). *Psychoanalysis in the technoculture era.* Londres e Nova York: Routledge, 2014b, p. 97-113.

DE CICCO, M. F. *Muito corpo, poucas palavras:* clínica dos casos-limite. São Paulo: Sá, 2020.

FERNANDES, M. H. *Corpo*. São Paulo: Casa do Psicólogo, 2003.

LEMMA, A. "The body of the analyst and the analytic setting: reflections on the embodied setting and the symbiotic transference". *International Journal of Psychoanalysis*, abr. 2014a; 95(2): 225-44.

______. "An order of pure decision: growing up in a virtual world and the adolescent's experience of the body". Em: Lemma, A.; Caparrotta, L. (orgs). *Psychoanalysis in the technoculture era.* Londres e Nova York: Routledge, 2014b, p. 75-96.

______. Caparrotta, L. "Introduction". Em: Lemma, A.; Caparrotta, L. (orgs). *Psychoanalysis in the technoculture era.* Londres e Nova York: Routledge, 2014b, p. 1-21.

MASSI, M. "Pandemia e a clínica virtual – Editorial". *Revista Brasileira de Psicanálise*, vol. 54, n. 3, p. 17-18, 2020.

SABBADINI, A. "New technologies and the psychoanalytical setting". Em: Lemma, A.; Caparrotta, L. (orgs). *Psychoanalysis in the technoculture era.* Londres e Nova York: Routledge, 2014b, p. 23-32.

SCHARFF, J. S. "Clinical issues in analysis over the telephone and the internet". Em: Lemma, A.; Caparrotta, L. (orgs). *Psychoanalysis in the technoculture era.* Londres e Nova York: Routledge, 2014b, p. 47-61.

SCHWARTZ, H. J. "Entrevista". *Revista Brasileira de Psicanálise*, vol. 54, n. 3, p. 23-28, 2020.

TURKLE, S. "Empathy machines: forgetting the body". Em: Tsolas, V.; Anzieu-Premmereur, C. (orgs.) *A psychoanalytic exploration of the body in today's world:* on the body. Taylor and Francis. Edição do Kindle, 2018, p. 30-43.

ZYGOURIS, R. *Psicoterapia e psicanálise – sob a ótica atual.* Conferência realizada no CEP- Centro de Estudos Psicanalíticos, em 12 de junho de 2021. Anotações pessoais.

As problemáticas na diferenciação entre mães e filhas: um estudo de caso[1]

MARINA J. ABUD DA SILVA
MARINA F. R. RIBEIRO
DAINA BITTAR

Este artigo apresenta um estudo de caso realizado a partir do atendimento psicanalítico de uma menina, Mirela.[2] O atendimento em questão se deu durante um período de dois anos, entre os cinco e sete anos da criança. A hipótese defendida aqui é a de que os sofrimentos apresentados por essa paciente estariam relacionados com uma grande dificuldade de realizar a diferenciação necessária entre ela e sua mãe.

Diante disso, a trajetória proposta por este trabalho é a seguinte: inicialmente, forneceremos um resumo do caso clínico, apresentando o estado inicial em que a paciente se encontrava quando chegou para análise e as principais questões que apareceram ao longo do atendimento. A partir disso, discutiremos o conceito de *ilusão simbiótica*, cunhado por Hendrika Halberstadt-Freud, visando melhor compreender o aspecto simbiótico das relações entre mães e filhas, tal como no caso clínico em questão. Além disso, traremos o conceito de *cilada narcísica* de Eric Bidaud para mostrar como as suas elaborações sobre a anorexia são relevantes para a compreensão do caso, apontando para um comum e preocupante desdobramento deste tipo de relação mãe-filha. Abordaremos, também, o conceito de *império do mesmo*,

1 Artigo publicado na revista *Estilos da Clínica*, 2019, v. 24, nº 3, p. 471-481 – São Paulo.

2 Tanto o nome da menina quanto o da mãe são fictícios.

de Jacques André, mostrando de que maneira esse autor reflete acerca das relações entre mães e filhas, e como essas reflexões ajudam a pensar o caso clínico. Por fim, traremos as elaborações de Marina F. R. Ribeiro, revelando como a *hostilidade pode empreender a separação entre mães e filhas*, de forma que, no caso clínico, o aparecimento do ódio na relação transferencial aponta para a possibilidade de uma maior diferenciação entre mãe e filha e, consequentemente, um desenvolvimento psíquico da feminilidade mais saudável para a paciente.[3]

Método

O método é um estudo de caso a partir do atendimento psicoterapêutico realizado no Centro Escola do Instituto de Psicologia da Universidade de São Paulo. Para tanto, utilizaram-se as anotações realizadas após cada sessão com a paciente, além dos registros de conversas com a mãe, com o pai e a com a escola. A partir disso, selecionaram-se vinhetas clínicas desse atendimento que contribuíam, de forma ilustrativa, para a compreensão a respeito das questões psíquicas produzidas quando uma relação entre mãe e filha não suporta a diferenciação necessária entre ambas. Para fundamentar teoricamente o caso clínico, faz-se uso de conceitos da psicanálise que tratam sobre o tema da transmissão da feminilidade entre mães e filhas.

Resumo do caso clínico

Logo na primeira sessão realizada unicamente com Mirela, a analista já pôde perceber aspectos significativos da vida psíquica da menina. Durante o atendimento, Mirela repetidamente dizia temer que a mãe, Aline, estivesse escutando atrás da porta, pedindo extremo sigilo sobre o que era conversado naquele espaço. Mirela falou que caso seus pais soubessem o que ela estava dizendo, todos eles morreriam, mostrando-se muito angustiada com

3 O presente estudo se constituiu tendo como inspiração a pesquisa de doutorado de Marina Ribeiro (2011); ou seja, estamos seguindo a mesma linha de autores apresentada na tese, a saber: Bidaud, Halberstadt-Freud e J. André.

essa possibilidade. Mirela, então, contou que não gostava do pai, chamando-o de "louco", "ladrão" e "muito chato", já que ele havia jogado fora a espada com a qual ela brincava com a mãe. Por outro lado, disse que gostava muito da mãe, que elas eram grandes amigas, e que apreciava estar sempre na sua presença. Mirela falou sobre momentos de intimidade entre as duas, nos quais a criança e a mãe trocavam "lambidinhas", revelando que Aline a deixava dar "mamadinhas" em seu peito sem o pai saber. Mirela prosseguiu contando que a mãe dormia em seu quarto, não por um pedido seu, mas sim porque a mãe não queria dormir com o pai, já que ele "deitava em cima dela, e ela (Aline) não gosta disso". Quando indagada sobre como ela se sentiria caso a mãe decidisse dormir com o pai, Mirela respondeu que também não gostaria que isso acontecesse.

Trago, a título ilustrativo, essa primeira sessão com Mirela, pois esse relato apresenta importantes conteúdos que se desenvolveram mais intensamente ao longo dos dois anos de análise. A partir das queixas trazidas por Aline e do que foi exposto desta sessão, é possível perceber que existia uma dificuldade de separação entre mãe e filha, que pareciam ter estabelecido um pacto mútuo, no qual Mirela deveria permanecer no lugar de bebê, e Aline só poderia existir enquanto mãe.

Ilusão simbiótica

A partir do conceito de simbiose, a autora Hendrika Halberstadt-Freud (2001), ao propor uma reflexão sobre as relações entre mães e filhas, cunha o termo *ilusão simbiótica* em seu artigo: "Electra Cativa. Sobre a Simbiose e a Ilusão Simbiótica entre Mãe e Filha e as Consequências para o Complexo de Édipo".

Ela inicia seu texto afirmando que toda menina tem duas tarefas principais para realizar, a fim de se tornar uma mulher independente e emocionalmente equilibrada: separar-se, de forma suficiente, da imagem materna que possui em seu consciente e inconsciente, e, depois, descobrir sua sexualidade, aceitando sua identidade sexual. Assim sendo, pode-se afirmar que separação e sexualidade caminham lado a lado na construção da feminilidade na mulher, de modo que o desenvolvimento sexual pode estimular a separação ou, contrariamente, o bloqueio na separação pode levar a um bloqueio no desenvolvimento sexual. Segundo a autora (2001, p. 149):

> Para as meninas, então, podemos concluir que a separação da mãe parece ser um processo gradual e sem fim, em que identificações mútuas sempre persistem. Uma dialética contínua de progressão e regressão está sempre ocorrendo, cada passo à frente sendo ameaçado por uma tendência a retornar a padrões antigos. Uma dialética similar ocorre durante o desenvolvimento sexual da menina.

Nos detenhamos primeiramente sobre a questão da separação. Halberstadt-Freud afirma que devido à relação objetal homossexual e à identificação com a figura materna, a menina está duplamente vinculada à sua mãe, o que implica uma maior dificuldade de separação entre elas em comparação a um filho menino. De acordo com ela (2001, p. 145):

> O mesmo gênero, as semelhanças entre elas e a ausência de diferença sexual oferecem amplas oportunidades para mãe e filha engajarem-se numa identificação mútua sem separação. Uma tal identificação primária impede a formação de uma identidade separada e de uma individualidade.

Uma mãe insatisfeita narcisicamente pode dificultar o processo de separação de sua filha, na medida em que ela mesma toma a menina como uma continuidade sua, uma extensão de si mesma, encarando-a como um meio de realizar os próprios desejos e tamponando, com isso, suas próprias angústias. É comum em casos como esse que a filha se torne aquela que tem de corresponder às demandas e proibições do supereu materno, tornando-se uma grande depositária do seu ideal do eu. Consequentemente, a mãe agirá de forma a mostrar-se para sua filha como indispensável, mesmo depois de não ser mais, sendo incapaz de permitir a separação.

A fala consciente da mãe indicava uma vontade de que a filha crescesse e se desenvolvesse de forma saudável; no entanto, tornou-se claro que, inconscientemente, Aline não permitia que esse amadurecimento contemplasse uma separação entre ambas. Um exemplo ilustra bem este conflito:

no início dos atendimentos, Aline queixava-se de que a filha apresentava muito medo de dormir sozinha. Contou que, por conta disso, passou a dormir todas as noites na bicama do quarto da filha, já que, caso ela acordasse e a mãe não estivesse lá, o desespero e angústia demonstrados pela criança eram enormes. Quase um ano de análise depois, Mirela parecia ter começado a empreender de alguma forma a separação necessária com Aline, até que chegou o dia em que a menina pediu para dormir sozinha em seu quarto. No entanto, ao invés de Aline acatar a esse pedido e estimular essa independência de Mirela, ela continuou dormindo no quarto da filha, dessa vez, com a justificativa de que seu casamento não estava indo bem e ela não queria dormir na mesma cama que seu marido, sendo, portanto, a única outra possibilidade, dormir no quarto com Mirela.

Esse relato nos mostra claramente a característica de mutualidade presente na ilusão simbiótica entre mãe e filha. Mirela apresentava uma grande dificuldade e angústia de separar-se da mãe, que eram revividas na hora de dormir, momento que implicaria ficar sozinha em seu quarto e estar em contato com seus próprios pensamentos e, portanto, com seu mundo interno. No entanto, quando Mirela avançou em seu processo de diferenciação da mãe, pedindo para dormir sozinha, o que nos parece ser um importante passo no desenvolvimento da menina, e a mãe, de forma inconsciente, não permitiu que a filha empreendesse a separação que estava propondo, buscando evitar a todo custo a possibilidade de emergirem fronteiras entre as duas. Halberstadt-Freud (2001, p. 147) aprofunda suas elaborações a respeito da separação:

> A separação, que implica autonomia, é muitas vezes experimentada pela menina como deslealdade e como um ato de agressão contra a mãe, mesmo sem ataque à mãe em pensamento ou ato. A menina acredita – em geral acertadamente – que a mãe experimentará a separação da filha como uma traição.

Esse conflito entre manter-se como extensão da mãe ou diferenciar-se dela aparece fortemente no atendimento de Mirela. A menina demonstrava em sessão um intenso desejo de separar-se da mãe, de crescer, experimentar novas relações, ter sua sexualidade voltada para os homens, mas, ao mesmo tempo, esses desejos entravam em conflito com uma grande culpa em fazê-lo. Essa culpa estava relacionada a um medo de retaliação da mãe, já que Mirela fantasiava que poderia ser punida pelo fato de seu desejo de separação representar uma deslealdade à mãe.

O atendimento clínico de Mirela era marcado por diálogos sobre a questão de seu crescimento. Relatamos aqui um deles que nos parece bastante simbólico no que tange às questões dessa paciente. Mirela, durante uma brincadeira, falava sobre ter medo que seus pais morressem. A paciente disse que sua mãe já estava de cabelos brancos, e isso significava para ela que a mãe estava velha e, portanto, próxima à morte (em uma conversa com Aline, ela relevou que pintava constantemente o cabelo devido a esse medo da filha). Mirela disse que poderia evitar crescer e, consequentemente, evitar o envelhecimento e morte da mãe se ela fizesse "bobagens", pois assim continuaria sempre criança. Contou que tinha feito uma grande "bobagem" nos últimos dias, evitando seu crescimento, já que ela continuava com 6 anos. No final dessa sessão, Mirela comentou que a parte boa em crescer seria tornar-se adolescente, e com isso poder namorar.

Halberstadt-Freud (2001) afirma que a relação simbiótica entre mãe e filha compromete o desenvolvimento sexual na menina, pois pode ocorrer uma alienação dela com seu próprio corpo, ao senti-lo como pertencente à sua mãe, ao invés de a si própria. A esse respeito, existe um dado clínico bastante significativo em relação a sexualidade de Mirela. Antes do início de uma das sessões, a mãe se dirigiu à terapeuta mostrando-se bastante aflita com a percepção de que a filha estava se masturbando com uma frequência "exagerada", fazendo indagações sobre como agir a esse respeito. Imediatamente, um incômodo instaurou-se no ambiente, já que Aline falava daquilo em um momento pouco oportuno, com Mirela brincando ao lado, e com outras pessoas presentes na sala de recepção escutando a conversa. De toda forma, a analista perguntou como eram esses episódios, ao que Aline respondeu que sempre que Mirela queria se masturbar, perguntava para ela: "Mãe, posso me 'espremer'?" Muitas vezes essa pergunta era feita em lugares públicos, na frente de outras pessoas, o que deixava Aline bastante constrangida.

Essa vinheta clínica nos mostra que a ilusão simbiótica existente entre Mirela e Aline se constituiu de tal forma que o corpo da menina não era tomado por ela enquanto um corpo próprio, e sim como propriedade da mãe. Interessante notar que a menina não se masturbava sozinha, ela precisava da presença da mãe, em forma de um aceite, para que fosse possível um contato prazeroso com seu corpo. Aline também mostrava compartilhar a ideia de ser parte das masturbações de sua filha ao se colocar na posição de quem deveria fiscalizar a frequência com que esses atos aconteciam. A cena traz à tona a existência de uma cumplicidade entre mãe e filha no que diz respeito ao contato erótico da criança com seu corpo: o prazer só podia ser vivido junto com a mãe, ao depender de sua permissão.

Cilada narcísica

Abordaremos aqui uma das queixas trazidas por Aline no início do atendimento: a de que a filha não queria comer alimentos saudáveis, não almoçava na creche e não comia com os talheres. Ao longo das sessões e de conversas em encontros com a mãe, se tornou claro quais eram os momentos em que Mirela de fato comia. Pela manhã, Aline levava na cama da filha leite, achocolatado e bolachas, o que ela adorava e sempre comia tudo. No entanto, na hora do almoço, Mirela estava na creche e escolhia não se alimentar no período em que ficava lá. No fim do período escolar, Aline buscava a filha e tinha o hábito de levar "surpresinhas" para Mirela no carro, que eram algum salgadinho ou doce que a criança costumava comer naquele próprio espaço, mostrando-se bastante alegre. Chegando em casa, na hora do jantar, Mirela costumava dar muito trabalho para comer, só aceitando o jantar quando ele era dado pela mãe em sua boca.

Diante desse relato, vale notar que essa impossibilidade de comer sem a presença materna era uma via de mão dupla: a filha se recusava a alimentar-se quando não era a mãe que lhe oferecia a comida, e a mãe compactuava com isso, ao promover contextos sedutores para a alimentação da menina, desincentivando que ela se alimentasse de forma independente.

Essa queixa a respeito da rotina alimentar da criança, aliada ao que foi compreendido sobre a relação entre Mirela e Aline ao longo da análise, nos levantou uma preocupação diante de um indicativo de que a paciente poderia vir a desenvolver uma anorexia, pois diversos autores da psicanálise contemporânea atestam, em casos de anorexia nervosa, a significativa prevalência de relações nas quais predomina a indiferenciação entre mães e filhas. Um dos pioneiros nesses estudos, Bernard Brusset (1989, p. 69), descreve de forma muito contundente a relação que as anoréxicas tipicamente estabelecem com a mãe:

> A mãe é ao mesmo tempo indispensável e inaceitável, o que se poderia exprimir assim: ela representa tudo o que me causa horror e, ao mesmo tempo, não posso dispensá-la, cabe a ela responder, compreender, espero tudo dela, que ela seja Deus para mim.

Outro importante autor que aborda essa questão, sobre o qual nos deteremos mais profundamente, é Eric Bidaud, que introduz na psicanálise o conceito de *cilada narcísica*, em seu livro *Anorexia: Mental, Ascese e Mística* (1998). O autor destina um de seus capítulos para falar sobre um certo destino de ligação com a mãe, típico dos casos de anorexia, cuja descrição se assemelha em muito com a observada no caso aqui relatado:

> O sentimento 'estranhamente familiar' de que a intimidade sofreu um arrombamento remete à sedução exercida pela presença materna. Assim, os cuidados corporais maternos prolongaram-se com frequência muito antes, na história das jovens anoréxicas, às vezes até a adolescência. 'Não há fechadura na porta do banheiro' diz-nos uma paciente. (p. 82)

Uma cena clínica que dialoga com essa ideia de uma impossibilidade de fronteiras no contato corporal mostra como a relação da paciente com sua mãe se repete na relação transferencial com a analista. Em uma dada sessão, Mirela interrompeu a brincadeira para ir ao banheiro. Ao chegar lá, pediu insistentemente que a analista entrasse com ela e a ajudasse a se limpar, sugerindo um contato corporal mais próximo entre as duas. No entanto, sabendo que ela conseguia limpar-se sozinha, a terapeuta se manteve do lado de fora, mostrando que estava ali a ouvindo, mas que aquele momento era de intimidade dela e, portanto, não deveria ser invadido. Pensamos que ela repetiu, através da transferência, o desejo por um contato corporal que existia entre Mirela e Aline, sendo, portanto, uma ilustração de um cuidado materno íntimo que se prolonga para além do adequado. No entanto, consideramos que foi importante promover algo de novo naquela repetição, uma quebra no ciclo, na qual o outro se recusa a participar desse contato prazeroso com Mirela, dando abertura para a existência de uma fronteira, uma diferenciação. Bidaud (1998) descreve a relação mãe e filha a qual nos referimos como sendo um "espelho do domínio", uma "união tissular", uma "cilada narcísica".

O autor também aborda a importância do pai, de um terceiro, para um amadurecimento saudável da menina. O terceiro teria um papel fundamental em promover algum tipo de separação entre mãe e filha, em possibilitar que exista uma diferenciação que interpole essa relação. Segundo Bidaud (1998): "é pela identificação paterna que a filha escapa ao sono narcísico... se o pai desejar. [...] Ele (o pai) é aquele de que 'dá de si' para instalar-se entre a filha e a mãe e mostra que não está ali à toa entre as duas" (p. 85-88).

No caso sobre o qual nos debruçamos neste estudo, o pai mostrava-se como sendo, apesar de existente, bastante ausente em sua função paterna. Aline nos conta que ele não auxiliava nas tarefas de casa e tampouco contribuía de forma relevante com o sustento financeiro da família. Ele não costumava ajudar nos cuidados com a filha, sendo a mãe a única responsável por levá-la na escola, médico, análise, entre outras atividades, e também por preocupar-se mais avidamente com Mirela. O pai compareceu apenas uma vez durante o trabalho analítico, quando afirmou considerar aquela terapia um luxo desnecessário. Não sabemos ao certo se o pai de fato se colocava de forma bastante ausente, não interpolando a relação entre sua filha e Aline, ou se era a mãe que não dava espaço suficiente para que isso acontecesse. A hipótese é de que os dois movimentos são prováveis.

O fundamental para que exista a função paterna é que mãe mostre desejo por outro objeto que não sua filha, oferecendo uma ruptura para o vínculo simbiótico até então estabelecido. Bidaud (1998, p. 88-89) afirma:

> A 'efetividade' do pai designa o pai detentor do pênis desejado pela mãe, e devendo oferecê-lo à filha na cena de sedução. [...] Desqualificado pela mãe na sua função de pai e de marido, cala-se, submete-se e faz-se esquecer [...] O olhar do pai é percebido como ausência, ausência de desejo.

Por meio das elaborações de Bidaud, percebemos que o pai, nesse tipo de relação, é um pai cuja função fálica é desvalorizada pela mãe e, consequentemente, pela filha também. Assim, podemos afirmar haver uma complicação no complexo de castração vivido pela menina, já que o pênis do pai não é representado psiquicamente como um objeto de desejo – contrariamente, ele é menosprezado em favor do poder materno. Devido à sua "falta de olhar" e à submissão, o pai é tido como um nada. Retomando o relato da primeira sessão com Mirela, lembremos que a menina contou que Aline dormia no quarto da filha não só porque a criança demandava, mas também porque o pai "deitava em cima dela, e ela (Aline) não gosta disso". Ou seja, a paciente parecia perceber que a mãe não desejava o pai e preferia estar com ela, desprovendo-o de sua função paterna.

O próximo autor que abordaremos nesse trabalho, Jacques André, tem uma visão a respeito da função paterna na constituição da feminilidade que vai ao encontro daquela que propõe Bidaud, sendo inclusive citado por esse último em seu texto de 1998: "a feminilidade, falando propriamente, supõe que estejam postas em relação a intrusão sedutora, traumática e fundadora da vida sexual com a penetração do pênis paterno" (1996, p. 145).

Império do mesmo

Jacques André, em seu texto, "Mães e Filhas" (2003) elabora uma introdução bastante proveitosa para o presente estudo, pois é nela que o autor traz pela primeira vez o conceito de "império do mesmo" para abordar o tema das relações entre mães e filhas.

Trago aqui dois exemplos do caso clínico de Mirela que nos ajudarão nessa compreensão. Primeiramente, vamos abordar uma das queixas principais trazidas por Aline no início do processo terapêutico: a de que Mirela costumava pegar fotos de quando era bebê e ficar admirando-as, pedindo para que retornasse para àquela época, voltasse a ser um bebê, chegando, por vezes, a chorar e mostrar grande sofrimento por conta disso.

Como uma segunda cena clínica relevante nesse momento, relato que, em uma dada sessão, quando a analista chegou à recepção para encontrar a paciente, encontrou mãe e filha em uma posição bastante inusitada: Aline estava sentada em uma das cadeiras, e em seu colo estava Mirela, com as mãos e pernas transpassadas pelo corpo da mãe, como se estivesse agarrada. Por cima delas havia um pano que cobria todo conjunto, fazendo com que mãe e filha parecessem uma só. Quando a analista se aproximou, Mirela soltou-se do colo da mãe e começou a brincar que era um "bebê com pernas".

Essas duas cenas nos apontam para a existência de um desejo fusional entre mãe e filha, o movimento de tornarem-se uma coisa só, de serem totalmente o mesmo. Na primeira cena, Mirela apresentava certa nostalgia quanto ao tempo em que era um bebê, ou seja, em estar em uma posição de maior dependência em relação à sua mãe, um período no qual não existia fronteiras entre seu próprio eu e o objeto mãe. Também vale apontar que, quando se é bebê, os cuidados corporais empreendidos pela mãe são mais necessários e frequentes. Mirela, portanto, parecia desejar um retorno a essa situação inicial, a um estágio de indiferenciação com a mãe, marcado por um forte erotismo e uma sensação de unicidade.

Na segunda cena clínica, o desejo fusional aparece pela posição que mãe e filha se encontravam, cobertas por um mesmo pano que as unificava, e tão próximas que visualmente pareciam ser a mesma pessoa. No entanto, com a presença da analista, Mirela mostrou a possibilidade de que uma separação existissse, descolando-se, mesmo que parcialmente, do corpo da mãe. Nesse momento, ela afirmou que era um "bebê com pernas", uma figura de linguagem que sintetiza em si a ambivalência que Mirela parecia viver: o desejo de crescer e ser independente de sua mãe (com pernas), mas, ao mesmo tempo, o desejo de manter-se na relação simbiótica, indiferenciada e prazerosa que elas possuiam (ser bebê).

J. André (2003) nos apresenta a ideia de que a filha apenas consegue repetir mais do mesmo de sua mãe, se constituir enquanto uma continuidade desta, sendo impossível a construção de uma história totalmente independente de história materna, instalando-se, assim, o império do mesmo. Segundo esse autor:

> Uma coisa é impor a ela o rosto de sua mãe, o rosto do passado, como o espelho do seu futuro. E mais, talvez, é nesse sentimento incontestável, que nada realmente funciona: de mãe para filha, lá nunca terá uma história, apenas um retorno do mesmo. (2003, p. 11, tradução nossa)

Para ele, o retorno ao mesmo seria devido ao fato de que quando uma mãe tem uma filha menina, ela revive questões de seu próprio inconsciente; ou seja, ela novamente se depara com a sua própria condição enquanto castrada, o que, inevitavelmente, produz decepção. Dessa forma, a mãe, ao se relacionar com sua filha, transmite a ela, via inconsciente, seu próprio percurso de constituição de sua feminilidade e, consequentemente, as problemáticas que ela enfrentou nesse processo. Sendo depositária de toda essa forte carga do inconsciente materno, a menina só pode se constituir psiquicamente enquanto o mesmo que sua mãe.

A partir de uma fala de uma paciente que está grávida, J. André (2003) nos questiona a respeito da possibilidade de uma mãe gerar um outro ser, que seja concebido por ela, mas, ao mesmo tempo, não seja exatamente ela. E isso parece se complicar ainda mais quando esse outro ser tem o mesmo sexo biológico, ou seja, é uma menina.

É diante disso que J. André afirma que, na verdade, o nascimento em si nada garante que seja produzida uma separação de fato, como um leigo poderia pensar. Pelo contrário, mãe e filha podem ainda se manter conectadas, repetindo em suas vidas mais do mesmo, por muito além do nascimento. De acordo com o autor:

> De onde pode vir a garantia de que o nascimento separa, que a história é possível e que a vida não será reprodução simples, quando o mesmo gera o mesmo? Na ansiedade da separação, não é, apesar das aparências, a separação que é angustiante, mas sua impossibilidade (2003, p. 21-22, tradução nossa).

Hostilidade

A autora Marina Ribeiro, (2011) em seu trabalho "De Mãe em Filha: a Transmissão da Feminilidade", aborda a questão das relações entre mães e filhas meninas, buscando compreender como ocorre o processo de constituição da feminilidade e seus possíveis desdobramentos, que podem ou não ser traumáticos. Essa autora segue uma trajetória de autores psicanalíticos que foi usada como inspiração para o percurso deste trabalho. Uma de suas principais formulações é de que a hostilidade poderia atuar como uma possível saída no caminho da separação entre a filha e sua mãe. E é nesse sentido que também compreendemos o caso clínico de Mirela: na medida em que ela repetia na transferência a relação simbiótica e indiferenciada que tinha com a mãe, podemos, enquanto analistas, proporcionar que haja uma mudança, no sentido de suportar a hostilidade da menina sem que isso implique na perda da relação ou na morte do outro. De acordo com Ribeiro:

> Tudo faz crer que a mútua identificação entre mãe e filha, e o fato de ser uma relação sob o selo narcísico do idêntico, exigiria um esforço maior no delineamento de um 'eu feminino'. O matricídio simbólico faz parte, como veremos, da constituição da feminilidade nas mulheres. (p. 31)

Para ilustrar essa questão, trazemos aqui uma cena clínica do atendimento de Mirela que nos mostra a presença da hostilidade na relação transferencial. Em uma dada sessão, a paciente brincava que tinha o poder de transformar a analista em diversos objetos e, a cada feitiço, era feita uma imitação correspondente. Até que em determinado ponto, Mirela transformou-a em uma planta, pedindo para que ela ficasse imóvel. A menina brincou, então, que se transformava em diferentes animais que podiam morder, arranhar, amarrar. Nesse momento, Mirela narrava quais deveriam ser as reações da terapeuta, sempre no sentido de ficar vulnerável a esses ataques e demonstrar dor. Em algumas sessões seguintes, Mirela chegava pedindo para prosseguir com essa mesma brincadeira, inventando formas ainda mais complexas de "machucar" ou até de "matar", como espetar agulhas, arrancar as unhas e fazer cortes pelo corpo. Quando essas brincadeiras terminavam, geralmente com a "morte" da terapeuta, a paciente mostrava-se bastante angustiada, apresentando uma dificuldade notável em terminar a sessão. A posição da analista era de sustentar todos aqueles ataques e mostrar à paciente que ela poderia, sim, expressar todo aquele ódio, sem que houvesse de fato uma morte, e sem que nada se perdesse na relação entre ambas, posição diferente daquela adotada pela mãe, como vimos.

Mesmo Freud já reconhece a importância da hostilidade entre mães e filhas, afirmando que a menina, ao se afastar da mãe, o faz acompanhado de hostilidade, apontando que a vinculação existente entre mãe e filha é fundamentalmente marcada pelo ódio (Freud 1933 [1932], p. 150). Avançando na compreensão psicanalítica sobre as relações entre mães e filhas, Ribeiro (2011) coloca:

> A hostilidade não seria somente tributária do fato de a mãe não ter oferecido um pênis para sua filha, como Freud (1933 [1932]) expressou, mas seria decorrente do desejo de possuir um refúgio, por meio de um apoio anatômico, para uma identidade separada da mãe. (p. 73)

Nesse sentido, podemos considerar que, no caso de Mirela, a precariedade da função paterna parece acentuar a relação indiferenciada entre ela e sua mãe. Dessa forma, tanto o amor quanto o ódio ficam ainda mais intensos, visto que, em uma ligação simbiótica entre mães e filhas, proximidade e hostilidade fazem ambos parte de uma ambígua e dinâmica relação. Segundo Ribeiro (2011):

> Ambos, tanto a proximidade quanto o ódio são proteções a uma dependência emocional da mãe, que poderia ser vivida como desestruturante e desorganizadora. Como já abordado, não importa se é cara (ódio) ou coroa (aproximação idílica), a moeda é a mesma: a impossibilidade de se diferenciar da mãe, pelo fato de provavelmente existir uma "falha» no objeto. (p. 54)

E é sobre essas ambiguidades, isto é, entre o idílico e a hostilidade, entre o amor e o ódio, que repousa a relação simbiótica, e fundamentalmente indiferenciada, entre mães e filhas. A relação entre Mirela e Aline parece ser um bom exemplo real de como isso se constitui. Na análise, Mirela era ao mesmo tempo muito amável e carinhosa na relação transferencial, mas também podia ser bastante agressiva e provocativa. A mesma paciente que dizia que a analista era sua melhor amiga era aquela que gritava, batia e chorava quando tinha de ajudar a arrumar a sala no final da sessão. Essa alternância revela na transferência os dois lados da moeda que existia em sua relação com a mãe: o amor e o ódio. No entanto, cabe ao analista possibilitar que esse ódio possa ser vivido enquanto uma hostilidade saudável e possível, deixando de ser um ódio que pudesse matar a mãe e tornando-se uma hostilidade que promova a diferenciação.

Considerações finais

O presente trabalho almejou fornecer uma contribuição para as compreensões psicanalíticas a respeito da construção da feminilidade na mulher, especificamente, no que se refere ao papel da relação com a mãe nesse processo. Para isso, utilizou-se como método o estudo de caso clínico, com o objetivo de evidenciar a atual relevância de pesquisas nesse tema. A partir do caso, podemos perceber como conceitos de importantes autores, tais como Halberstadt-Freud, Bidaud, J. André e Ribeiro, podem ser ilustrados através de vinhetas clínicas, em uma mútua contribuição entre teoria e prática psicanalítica.

Referências bibliográficas

ANDRÉ, J. As *origens femininas da sexualidade*. Rio de Janeiro: Jorge Zahar, 1996.

______. *Mères et filles:* lês Menaces de l'identique. Paris: PUF, 2003.

BIDAUD, E. "Um certo destino de ligação com a mãe". In : *Anorexia mental, ascese, mística*. (Dulce Duque Estrada, Trad.). Rio de Janeiro: Cia. de Freud, 1998.

BRUSSET, B. "L'anorexie et ses imagos". In : *L'Anorexique, le toxicomane et leur famille*. Paris: E.S.F., 69, 1989.

FREUD, S. Feminilidade. (Edição Standard Brasileira das Obras Psicológicas Completas de Sigmund Freud, Vol. XXII). Rio de Janeiro: Imago, 1980. (Originalmente publicado em 1933 [1932])

HALBERSTADT-FREUD, H. C. "ELECTRA CATIVA. Sobre a simbiose e a ilusão simbiótica entre mãe e filha e as consequências para o complexo de Édipo". *Revista Brasileira de Psicanálise*, 2001:35(1):143-168.

RIBEIRO, M. F. R. *De mãe em filha:* a transmissão da feminilidade. São Paulo: Escuta, 2011.

Quando a alma sangra, o corpo padece: o mundo objetal violento dos transtornos alimentares

MARINA RAMALHO MIRANDA

As análises dessas vidas – marcadas pelo excesso – permitiria mostrar como um Ideal, nascido e construído nos inícios da era medieval ocidental, transcende os tempos e se revela na singularidade de cada um.
– Cybelle Weinberg, 2019

O mundo submerso de Sidonie

A sensação de não vida, de não estar presente, do mundo não ser o mundo e o do eu não se apresentar como meu.

A não existência, a dor que não dói, o sentimento que não pode ser sentido, o pensamento que não reflete, o espelho que não imagina, a mente que não pensa, meu sonho abortado.

O estranho em mim reside, num mundo que aconteceu sem razão.

Não existe morte, porque nada é vivo.

Como se o tempo parasse, sem nunca ter andado.
Tudo é estático, frio, sem pulsação.

Não há vazio, e sim um vácuo sem fundo.

Simplesmente estou... sem ser... respiro, mas não me oxigeno.

O mais triste é que não estou morta... me fizeram morta,
sem fome, sem graça, sem nada.

Estou só e superpovoada.

Mas são habitantes sem corpo, assim como eu... nem mente,
são disformes e me penetram a todo instante, me tornando
estranha dentro de minhas entranhas, me fazendo cada vez mais
ser dona de um não-Eu e me levando para longe de mim mesma...

Esta é minha sina. Estou só e morro sozinha, sem ter vivido.

O *cutting*

Era uma tarde fria e chuvosa do ano de 2020, quando o mundo entrou em pandemia e fomos jogados para uma vida distanciada de nossos desejos, restringindo nosso contato com os que amamos, desmascarando e expondo a impotência humana... E nos aproximamos de nossa finitude e dos eclipses das subjetividades submetidas a uma uniformização de condutas restritivas de isolamento social. Foi quando o vírus deu provas da magnitude de seu poder destrutivo e, portanto, da total fragilidade do controle humano, provocando intensos sentimentos de desamparo, indignação e solidão.

Mergulhamos e perseveramos num tempo presente agigantado, que embaçou a perspectiva temporal, na qual os sonhos de futuro se postergaram, os caminhos foram interrompidos e se transformaram em esboços vazios e, ao mesmo tempo, lotados de riscos.

Neste cenário, surge Sidonie,[1] que, ao me ver na tela do consultório virtual, sem palavras, dirige a câmera do celular em direção ao seus braços ensanguentados, pulsos marcados por cortes e cicatrizes que apontavam

1 Texto que tem como recurso de escrita a narrativa ficcional, assim como o nome Sidonie, que foi emprestado da personagem que sofre de anorexia nervosa do texto de Maud Mannoni, "O Psiquiatra, Seu Louco e a Psicanálise", de 1971.

diferentes incisões, algumas mais inflamadas do que outras, revelando que foram feitas em diferentes tempos.

Focalizando as cicatrizes, Sidonie me conta dos seus machucados presentes e passados, da sua alma ferida, sangrando no corpo a violência dos afetos que correm em suas veias. Ao mesmo tempo, penso que seu corpo ferido anuncia cortes em seu desenvolvimento pulsional, verdadeiras fendas que me convidam para um acesso cruento, doloroso e profundo ao seu mundo de objetos mortíferos e assustadores. Uma porta sinistra de entrada que se abre em meio ao seu fechamento anoréxico como um rastro dos conteúdos inconscientes primitivos pedindo para serem revisitados?

Sidonie, a protagonista ficcional desse capítulo[2], representa a adolescente de nossos dias incertos e indefinidos, em sofrimento, tomada por organizações defensivas extremamente poderosas, que enclausuram sua mente em seu corpo e a conduzem a uma paralisação ou congelamento de áreas psíquicas, impedindo o prosseguimento de um desenvolvimento afetivo-emocional saudável.

Sidonie, 14 anos, ilustra nesta escrita a jovem adolescente portadora de grave transtorno alimentar, cuja experiência informa à comunidade científica o grau de danos psíquicos intensificados pelo cenário sombrio, incerto, indefinido e cruel da pandemia que nos assola, nos assusta e nos mantém reféns dentro de nós mesmos, presos a um turbilhão de riscos, sendo o pior deles a inconsciência de ignorá-los.

Estou conhecendo agora apenas um vislumbre do que foi a tragédia que acometeu Sidonie, delicada menina vivendo as agruras de se sentir presa em pensamentos recorrentes que a impedem de se alimentar, de ter uma vida saudável, de namorar ou de ter amigos, de produzir intelectualmente, de viver em um mundo compartilhado. O dela é só dela. Seu mundo tem uma opacidade emocional, habitado por fumaça tóxica e muita sujeira que atrapalham sua visão do chão em que pisa, do passo seguinte, do ar que respira, do alimento que salva.

Sidonie sente que não tem salvação... nem perdão.

---

2 As passagens clínicas são misturadas com a ficção como forma de proteger o sigilo da sala de análise, sem, no entanto, se distanciar da clínica cotidiana dos transtornos alimentares.

Os céus a culpam pelos seus inúmeros pecados; o maior deles, sem dúvida, é brigar com sua mãe, querer estar longe dela, pensar em não tê-la, anular sua existência. Assim me conta sobre seus sentimentos de culpa, de raiva e de desamparo e do quanto sua mãe se sente ofendida pela sua recusa alimentar. Sidonie se depara sempre com a falta, sente-se devendo, mas não sabe o que, nem a quem (Bidaud, 1998).

Atormentada e assombrada pela gordura, está submetida aos números: da balança, das calorias, das medidas corporais, das colheradas rasas de alimentos. Por isso, confessa que, ao querer tornar-se livre do que lhe é imposto, ironicamente se trancou num espaço hermético no qual nada pode entrar. Proclamou para si própria a sentença que a amaldiçoou e a jogou nesse limbo de mau cheiro vindo dos vômitos azedos, presa em um espaço escuro, em que a luz não pode entrar, no qual só existem medos e incertezas e o que mais dói: a impossibilidade de ver, ouvir e reconhecer pessoas à sua volta.

Não aceita entradas, mas teme as separações, delirando presenças infinitas, fusionado-se à figura materna numa união simbiótica sem alternativas de singularidade.

Agarra-se às certezas, acredita piamente no que imagina ser sua teoria, especialmente no que tange à alimentação, seu padrão e seus correlatos. Não faz debate, as trocas a ameaçam. Reina nela a convicção, pior inimiga da verdade.

Confunde amor com dor, paixão com voracidade, fome com gula, invadindo as fronteiras identitárias que podem levar ao desaparecimento do ser e ao sequestro de si mesma.

A morte ameaça a gula onipotente e desafia o narcisismo, jogando por terra a ilusão do controle e das certezas fechadas.

Esses sentimentos, já descritos em outros textos,[3] típicos dos transtornos alimentares, coincidem tragicamente com o cenário pandêmico que vivemos desde fevereiro de 2020, quando fomos pegos de assalto por um vírus altamente letal e de cada vez maior transmissibilidade, que congelou a vida livre do planeta, desmoronando a ilusão narcísica dos controles onipotentes e as capacidades antecipatórias do ser humano, nos confrontando com a insuficiência do conhecimento e jogando por terra as convicções.

---

3 Ideias explicitadas em outras publicações da autora, informadas na bibliografia ao final.

Nos transtornos alimentares, o pavor das calorias, o terror canalizado para a gordura, a frequente fantasia de ter sido engolida, que convive desconfortavelmente com o medo de deixar entrar dentro de si um estranho invasor, coincidem desastrosamente com as ameaças pandêmicas que orbitam em torno de nós na fuga e no drible do agressivo vírus mutante, invisível e desconhecido, que nos ronda permanentemente, tentando vislumbrar qualquer segundo de guarda baixa para poder armar seu ataque e instantânea invasão, anunciando em três ou quatro dias os primeiros sintomas do coronavírus, a sua tomada de posse do nosso corpo e da nossa mente.

O vírus não descansa, permanece em alerta, espreitando sua vítima, pronto para o ataque. É onipresente, traiçoeiro, e sua capacidade de danificar é imprevisível. Provoca nas pessoas um estado de alerta constante.

Sidonie não descansa em sua missão de vigiar o que come. Atormentada, assombrada pela gordura, é acusada pela magreza, rodeada de fantasmas que ela não vê, não identifica, similares a inimigos invisíveis.

A pandemia trouxe uma agonia análoga: um inimigo invisível, onipresente, ultrapoderoso e que insiste em nos invadir, expor e devastar nosso corpo.

O mundo interno povoado de objetos persecutórios se encontra com o mundo externo, um ambiente atual incerto e ameaçador, habitado por sentimentos de medo e horror que vêm de um invasor de potência desconhecida e que desmonta a sapiência mundial.

Sidonie decretou um *lockdown* psíquico, como forma de se blindar contra os imprevisíveis ataques da gordura que algum alimento possa furtivamente conter ou, ainda, pelo medo do seu próprio descontrole com a ingestão de alimentos.

Não confia em si própria. E se constatar ou mesmo imaginar que de alguma forma se excedeu na alimentação ou ingeriu algo calórico, vomita ou **sangra** a experiência emocional inominada, expulsando de si o excesso ou talvez delirando liquefazê-la. Seu psiquismo trabalha na concretude da experiência e sob a égide dos objetos parciais, num mundo objetal pré-edípico (Klein, 1952).

Sidonie surta, atuando seu pavor, desmancha-se como ser pensante e vira puro ato. Pega sua lâmina guardada bem escondida e, olhando para ela como se ela exibisse em seu aço algo novo de força fálica e coragem pontiaguda, depositando no brilho do gume uma esperança de término do seu sofrimento, corta levemente a sua pele. Aos poucos põe mais força, relata querer intensificar a dor, aperta a lâmina mais forte na pele, inicia nova incisão, sente que não consegue parar de cortar-se, até que um jato de sangue atinge seu rosto. Grita de susto e se ouvindo, para.

"A dor e o medo não me deram limite."

"Minha dor não dói, não consigo sentir minha dor, nada sei de mim."

Sussurra sem estar assustada com o que acabara de acontecer.

Sidonie é hospitalizada, em função do corte ter sido profundo demais.

Mais um desencontro: médicos e seus pais falam em tentativa de suicídio e sabemos que nos transtornos alimentares, o que parece ser, pode não ser... ou seja, o que é visto está na oposição do que era para ser oculto.

A realidade surge no espetáculo do *cutting*, no sangue escorrendo que lhe atesta sua existência. Portanto, no mundo realmente invertido, **o verdadeiro é um momento do falso** (Debord, 1997). Não foi uma tentativa de por fim à sua vida, e sim o contrário, uma busca de se sentir viva.

"Ao me cortar e ver o sangue colorir meu corpo, sinto que existo, me acalmo, chego mesmo a atingir um bem-estar."

Seu corpo mostra os ossos, desnuda a dor pelos cortes provocados que expõem o sinistro dentro dela.

A comunicação emocional se dá pelo **avesso da representação**. E Sidonie, mais uma vez, se sente só e violentamente invadida, não só pela lâmina cortante, mas principalmente pelos que não a compreendem ou não têm escuta capaz de conter a sua duplicidade.

Nas palavras de Mannoni (1971, p. 163): "A anorexia, neste contexto, não é uma doença, mas a única maneira do sujeito chegar a nascer como sujeito desejante, fora do desejo da mãe".

A história pregressa: angústias do "tornar-se adulto" – a passagem da pré-puberdade à adolescência, quando tudo começou

Entre a criança e o adulto, um tempo entre o passado e o futuro, num momento pandêmico da história que abre espaços para o vazio e para o lugar da falta, que nos mostra a insuficiência dos controles e do saber, Sidonie parece interromper seu fluxo de movimentação do processo de adolescer: senta-se na encruzilhada da sua estrada pulsional, olha para várias direções na busca de uma indicação do caminho a seguir e nada vê, ou pior, vê o nada. Tenta de novo e se pergunta atordoada: "Para onde vou?", e o nada de novo se apresenta. Nenhum vislumbre de luz; o escuro do não saber lhe é assustador.

Tenta de novo e se depara com seu reflexo perdido fora do olhar do outro e exilado de si mesmo. Não encontra pares que ouçam seu pedido de luz, nem estruturas culturais que suportem sua angústia. Confunde-se e toma como seus os olhos vigilantes de quem a protege.

Busca sentir-se, pega em si, aperta seu braço, belisca-se e continua não sentindo nada. Decide não arriscar, amedronta-se, não sabe para onde ir e senta-se embaixo das setas defeituosas, sem pontas, fincadas na bifurcação dos caminhos. Olha em volta, o nada se reapresenta assim como o branco do horizonte. Só lhe resta ela mesma e ela mesma. Nesse momento, é **corpo e sensações**. Só o que vê é o que pode tocar. Sente-se tomada por ameaças e acusações.

O sensorial ganha do simbólico. Surge à sua frente um volume carnal possível, seu corpo, porquanto pode vê-lo, senti-lo, cheirá-lo e escutá-lo e tocá-lo! Ele ganha presença, protagonista em excesso, e junto com ele a severidade e exagero que sente em rajadas de pressão sobre si. Múltiplas pressões, o corpo sarado, a escola, o corpo magro das amigas, o vestibular, as expectativas dos pais, dela mesmo.

Beber e fumar, se exercitar, se excitar e apagar. Parece que a bola da vez são os excessos ou as faltas... os mandos e os desmandos.

O corpo insiste, a única saída.

Procura desesperada eliminar a sensação de frio no estômago vazio, o mal-estar do coração disparado e das mãos trêmulas e suadas, até que sobrevém o medo de enlouquecer.

Quer acabar com isso a qualquer preço e, nessa busca desencontrada, acha uma ponta fina e afiada, uma vez que dentro de si as coisas estão cegas. O objeto cortante a atrai, é penetrante, pode ajudá-la a espantar o nada e finalmente sentir alguma coisa: aperta a ponta contra seu punho e finalmente sente algo diferente do nada: uma cor vermelha em contraste com o branco do nada ou do negro do escuro do desconhecido jorra de sua pele; o sangue que vem do corte a acorda e lhe indica que ela existe e que está viva. Além de tudo, colore, dando gosto à sua vida insípida e lhe indica o caminho da dor, e ela, ingênua e entregue, acha que esse caminho poderá ser uma boa solução.

A dor é bem-vinda, porque espanta o vazio da experiência emocional chocha e monocromática, assim ela tenta me explicar. Sua pele, escarificada, cortada, rabiscada, lhe dá um sentido de existir e talvez de compactuar concretamente com bordas e limites.

O ato de se cortar a acalma por alucinadamente liberar o sangue como um líquido tóxico que, vazando, purifica e faz espaço. "Às vezes, o sangue saindo, faz emagrecer", me informa, assustada com suas próprias palavras.

Lembro-me aqui dos rituais das santas da Igreja Católica, que purgam e expurgam males, que desejam se livrar dos pecados, dos maus objetos (Weinberg, 2006):

> No sangue encontramos a fonte de misericórdia, o sangue que destrói nossa dureza, o sangue que torna doces as coisas amargas, e leves os fardos pesados [...], e como esse sangue faz amadurecer as virtudes, a alma que se inebria e afoga esse sangue, reveste-se de verdadeiras e sólidas virtudes. Catarina de Sienna em 1380 em seu leito de morte. (Gauthiez, 1916, p. 204)

Sidonie está cansada do "samba de uma nota só", do tédio da repetição de nada saber, do encontro com as faltas, com as dores das ausências, com a surdez do mundo e das repetidas investidas que encontram o vazio, o vácuo, o céu sem fundo. O nada de novo.

Uma adolescente que sofre porque não acha o caminho. Perde-se de si, num mundo já desorientado e perseguido, em que o reflexo de si sobrepuja a reflexão de si.

Perseverar na superfície ganha do mergulho em águas profundas; então, pouco acessa sobre o que não é visto, sentido ou tocado. Paira nas bordas... do corpo... do comportamento... da pele.

Busca quem é, mas encontra quem não é e o mal-estar de dentro está de volta, além das feridas de fora.

O corpo passa a ser o representante das emoções máximas, o registro mais fiel dos acontecimentos emocionais. Penso que ele necessita ser lido, como se fosse um diário, pois nele está inscrito o drama nascido no fechamento para tudo o que vem de fora dele. Engolfa-se nele próprio, se autoconsome, como numa retroalimentação. De nada precisa do mundo exterior, é movido pela imaginação delirante, pela onipotência e pelo triunfo de prescindir do que pertence ao humano. E, de repente, acha os culpados e, por conseguinte, os mais temidos: a comida e a gordura. Ambas ocupam, cada uma a seu modo, o lugar da loucura.

Chegamos novamente no universo das patologias narcísicas, nas anorexias, bulimias, *cutting*, transtornos do comer compulsivo, dismorfofobias, nas quais o Eu, umbilicado em si próprio, nada mais vê, a não ser um traço tênue do que pode estar representando o si mesmo. O traço é muito desgastado, quase não dá para notar, e a presença do outro totalmente apagada.

Sidonie, já perturbada em seu processo de crescimento, acaba por identificar-se com as partes faltantes dos pais, que também estão a dever com seu próprio desenvolvimento, autocentrados e amarrados em suas próprias angústias, permanecendo adolescentes tardios à procura de acolhimento.

Com muito medo e assustada por não enxergar o caminho, a jovem candidata à adulta breca seu caminhar e se acomoda na soleira da porta de entrada da sua casa interna, sem forças para entrar, enfrentar o desconhecido e continuar sua jornada rumo ao futuro e à genitalidade.

Passa a comer o nada.

Olha para trás e pensa que está vendo o presente. Atrapalha-se no tempo e no espaço.

Permanece na porta, sem coragem de entrar. Esta é sua encruzilhada particular.

Está na linha que separa o dentro e o fora, como a pele atacada que a separa fragilmente de suas entranhas tão temidas, se deparando com seu tempo traumático do passado e fabulando o futuro.

Nessa linha, indefinida e cruel, titubeia.

Os sentimentos em família são contraditórios, ambivalentes; ama e odeia, vontade e contravontade, depende e detesta a dependência materna (Miranda, 2010).

Reconhece o pai inoperante, sem ação, adormecido.

Percebe que está sempre se equilibrando entre opostos, que vive em uma corda bamba, que sua linha divisória divide mundos iguais, nada novo se apresenta, tanto faz se cair para dentro ou para fora, porque cairá no mesmo abismo que já conhece dentro de si.

Indefinida e cansada, a jovem adolescente fecha os olhos, a boca, o coração, mas não consegue fechar seu corpo. Livra-se de possíveis invasores que a possam ameaçar, mas não pode afastar seu corpo de si. Este, ela não consegue. Está lá, bem à sua frente, mudando e desafiando, e fazendo-a sentir, na maioria das vezes, o desprazer e a certeza apavorante do descontrole.

Cada mudança que sente em seu corpo, e que são muitas, haja visto que na passagem de púbere para adolescente o corpo se altera a passos largos, advindo as modificações somáticas, características sexuais primárias, secundárias, invasões hormonais etc., a faz perceber que não é assim toda poderosa em seu fechamento defensivo, o corpo não para de lhe incomodar, gritando novas necessidades às quais ela não pode atender, já que não dá conta delas.

Ali sentada, exausta, agarra-se àquele chão frio da soleira e se fixa nela, uma vez que a conhece por tê-la feito confortável há algum tempo... Uma esperança de vida se acende, algo de familiar existe ao seu redor e congelando-se nesse local encontra a chance de continuar viva. A soleira assume o lugar do berço, da cabana no deserto. Mas não a acolhe, apenas parece.

Arrisca-se nos excessos, desafia a natureza, opõe-se ao que a invade, fecha-se para o conhecimento, não cria, não sonha e persevera. Vêm as compulsões pelo reconhecimento de uma força imperiosa que a domina e a submete e, na sequência, os maus-tratos com seu corpo e sua alma.

Dá-se conta de que sua vida de criança terminou e que está se tornando adulta. Seguem-se às mudanças corporais e a repercussão psicológica das novidades somáticas. Novidades que tumultuam a mente e colocam Sidonie frente a desafios nunca antes experimentados, entre eles a tarefa de integrar o novo corpo, constituir uma nova identidade sexual, separar-se das figuras parentais e iniciar um processo de individuação e de maior autonomia.

A adolescência é um momento de crise, com processos mentais específicos, e tem grande importância na formação da identidade do ser humano. Como será o amanhã de Sidonie?

Vivendo as surpresas impactantes das contínuas mudanças que se impõem ditatorialmente ao seu corpo, Sidonie encontra-se vulnerável a deslocar para alguma parte do corpo as angústias existenciais desse momento adolescente como o representante maior do estranho que a habita.

"Minhas coxas me incomodam demais. Todo dia meço para ver se aumentaram. Parecem dois troncos de árvores. Tenho muita vergonha". E complementa: "Sei que minha mãe também acha".

Dona de uma inteligência acurada, alojada num perfil psíquico sensível, Sidonie tem sua atenção e percepção semelhante a um eficiente radar constantemente ligado e pronto para captar toda informação emocional do ambiente, em qualquer tipo de linguagem, especialmente a não verbal, uma vez que reina o registro sensorial e a orquestração dos objetos parciais num universo pré-edípico.

Gestos, olhares, melodias da voz, súbitas reações faciais têm acesso direto ao seu arcabouço mental. Qualquer mínima mudança no outro é percebida: o humor dos pais, dos professores, dos colegas e inclusive dos profissionais.

Intoxica-se facilmente com ideias persecutórias recorrentes que a depreciam e centraliza na perda de peso a qualquer custo e sempre mais impedindo sua potencialidade onírica a retomar sua vida criativa.

Nas palavras do poeta:

Quando olho para mim não me percebo
Tenho tanto a mania de sentir
Que me extravio às vezes ao sair
das próprias sensações que eu recebo.

O ar que respiro, este licor que bebo,
Pertencem ao meu modo de existir,
E eu nunca sei como hei de concluir
As sensações que a meu pesar concebo.

Nem nunca propriamente reparei,
Se na verdade sinto o que sinto. Eu
serei tal qual pareço em mim? Serei

tal qual me julgo verdadeiramente?
Mesmo ante as sensações sou um pouco ateu
Nem sei bem se sou eu quem em mim sente.
– Álvaro de Campos, 1913

O risco da morte por engano

O cenário mundial pandêmico de medo, persecutoriedade e desconfiança ao lado das frustrações e dolorosos lutos se constitui, atualmente, no pano de fundo extremamente desfavorável ao universo das anorexias, bulimias, *cutting,* compulsões, intensificando as angústias e os riscos de quem já se posiciona nas bordas de experiências arriscadas e de situações-limite.

Contracena em desarmonia com os indivíduos que, transtornados na saga de saberem de si, elegem a alimentação, a comida e o corpo como os principais alvos dessa busca infinita do saber de si.

Um mundo de secreções corporais, de contradições profundas, de despropósitos, de poucas palavras e de muito ato, de muita fome e de pouca saciedade e, ao mesmo tempo, de pouca vontade de comer num mundo lotado no qual nada mais cabe.

O desprazer impera e o viver se esvazia, uma vez que se encontra atrelado ao que é transitório e temporário, como o jogo dialético da fome e da saciedade, do vazio e do cheio, do que entra e do que sai, do que é vida e do que é morte.

Sinais de vida invertidos, ou seja, a vida, a vontade de viver, o *animus*, o erótico ou as pulsões que encorajam estar vivo e dão força ao viver parecem ter submergido para um fundo denso, um fundo que se enfiou e se apagou em meio a emoções antigas e misturadas, de um tempo no qual tudo é solidão.

As vivências de autonomia e diferenciação são sentidas com a força de um primitivo abandono e desamparo. Um abandono que implica uma desintegração e gera rigidez e intolerância.

A inconsistência de sua identidade, que desde a primeira infância vem se fragilizando pela gradual aquisição de uma onipotência e ilusão de perfeição, fazem com que o psiquismo não tolere frustrações, não enfrente fracassos nem aceite as incertezas.

O medo de engordar se mistura com o medo de se desintegrar como pessoa, sumindo seu verdadeiro *self* em meio a uma gordura sufocante. O medo da morte do *self* genuíno engolfado e devorado por uma boca tirânica que nunca está satisfeita e sempre pronta a punir e a castigar com violência.

Sob o efeito da fome ou do comer, o nada ou simplesmente sob o efeito da recusa ao alimento, a anoréxica substitui sua sensação de fragilidade por uma intensa força: consegue inverter os sinais da natureza e continuar viva sem alimentar-se. Constitui-se aí uma ilusão de controle, seu triunfo maníaco.

Quanto mais a anoréxica nega a fome e as necessidades do corpo para fugir do que alucina como destrutivo para si, mais definha e se aproxima da destruição maior de seu corpo negado. O corpo, sentido como o lugar das incertezas, é o lugar no qual o perigo se manifesta, o perigo da morte.

A morte que vem por engano, a morte de um corpo que foi oferecido em sacrifício para salvar o *self* desejante, discriminado do desejo materno. Um mundo gelado de afeto.

Alimentação transtornada é alimentação perturbada, alucinada, angustiada. Ou simplesmente inexiste como garantia de vida. A comida não é bem-vinda, ela não traz vida nem garante o viver, ela faz parte daquele cenário sombrio. Ela pertence ao universo dos escombros e resíduos contaminados que ameaçam e agridem seu viver genuíno.

Nesse emaranhado psicopatológico segue-se a vontade premente de se livrar dos elementos sentidos como tóxicos, surgem os traços bulímicos, a purgação.

"Veneno é comida que faz adoecer" (Freud, 1933, p. 151).

Vomita o que alucina serem pedaços de monstros, que podem levar à morte, não do ser, e sim do autêntico do ser, pode eliminar a última chance de preservação da essência daquele ser, da sua impressão digital interna que sobrou, aquilo que lhe é singular, original, sua marca de vida, a gênese de quem é, que sinalizaria seu sujeito desejante, que, ao contrário, cada vez mais se distancia de si, perdido que está em meio aos destroços (heranças psíquicas transgeracionais) que se chocam violentamente, atingindo com força maligna o mais delicado de sua interioridade.

O jejum pode ter o sentido da purificação, da expurgação dos conteúdos emocionais que não lhes pertencem e, nesse contexto, o vomitar e o emagrecer também se aproximam da demanda de se purificar e tirar de si o veneno tóxico da experiência emocional que não lhe pertence.

Fenichel (1945) trata do tema dos transtornos alimentares no capítulo que dedica às perversões e neuroses impulsivas e a denomina "**adição sem drogas**". O autor mostra que a palavra adição alude à urgência da necessidade e à impossibilidade de satisfazê-la e que todos os impulsos mórbidos, assim como as toxicomanias (com ou sem drogas) são tentativas infrutíferas de controlar a culpa, a depressão ou a angústia pela atividade.[4]

O termo **adicto** quer dizer **escravo**, mas significa também **o que não é dito**, portanto, expressa a mudez pulsional da carga afetiva que carrega. O objeto aditivo, portanto, está presente no mundo objetal bulímico, com sua característica violenta que rompe os vínculos de possíveis trocas saudáveis, induz ao risco e não suporta o pensar.

As compulsões, especialmente na anorexia/bulimia, a adição sem drogas, como referia Otto Fenichel (1945), a ideia recorrente do não comer e de que o alimento é inimigo, assim como as investidas impulsivas de automutilação, podem conduzir essas jovens de encontro à morte (principalmente pelo alto nível de desnutrição ou pela predominância de comorbidades psiquiátricas), empurradas ironicamente pelo desejo de dela fugir. O horror à gordura, as fantasias de perder-se em si mesma, de se liquefazer e sucumbir a um estado fusional amalgamado com figuras fantasmáticas primitivas fazem com que se fechem a qualquer tipo de penetração, desde a boca fechada para as comidas até a mente fechada para reflexões.

Aqui vem a pergunta: será que haverá lugar para a análise no mundo submerso lotado de Sidonie? Será que ela irá vomitar minhas palavras ao desligarmos a câmera do celular?

Em resumo, morrer em meio aos sintomas anoréxicos na anorexia é fruto de um engano, o sintoma anoréxico é defesa contra a morte do *self*, é a busca errada de vida própria, é como procurar a luz escolhendo descer para o subterrâneo em que só há escuro, trevas e desolação. O caminho foi errado, houve uma mudança nos trilhos que primordialmente conduziriam à constituição do psiquismo e ao conhecimento de si.

4 apud Couvreur C. (2003).

Houve um desvio, provavelmente nascido de uma ruptura importante nos vínculos primitivos que dariam segurança e conforto... Ao contrário, esse bebê do passado não pôde se reconhecer no espelhamento do olhar do outro (Winnicott, 1967) e voltou seu olhar para imagens criadas em seu interno povoado de figuras mortas de afeto, fixando-se nesse sistema fechado no qual nada mais entra, no que no futuro será a negação das calorias geladas de afeto, cuja morada é seu corpo. O ego, que nessa etapa da vida é corporal (Freud, 1923), instala-se no corpo e nele permanece soberano.

Numa tentativa de modificar esse sistema inabalável e reencontrar os desejos negados, arrisca seguir essa trilha, tentando abrir alguma janela nesse corpo hermético, inflado e cheio de personagens-fantasmas do passado. Bloqueia as entradas para não enchê-lo mais, não quer que esse corpo cárcere se avolume, chegando na anulação de suas necessidades básicas.

Mas Sidonie não quer morrer, ao contrário, quer viver a aventura de se reunir. Uma aventura de resgate de uma vida que ficou congelada no tempo, na oralidade, sem possibilidades de movimentação.

A criança que fui chora na estrada.
Deixei-a ali quando vim ser quem sou;
Mas hoje, vendo que o que sou é nada,
Quero ir buscar quem fui onde ficou.

Ah, como hei de encontrá-lo? Quem errou
A vinda tem a regressão errada.
Já não sei de onde vim nem onde estou.
De o não saber, minha alma está parada.

Se ao menos atingir neste lugar
Um alto monte, de onde possa enfim
O que esqueci, olhando-o, relembrar,

Na ausência, ao menos, saberei de mim,
E, ao ver-me tal qual fui ao longe, achar
Em mim um pouco de quando era assim.
– Fernando Pessoa

A análise proporciona esse alto monte, o recosto no divã-barranco da estrada, no qual, com a presença viva do analista, se torna possível um encontro com o que ficou perdido. Diz o poema: "e ao ver-me tal qual fui ao longe, achar em mim um pouco de quando era assim".

A psicanálise, por meio do resgate das palavras perdidas, da nomeação dos afetos, da expansão do conhecimento de si mesmo, do acolhimento oferecido pela escuta da interioridade, oferece aos pacientes novas possibilidades de reencontrar caminhos, desta vez de vida, defesas saudáveis que reconduzam a mente à condição de voltar a ser a criadora de seu mundo.

O segredo é não correr atrás das borboletas... É cuidar do jardim para que elas venham até você.
– Mário Quintana

Referências bibliográficas

BIDAUD, É. *Anorexia mental:* ascese, mística. Uma abordagem psicanalítica. Rio de Janeiro: Companhia de Freud, 1998.

COUVREUR, C. "Fontes históricas e perspectivas contemporâneas. A adição". Em: Brusset, B. *et al. A bulimia.* São Paulo: Escuta, 2003.

DEBORD, G. (1997) *A sociedade do espetáculo.* eBooksBrasil.org. 2003.

FENICHEL, O. (1945) *Teoria psicanalítica das neuroses.* Rio de Janeiro: Atheneu, 1981.

FREUD, S. (1923) O ego e o id. Em: Freud, S. *Edição standard brasileira das obras completas de Sigmund Freud,* v. XIX. Rio de Janeiro: Imago, 1976.

______. (1933-[1932]) Conferência XXXIII – Feminilidade. Em: Freud, S. *Edição standard brasileira das obras completas de Sigmund Freud*, v. XII. Rio de Janeiro: Imago, 1976.

GAUTHIEZ, P. Sainte Catherine de Sienne. Paris: Bloud et Gay ed., 1916.

KLEIN, M. (1952) *Sobre a observação do comportamento de bebês.* Em: Klein, M. Inveja e Gratidão e outros trabalhos 1946-1963. Rio de Janeiro: Imago, 1991.

MANNONI, M. "Instituição psiquiátrica e psicanálise II: um caso de anorexia mental". Em: *O psiquiatra, seu louco e a psicanálise.* Rio de Janeiro: Zahar, 1971.

MIRANDA, M. R. "O mundo objetal anoréxico e a violência bulímica em meninas adolescentes". *Revista Brasileira de Psicanálise.* v. 38, nº 2, 2004.

______. "A representação simbólica nas perturbações alimentares à luz da complexidade da relação mãe-filha". Em: Gonzaga. A. P. e Weinberg C. (org.) *Psicanálise de transtornos alimentares.* São Paulo: Primavera Editorial.

PESSOA, F. (Álvaro de Campos). *Melhores poemas.* Org. T. R. Lopes. São Paulo: Global, 1996.

______. *Novas poesias inéditas. Fernando Pessoa.* (Direção, recolha e notas de Maria do Rosário Marques Sabino e Adelaide Maria Monteiro Sereno.) Lisboa: Ática, 1973 (4. ed. 1993).

WEINBERG. C., CORDÁS, T. A. *Do altar às passarelas:* da anorexia santa à anorexia nervosa. São Paulo: Annablume, 2006.

______. (2019) *Faces do martírio:* anorexia e santidade. Uma abordagem psicanalítica. São Paulo: Sá Editora, 2019.

WINNICOTT, D. W. (1967) "O papel do espelho da mãe e da família no desenvolvimento infantil". Em: *O brincar e a realidade*. Rio de Janeiro: Imago, 1975.

A condição mental do analista na clínica dos transtornos alimentares

PATRICIA GIPSZTEJN JACOBSOHN

Há algum tempo, venho pesquisando a posição do analista na clínica dos transtornos alimentares.[1] Pode-se perguntar, inicialmente, se difere da posição do analista em outras clínicas. Penso que, por vezes, sim. E tais diferenças ocorrem pelas especificidades que essa clínica traz consigo e que serão trabalhadas ao longo deste texto.

Sem dúvida, trata-se de uma clínica vibrante, instigante e bonita. Muitas vezes, é árida e difícil também. Requer do analista algumas funções e disponibilidade psíquicas, as quais determinarão parte importante do processo analítico, já que penso o analista como codeterminante no trabalho analítico. A condição mental do analista tem participação ativa no encontro analítico, podendo ser geradora de transformações e ampliações psíquicas, como também pode ser um entrave. As resistências ocorrem na dupla analítica, não partindo apenas dos analisandos. Além do psiquismo, o corpo do analista é tomado de empréstimo, servindo como modelo identificatório para esses pacientes, que, com psiquismo e corpo em frangalhos, possam falar dos seus.

De modo contratransferial, costumam mobilizar bastante os analistas. Impotência, raiva, medo, senso de urgência, perplexidade, descrença e estafa são afetos frequentemente suscitados nos analistas.[2]

---

1 *A figura do analista na clínica das anorexias e bulimias*. Dissertação de mestrado apresentada a PUC-SP sob orientação do Prof. Renato Mezan, 2017.

2 De acordo com a pesquisa realizada com analistas que atendem transtornos alimentares na dissertação acima mencionada.

É extremamente delicada a posição do analista frente a esses casos que mobilizam aspectos perturbadores em sua mente. Sentimentos viscerais entram em cena. Da viscerabilidade ao metabolismo psíquico, requerem muito do analista. Miranda (2005, p. 9) descreve assim:

> Penso que a psicanálise, no trato com transtornos alimentares, faz uso de equipamentos semelhantes metaforicamente aos da geologia, pois lida com vidas mentais ossificadas, onde as mudanças climáticas variam por vezes na mesma sessão, ou ainda, na mesma fala, passando da era glacial, com pontas de iceberg por todo o lado, até áreas áridas e abafadas, quando não caímos em terrenos pantanosos, cheios de areias movediças, impossibilitadas de caminhar.

É assim que Marina Ramalho Miranda (2005, p. 9) poeticamente descreve o cotidiano clínico. A aridez psíquica, o desejo congelado e a frieza afetiva não podem contaminar o analista:

> Estamos agora próximos à compreensão do quanto estes atendimentos clínicos representam áreas de risco, caminhos fronteiriços entre abismos psicóticos e fendas glaciais onde o analista não poderá cair, pois as chances de rompimentos súbitos são altas, assim como a perda de apetite para o trabalho.

Este texto procurará trabalhar essas questões a partir de dois eixos principais: a contratransferência e o corpo do analista.

Freud e a contratransferência

Freud pouco se referiu à contratransferência de modo explícito. Porém, em diversas passagens de sua obra, ateve-se ao tema. São três as passagens nas quais se utiliza do termo contratransferência. Em 1910 (p. 13, Grifos), em "As Perspectivas Futuras da Terapêutica Psicanalítica", o termo aparece pela primeira vez:

> [...] as outras inovações na técnica relacionam-se com o próprio médico. Tornamo-nos cientes da 'contratransferência', que, nele, surge como resultado da influência do paciente sobre os seus sentimentos inconscientes e estamos quase inclinados a insistir que ele reconhecerá a contratransferência, em si mesmo, e a sobrepujará.[3] Agora que um considerável número de pessoas está praticando a psicanálise e, reciprocamente, trocando observações, notamos que nenhum psicanalista avança além do quanto permitem seus próprios complexos e resistências internas; e, em consequência, requeremos que ele deva iniciar suas atividades por uma auto-análise e levá-la, de modo contínuo, cada vez mais profundamente, enquanto esteja realizando suas observações sobre seus pacientes.

Em "Observações Sobre o Amor Transferencial" (1915, p. 178), diz:

> Para o médico, o fenômeno significa um esclarecimento valioso e uma advertência útil contra qualquer tendência a uma contratransferência que pode estar presente em sua própria mente. Ele deve reconhecer que o enamoramento da paciente é induzido pela situação analítica e não deve ser atribuído aos encantos de sua própria pessoa; de maneira que não tem nenhum motivo para orgulhar-se de tal 'conquista', como seria chamada fora da análise. E é sempre bom lembrar-se disto.

Um pouco mais adiante no seu texto, numa passagem belíssima, Freud afirma (1915, p.1820):

> O tratamento analítico se baseia na sinceridade, e neste fato reside grande parte de seu efeito educativo e de seu valor ético. É perigoso desviar-se deste fundamento. Todo aquele que tenha embebido na técnica

3 Tamburrino salienta o fato de que muitos leitores de Freud costumam reconhecer mais a dimensão negativa sobre a presença implicada do analista pelo fenômeno contratransferencial. Um dos aspectos que talvez contribua para essa interpretação seja a tradução do termo alemão *bewältigen*, traduzido como na citada passagem por sobrepujar ou dominar. Traduções que imprimem uma ideia equivocada e contrária ao significado que Freud quis dar. O termo pode ser traduzido como lidar, superar, o que implica que a contratransferência deve ser digerida, elaborada, absorvida e por fim superada e não eliminada como dá ideia a tradução anterior. (Em: TAMBURRINO, G. *Enactments e transformações no campo analisante*. São Paulo: Escuta, 2016. p. 22.)

> analítica não mais será capaz de fazer uso das mentiras e fingimentos que um médico normalmente acha inevitáveis; e se, com a melhor das intenções, tenta fazê-lo, é muito provável que se traia. Visto exigirmos estrita sinceridade de nossos pacientes, colocamos em perigo toda a nossa autoridade, se nos deixarmos ser por eles apanhados num desvio da verdade. Além disso, a experiência de se deixar levar um pouco por sentimentos ternos em relação à paciente não é inteiramente sem perigo. Nosso controle sobre nós mesmos não é tão completo que não possamos subitamente, um dia, ir além do que havíamos pretendido. Em minha opinião, portanto, não devemos abandonar a neutralidade para com a paciente, que adquirimos por manter controlada a contratransferência.

Parece ficar claro nessas passagens que Freud, ainda de modo incipiente, chama de contratransferência o produto do funcionamento mental do analista em reação ao contato com o funcionamento mental do paciente. Fala da influência do paciente sobre os sentimentos inconscientes do analista e dos sentimentos e afetos suscitados no analista por seu paciente. Parece dar indícios da necessidade do analista identificá-los e trabalhá-los, reconhecê-los e elaborá-los. Freud afirma, ainda, que os avanços do trabalho analítico estão intimamente relacionados aos limites psíquicos do próprio analista, seus complexos e resistências. Ou seja, um dos grandes desafios ao progresso de uma análise pode ser o próprio analista.

Freud fala ainda do caráter ético em jogo numa análise, da busca da verdade e da sinceridade, o que deve obrigar o analista a estar inteiro na sessão analítica, de corpo e alma. Uma ressalva importante deve ser feita aqui. Joyce McDougall (1997, p. 242), citando Bion, diz que a análise deve buscar a verdade e a realidade. Mas adverte:

> Há o perigo de impor valores de natureza moral, religiosa, estética e política. Tais imposições atrapalhariam nosso trabalho como analistas e imporiam pressões aos nossos pacientes no sentido de se sujeitarem ao nosso sistema de valores, em vez de descobrirem seus próprios sistemas e de assumirem ou modificarem seus valores em consequência disso.

Em "Recomendações aos Médicos que Exercem a Psicanálise" (1912, p. 125), logo no primeiro parágrafo, Freud afirma:

> Devo, contudo, tornar claro que o que estou asseverando é que esta técnica é a única apropriada a minha individualidade; não me arrisco a negar que um médico constituído de modo inteiramente diferente possa ver-se levado a adotar atitude diferente em relação ao seus pacientes e à tarefa que se lhe apresenta.

Fica claro que, para Freud, há uma relação entre individualidade e técnica. O que o analista é, sua dinâmica psíquica, sua vivência e sua experiência de vida influenciam a condução analítica de modo muito particular.

Ele segue dizendo:

> Também o médico deve colocar-se em posição de fazer uso de tudo que lhe é dito para fins de interpretação e identificar o material inconsciente oculto, sem substituir sua própria censura pela seleção de que o paciente abriu mão. Para melhor formulá-lo: ele deve voltar ao seu próprio inconsciente, como um órgão receptor, na direção do inconsciente transmissor do paciente. Deve ajustar-se ao paciente como um receptor telefônico se ajusta ao microfone transmissor. Assim como o receptor transforma de novo em ondas sonoras as oscilações elétricas na linha telefônica, que foram criadas por ondas sonoras, da mesma maneira o inconsciente do médico é capaz, a partir dos derivados do inconsciente que lhes são comunicados, de reconstruir esse inconsciente, que determinou as associações livres do paciente. (1912, p. 129)

Para Freud, então, o sistema inconsciente tem função poderosa. Ele capta, retém e decodifica o significado dos derivados do inconsciente do paciente, ou seja, seu conteúdo manifesto, produzido pelo paciente. Em outras palavras, é o psiquismo do analista em interjogo com o psiquismo do paciente que direciona a análise (alguns autores extraem da citada passagem a função telepática do inconsciente, dada a metáfora com o telefone).

Freud complementa (1912, p. 129):

> Mas se o médico quiser estar em posição de utilizar seu inconsciente desse modo, como instrumento de análise, deve ele próprio preencher determinada condução psicológica em alto grau. Ele não pode tolerar quaisquer resistências em si próprio que ocultem de sua consciência o

> que foi percebido pelo inconsciente; doutra maneira, introduziria na análise nova espécie de seleção e deformação que seria muito mais prejudicial que a resultante da concentração da atenção consciente. Não basta para isso que ele próprio seja uma pessoa aproximadamente normal. Deve-se insistir, antes, que tenha passado por uma purificação psicanalítica e ficado ciente daqueles complexos seus que poderiam interferir na compreensão do que o paciente lhe diz. Não pode haver dúvida sobre o efeito desqualificante de tais defeitos no médico; toda repressão não solucionada nele constitui o que foi apropriadamente descrito por Stekel como um 'ponto cego' em sua percepção analítica.

Freud parece ter certeza de que a análise do analista é protetiva para o seu paciente, principalmente no que se refere às interferências inconscientes e pontos cegos. Atenta para a resistência do próprio analista, no qual a consciência seleciona e pode deformar o material.

Percebemos que o autor já resvalava no posicionamento subjetivo do analista frente a seus pacientes, base de definição da contratransferência, sendo ela resultado do funcionamento do analista em contato com o funcionamento do seu paciente e da reação do analista frente a ele. Em outra forma de funcionamento subjetivo, tanto do analista quanto do paciente, outra atitude seria adotada.

Derivo algumas outras questões deste ponto. A personalidade do analista é crucial, pelo que diz Freud, no manejo técnico do analista com seu paciente. Seria a personalidade do analista determinante no tipo de análise que pratica? O quanto à personalidade do analista, é determinante na técnica analítica que vai utilizar?

Em outra passagem, diz Freud (1912, p. 126):

> Aqueles elementos do material que já formam um texto coerente ficarão à disposição consciente do médico: o resto, ainda desconexo, e em desordem caótica, parece a princípio estar submerso, mas vem rapidamente a lembrança assim que o paciente traz à baila algo de novo, a que se pode relacionar e pelo qual pode ser continuado.

O que ele parece sugerir é que se suspenda o funcionamento diário normal, o binômio atenção/memória e suas dimensões socioculturais, que determinam significantes colados a significados usuais. E como se acessa as memórias inconscientes? Do que fala Freud? O que sugere para se quebrar o binômio usual atenção/memória?

A ênfase não está só no discurso do paciente, na escuta dos significantes e significados, mas no estado mental do analista. Parece ser essa alteração de estado mental, esse controle do aparato mental subjetivo do analista, o responsável pela emergência das memórias inconscientes a que se refere Freud (1912, p. 126):

> Equívocos neste processo de recordação ocorrem apenas em ocasiões e lugares em que nos achamos perturbados por alguma consideração pessoal – isto é, quando se caiu seriamente abaixo do padrão de um analista ideal.

Vemos aí, então, que algumas "considerações" pessoais do analista são prejudiciais ao andamento adequado da análise. Assim, eu me pergunto: que capacidades e qualidades são esperadas do analista?

Sobre esta passagem, Figueira (1994, p. 14) afirma que, sem ser nomeada, a contratransferência pode ser discernida como aquilo que deve ser evitado no conteúdo mental do analista. "É a recolocação, redefinição, do continente, da máquina mental do analista que constitui o solo próprio do analista", reitera.

Pelo exposto, percebe-se que, para a saúde da dupla analítica, o analista precisa ter disponibilidade interna e tolerar as maciças e intensas identificações projetivas do seu analisando, conseguindo, assim, uma relação transferencial que possa propiciar o crescimento e movimentos positivos da dupla analítica.

Questões contratransferenciais na clínica dos transtornos alimentares

De certo que a contratransferência acontece de modo muito particular em todo encontro analítico, pois tem fontes inconscientes nos conflitos de cada analista e são reativadas pelo contato com os conflitos de cada analisando. A contratransferência é, portanto, um instrumento valioso para a compreensão do mundo interno de nossos pacientes. Como explica Paula Heimann (1950, p. 129):

> Minha tese é que a resposta emocional do analista sobre seu paciente dentro da situação analítica representa uma das mais importantes ferramentas para seu trabalho. A contratransferência do analista é um instrumento de investigação dirigido ao inconsciente do paciente.

Mas encontro ressonância no trabalho de Humberto Lorenzo Persano, psicanalista argentino, que foi chefe de um serviço de hospital-dia especializado em pacientes com transtornos alimentares em Buenos Aires, onde foi supervisor de terapeutas que conduziam processos de psicoterapia individual de orientação psicanalítica. Nesse trabalho, registrou "as intensas vivências" destes terapeutas (2006, p. 156).

Um dos supervisionados relata:

> Várias vezes senti aborrecimento pela insistência no tema 'me sinto gorda', uma monotonia excessiva e uma sensação de onipotência nelas pelo controle sobre a ingesta de alimentos, como se não afetasse minimamente suas próprias vidas. Creio que o aborrecimento é também gerado pela sensação de 'insatisfação' que me criam estas pacientes, que 'não fazem nada de suas vidas', não trabalham, não estudam, não comem, não namoram. Uma vida 'vazia', em que tudo gira em torno das calorias consumidas durante o dia...

Persano diz que essas impressões colocam em cheque a tolerância do analista para trabalhar com o tipo de material martelado durante as sessões, que resultam opressivas pelo desinteresse dos pacientes acerca do que os terapeutas possam lhes oferecer. Em contrapartida, há pouco interesse dos terapeutas em escutar o material, devido às repetições constantes, em tons monocórdicos, e também pela dificuldade dos pacientes em associá-los com conteúdos significativos de suas próprias vidas. Diz ainda:

> Este tipo de material põe à prova a tolerância do analista para aceitar estas vivencias como aspectos vazios dos pacientes, desenvolvidos transferencialmente e percebidos na contratransferência pelo terapeuta como aborrecimento, sensação de vazio e uma profunda insatisfação por não poder aplicar os conhecimentos de técnica psicanalítica geralmente aprendidos durante suas formações. Além disso, as vivências

> comprometem o mundo interno do terapeuta que, inclusive, está comprometido com toda sua personalidade e seus próprios ideais.

Humberto Persano afirma (2006, p. 158):

> A contratransferência pode ser um instrumento válido se utilizado metodologicamente como uma maneira de formular hipóteses inferidas a partir do registro dos sentimentos e sua decifração; para isso, exige-se uma grande flexibilidade do terapeuta e de sua capacidade de conter em sua própria mente estas sensações. A análise pessoal e a supervisão são indispensáveis para poder conduzir estes processos analíticos.

O corpo do analista

O corpo do analista se faz presente em toda a cena analítica, desde quando recebe o material de seu paciente, colocando sua sensorialidade em evidência e emprestando o seu corpo como continente e também como metabolizador para a experiência emocional de seu paciente quando da formulação de uma interpretação.

Vivências somáticas do analista são muito comuns nos atendimentos de pacientes com queixas somáticas ou transtornos alimentares, por exemplo. No atendimento a uma paciente com bulimia, eu sofria com tonturas e uma dor de cabeça lancinante, localizada nas têmporas. Com relação a outra paciente, também com bulimia, sofria com um nojo acompanhado de um enjoo terrível. Uma outra paciente com anorexia me fazia sentir um "tremor interno", algo tão sensorial que me é difícil traduzir em palavras. Penso, porém, que é necessário ao analista possibilitar-se estar nessa posição, permitir esse empréstimo delicado também do seu corpo.

Aline Gurfinkel (2008, p. 324-325), no seu bonito trabalho sobre a contratransferência na clínica dos transtornos alimentares, traz dois exemplos clínicos nos quais sentia sono e fome. Afirma que, transferencialmente, eram pacientes que buscavam uma imagem de si no olhar do outro, a fim de restaurar suas imagens desintegradas. Ao se olharem no espelho, não encontravam uma integração de si, que só podia se dar através do olhar da analista. Inclusive, reafirma aqui a importância da posição face a face, pois o rosto da analista cumpre um papel fundamental: fonte de formas expressivas, ele age como intervenção não verbal. "Ele comunica e espelha, integrando, imaginariamente a parcialidade pulsional vivida pelo sujeito". Segue dizendo que dosar a sonolência e a fome, nestes casos, foi como regular um aparelho receptor:

> O corpo do analista serve, aqui, como um amplificador. Tal qual a função hipocondríaca do sonho proposta por Freud (1915), ao ampliar sensações somáticas e transformá-las em imagens figuradas, a experiência psicossomática do analista dá início a um processo de simbolização do corporal. Este trabalho de simbolização do corporal é também propiciado pela percepção, por parte do analista, das suas próprias experiências corporais na transferência.

Gurfinkel afirma, então, que o corpo do analista faz as vezes de um corpo materno regulador, que, por meio de sua sensibilidade sutil, busca a evitação de excessos, transbordamentos e atuações. É o corpo necessário para a instauração da situação analítica e dos processos simbólicos.

O corpo do analista na clínica dos transtornos alimentares

Como o corpo do analista é colocado em cena numa sala de análise com pacientes com problemáticas alimentares? Isso me intrigou desde sempre. Um dos grandes desafios desta pesquisa foi encontrar bibliografias que dissessem respeito ao corpo e a questões alimentares dos analistas na clínica dos transtornos alimentares. Uma bibliografia escassa na Psicologia e mais ainda na psicanálise. O único artigo psicanalítico é o de Susie Orbach, que será discutido a seguir. Entretanto, alguns artigos em periódicos específicos de transtornos alimentares tratam da temática.

Picot, McClanahan e Conviser (2010, p. 165-175) afirmam que terapeutas não são folhas em branco quando tratam pacientes com transtornos alimentares, independentemente de suas orientações profissionais e atitudes diante a sua autorrevelação:[4] "Tamanho, aparência, peso, vestimentas e as diversas formas de apresentações do self físico são afirmações fundamentais que apresentamos para os nossos pacientes e que podem ser concebidas como formas indiretas de autorrevelação".

A posição dessas autoras é que, pela natureza de nossa presença física na sala de terapia, comunicamos algo de importância para os nossos pacientes. A disponibilidade de processar reações à nossa aparência física encoraja uma atmosfera de confiança e cura. Além do mais, manejar essas percepções previne *acting out* e regressões, permitindo aos pacientes explorar crenças inconscientes ou fantasias num contexto seguro. Sugerem que a "transferência da imagem corporal" seja convidada ao espaço terapêutico como um caminho para esta exploração, que pode promover intimidade, *insight* e revelação. Argumentam, ainda, que a análise da transferência da imagem corporal pode ser uma ponte crucial de um mundo superficial de defesa e resistência para a rica função inconsciente desses sintomas – fica claro que, aqui, por não se tratar de um artigo psicanalítico, defesa e resistências não parecem ser concebidas como na psicanálise.

Hornstein (2010, p. 165-175) segue por essa mesma linha, afirmando que a forma com que as mulheres se sentem sobre elas mesmas e seus corpos está sempre na sala de terapia. Coloca ainda a questão: de quem é a responsabilidade de falar sobre isso? Cita o artigo de Lowell e Meader, quando afirmam que o corpo do terapeuta se torna parte de conversa em terapia, à medida que os pacientes se sentem mais abertos para autorreflexão sobre seus próprios corpos. Hornstein afirma que, se trabalharmos de forma mais corporificada e aberta na relação terapêutica, tanto mais nossos pacientes também o farão.

Lowell e Meader (2005) afirmam que mulheres com transtornos alimentares quase sempre comparam seus corpos e partes deles com o de outras mulheres. Quando essa outra mulher é a terapeuta, o tratamento é afetado. "Falar sobre o corpo da terapeuta, como também do corpo do paciente, é crucial ao trabalho". Atentam ao fato de que muito se tem escrito sobre o tratamento dos transtornos alimentares, mas se tem dado muito pouca atenção aos efeitos do corpo do terapeuta no curso e processo do tratamento.

---

4 No original, em inglês, *self-disclosure*. Traduzidos aqui por autorrevelação ou autodesvelamento. Termo encontrado em diversos artigos, e não se encontra uma tradução única para o português.

Rance, Clarcke e Moller (2014, p. 114-120) desenvolveram uma interessante pesquisa sobre a percepção dos pacientes a respeito do corpo do terapeuta. Entrevistaram 11 mulheres diagnosticadas com anorexia e bulimia, e que foram atendidas por terapeutas mulheres. Como resultado, sugerem que o corpo da terapeuta não é só observado, especulado e alvo de premissas, mas que também as especulações e premissas têm o potencial de influenciar as crenças na habilidade da terapeuta em ajudá-las e entendê-las, como também na disposição de se engajar na terapia. Afirmam que as terapeutas de transtorno alimentar constantemente dizem sentir que sua aparência é sempre monitorada, examinada e avaliada, e que se sabe hoje muito pouco sobre o que pensam as pacientes a respeito do tamanho do corpo de suas terapeutas e de sua relação com a comida. Por dois motivos: o primeiro deles é pelo limitado empirismo e evidências teóricas disponíveis, sugerindo que o corpo do terapeuta pode ser um importante fator de trabalho com pacientes de transtorno alimentar. Em segundo lugar, porque os terapeutas têm poucas orientações sobre as formas pelas quais seus corpos podem ser percebidos por seus pacientes e aos possíveis impactos que essas percepções podem ter no processo terapêutico.

Em sua pesquisa, as pacientes afirmam que possuem uma tendência incontrolável em comparar seus corpos com as pessoas à sua volta, e que as pacientes com transtorno alimentar fazem deduções a respeito da relação da terapeuta com comida. Na grande maioria das vezes, assumem que um terapeuta de transtorno alimentar pode ter um histórico de transtorno alimentar. Concluem que os terapeutas precisam refletir sobre os próprios sentimentos sobre seus corpos. E dizem ainda que, na clínica dos transtornos alimentares, a aparência do terapeuta realmente importa.

Acredito que não só a aparência seja importante, mas também as identificações projetivas, fantasias e elucubrações que os pacientes formulam e dirigem sobre o terapeuta – sua aparência e a forma com a qual se relaciona com a comida.

O artigo de Lowell e Meader (2005) versa sobre terapeutas magros e como isso ressoa na clínica com pacientes de transtorno alimentar. Afirmam que, em qualquer tratamento, pacientes têm fantasias e crenças sobre o terapeuta, questões sobre a história dele e ambivalências sobre vir a saber sobre isso. Eles se detêm nas temáticas transferenciais e contratransferências

– suposições que pacientes (e terapeutas) fazem sobre terapeutas magros, sobre a imagem corporal do próprio terapeuta e o corpo deste como barreira ou ferramenta para a melhora. Também mencionam como são pacientes sensíveis à aparência do terapeuta, incluindo expressões faciais, vestimentas, senso de humor, linguagem corporal e tamanho do corpo. Afirmam que aspectos de identificações projetivas entre pacientes e terapeutas mulheres é especialmente forte, pois, como membros dessa cultura, elas têm uma maleabilidade e variáveis experiências com seus próprios corpos. A evitação das projeções sobre o corpo de uma das outras que permanece escondida propicia um terreno fértil para questões não resolvidas de identificações projetivas. Dizem que isso às vezes se manifesta até nos dilemas que as terapeutas enfrentam ao se vestir para trabalhar. Citam o exemplo de uma paciente que odiava seus braços, e sua terapeuta se percebeu evitando vestir-se com blusas sem mangas, como forma de não mostrar seus braços finos. Ela afirmava para si mesma que esperava estar protegendo a paciente de seus sentimentos de autoaversão, mas depois de refletir um pouco, percebeu que estava cobrindo sua própria vergonha. Os autores afirmam que, com relação ao corpo magro de uma terapeuta, podem surgir aspectos como inveja, ódio, ciúmes e idealizações a respeito dele e de sua habilidade de comer livremente, como se houvesse na sala de terapia uma sortuda. Ou o medo da paciente não magra de que seu corpo possa ser visto pela terapeuta como repulsivo. E dizem que uma terapeuta magra que tem sentimentos conflituosos com seu próprio corpo pode perder oportunidades que surgem como resultados das projeções das pacientes. Concluem dizendo que as terapeutas podem sentir que seu corpo magro pode ser inapropriado ou inaceitável na relação com estas pacientes, ou, então, podem gostar de ter seu corpo magro admirado, embora identificar, entender e admitir este tipo de sentimento possa ser difícil, sendo parte essencial do trabalho do terapeuta.

Em janeiro de 2009, um membro da AED (Academy of Eating Desorders) solicitou orientações sobre como confrontar um colega de trabalho, que ela e outros membros percebiam como "perigosamente magro". Entre os assuntos levantados, incluiu-se o impacto do corpo do terapeuta na transferência e até se terapeutas recuperados de transtorno alimentar devem revelar esse fato aos pacientes. Dessa discussão, seguiu-se um importante artigo, organizado por Jacobs e Nye, no qual 11 terapeutas expõem suas visões e discutem os temas propostos (parte deles estão sendo aqui utilizados). E partem da pergunta: Afinal, o que nosso corpo (e nosso peso, ou nossa história pregressa de um transtorno alimentar) tem a ver com nossa competência profissional?

Em seu artigo, Levine (2010, p. 165-175) afirma que os terapeutas podem não estar cientes da influência em seus pacientes dos significados da autorrevelação sobre exercícios ou dietas e dos profundos efeitos dessa ação. Por isso, terapeutas e supervisores precisam trabalhar em conjunto para reexaminar sessões e entender onde e como comentários e/ou atitudes podem ser "gatilhos" para os pacientes. Relata um caso no qual o terapeuta discutiu com o paciente sobre seu programa de exercícios; num outro caso, uma terapeuta que tinha começado a restringir certos carboidratos de sua dieta começou a enfocar as mesmas questões com os pacientes (apesar de a equipe de nutrição ser responsável pelas orientações nutricionais). Como resultado, a paciente sentiu-se extremamente criticada por esses comentários.

A autora do artigo reafirma a importância de se poder discutir esses sentimentos abertamente em uma supervisão. Eu acrescentaria a importância dos terapeutas de transtornos alimentares trabalharem em análise suas questões com o corpo e a alimentação, pois parece absurda a alienação dos terapeutas destes últimos exemplos.

Como único artigo psicanalítico sobre o impacto do corpo na sala de análise com pacientes de transtorno alimentar, cito o trabalho de Susie Orbach (2007, p. 141-150). A autora propõe uma reteorização da relação entre psique e soma, na qual o corpo não é mais somente visto como um "mero" receptáculo de conteúdos mentais não desejados, mas no qual a subjetividade do corpo tem um desenvolvimento histórico por si só. Ela argumenta que o corpo carrega sua própria história decorrente do nexo do apego (apoia-se em Bolwby) de seus cuidadores e dos corpos que eles foram capazes de reconhecer na sua própria infância. Ilustra como as questões do desenvolvimento corporal aparecem no *setting* analítico e como o corpo do terapeuta pode ser usado para identificar e localizar os problemas com o corpo dos pacientes.

Relata alguns fenômenos sinestésicos, como sono, ou como aconteceu com ela na presença de uma paciente: uma imperiosa vontade de colocar a língua para fora (essa paciente tinha uma fobia de vomitar, e seu irmão tinha uma deficiência, ou seja, seu corpo não podia ser controlado fisicamente e seu aspecto físico e seu corpo eram repulsivos para a paciente).

Uma supervisionanda sua teve que interromper uma sessão, pois sentiu um cheiro de fogo vindo de fora da sala de análise (quando isso aconteceu, a analista descobriu que o fogo tinha aspectos cruciais no quadro da paciente); relata um exemplo dela própria, que sentiu seu corpo ronronando durante uma sessão. Pergunta, então, como entendemos esses fenômenos sinestésicos, que sentido podemos dar a eles e questiona-se sobre qual o uso, a função e o significado dos sentimentos corporais que podem ser despertados no psicoterapeuta durante o curso de uma sessão.

Afirma que, na maior parte das vezes, as sensações físicas experimentadas pelos analistas são interpretadas somente em termos psíquicos, não sendo explorados os significados físicos que podem ser interpretados a partir deles, perdendo-se, assim, dimensões cruciais da corporeidade dos pacientes e de sua experiência com seu próprio corpo. Em sua experiência de supervisora, observou que, quando um supervisionando tem sono, por exemplo, isso pode se aproximar do que Racker chama de contratransferência concordante. O paciente evoca no terapeuta um sentimento de paz: uma necessidade de estar com o terapeuta em quietude e segurança, muito próximo ao que Winnicott descreve como a capacidade que o bebê desenvolve de estar sozinho na presença da mãe disponível.

Afirma ainda que, se observarmos a corporeidade de nossos pacientes via a contratransferência corporal, aprenderemos muitos aspectos interessantes, que enriquecem nosso trabalho. Diz da importância de tornar nosso corpo disponível para nossos pacientes na relação terapêutica de forma correlacionada com a que deixamos nosso psiquismo disponível. Embora, no exercício do nosso trabalho, possamos frequentemente nos sentir inconscientes de nosso próprio corpo e nos experenciar muito mais como uma mente, como um cérebro ou como um coração, as várias contratransferências corporais que descreveu no artigo a forçam a confrontar como seu próprio corpo tornou-se significativo para alguns pacientes. Afirma, no entanto, que esse reconhecimento pode causar desconforto para alguns terapeutas. Não é fácil dar-se conta de que seu corpo está sendo escrutinado ou usado. Podemos imaginar, especialmente se temos conflitos com nosso próprio corpo, que nossos pacientes o estão vendo de forma crítica, ou que eles estão atrás das nuances de mudanças de nosso corpo, que ocorrem a nós todos. Claro que alguns pacientes o fazem: eles possuem uma estranha destreza para identificar uma experiência privada, como, por exemplo, uma gravidez não revelada. De modo geral, muitos pacientes perceberão como o corpo está decorado, e se o estilo ou a cor do psicoterapeuta mudou. Afirma, entretanto, que o corpo que nosso paciente percebe é aquele que, em essência, foi criado na relação terapêutica. É um corpo que representa o imaginário e necessidades transferenciais cruzadas do paciente e do terapeuta. Não é um corpo natural ou neutro. Ele expressa as complexidades relacionais entre as duas pessoas na sala de terapia.

Penso que essas contribuições de Orbach são essenciais. Pacientes com anorexias e bulimias quase sempre são sensíveis à aparência do terapeuta, incluindo expressões faciais, vestimentas, linguagem corporal e tamanho do corpo. E o corpo do terapeuta é usado, comparado, invadido, escrutinado. Por isso a necessidade de o analista estar ciente das suas questões corporais e alimentares. Para que sua parte pessoal, particular, esteja protegida e cuidada (em análise e supervisão), e para que os pacientes não acessem justamente os nossos pontos cegos. Parece que a forma que o analista sente, julga, pensa e trata seu próprio corpo está na sala de análise. Mas que ele possa estar ciente de que o corpo que se desvela é o corpo criado no cruzamento dos inconscientes do paciente e analista, fruto da criação da dupla. É importante, então, que o analista esteja atento às questões corporais na transferência.

Concluindo

Frente às muitas particularidades desses atendimentos, minhas pesquisas centram-se na figura do analista, por ser este codeterminante do trabalho analítico, podendo ser gerador de transformações e ampliações psíquicas, como também um entrave ao trabalho. No caso da clínica das anorexias e bulimias, alguns importantes aspectos estão em jogo.

A clínica dos transtornos alimentares é, para mim, um presente. É, por um lado, bonita, intensa, vibrante e instigante. Por outro lado, é difícil, impactante, pesada. Intensos e hostis sentimentos contratransferências estão em jogo na relação analítica com esses pacientes. O cuidado com o manejo desses sentimentos e a delicadeza em comunicá-los, utilizando-os como bússola sobre o mundo interno dessas pacientes, requer certo tato e empatia, bem como a necessidade do analista de reconhecer esses sentimentos e trabalhá-los em análise e supervisão.

A boa capacitação para o atendimento a esses pacientes e a experiência do analista ajudam a fazer frente a esses aspectos contratransferenciais. Ocorre que, atualmente, são poucos os cursos no Brasil que fornecem tal capacitação. Não existe, por exemplo, uma especialização para esse fim. O que me parece pertinente para esses atendimentos, já que neles surgem questões bastante específicas.

Alguns outros aspectos auxiliam a suplantar os efeitos da contratransferência hostil. Na contratransferência entram em jogo também aspectos do corpo do analista, tanto em função de sua sensorialidade, no empréstimo delicado do seu corpo para a função materna regulatória, quanto de espelhamento, no uso do corpo do terapeuta para identificar e localizar as questões de corporeidade dos pacientes. O corpo físico do analista está presente em toda cena analítica. Pacientes com anorexias e bulimias quase sempre são sensíveis à aparência do terapeuta, incluindo expressões faciais, vestimentas, linguagem corporal e tamanho do corpo. E o corpo do terapeuta é usado, comparado, invadido, escrutinado. Por isso a necessidade de o analista estar ciente das suas questões corporais e alimentares.

Outra problemática (que não foi aqui diretamente tratada, mas nos ajuda na conclusão do trabalho) envolvendo a contratransferência são as características pessoais dos analistas. Os analistas da clínica das anorexias e bulimias não se ligam ao acaso à problemática alimentar. Se houve uma mobilização para atender este tipo de paciente, há algo que se liga a eles – questões pessoais e/ou familiares relacionadas às demandas corporais ou alimentares. São analistas que construíram trajetórias subjetivas muito relacionadas a trocas afetivas/alimentares, sejam elas de amor ou ódio, quase sempre com mulheres de referências fortes (mães e avós). Aliás, parece ficar claro que essa é uma clínica do feminino. São analistas ativas, vivas, femininas e corajosas, com disponibilidade para o outro, firmes, mas ao mesmo tempo maternais. Necessariamente têm empatia e disponibilidade para as questões da problemática alimentar.

É uma clínica que requer muito do analista. Além de tudo que já foi citado, requer plasticidade, flexibilidade e criatividade que, sem dúvida, derivam da sua condição mental.

Referências bibliográficas

FIGUEIRA, S. A. *Contratransferência de Freud aos contemporâneos*. São Paulo: Casa do Psicólogo, 1994. p. 14.

FREUD, S. "As perspectivas futuras da terapêutica psicanalítica". Em: ______. *Obras Completas*. Rio de Janeiro: Imago, 1910. Vol. XI.

______. "Recomendações aos médicos que exercem a psicanálise". Em: ______. *Obras completas*. Rio de Janeiro: Imago, 1912. Vol. XII.

______. "Observações sobre o amor transferencial". Em: ______. *Obras completas*. Rio de Janeiro: Imago, 1915. Vol. XII.

JACOBSOHN, P. G. *A figura do analista na clínica das anorexias e bulimias. 2017*. Dissertação de mestrado apresentada a PUC-SP sob orientação do Prof. Renato Mezan, 2017.

______. "Sobre o exercício da clínica dos transtornos alimentares – Analistas e seus pacientes: a arte do encontro". Em: *Psicanálise de transtornos alimentares, Vol 2*. Cybelle Weinberg (org). São Paulo: Primavera Editorial, 2016.

GURFINKEL, A. C. "Corpo e transferência na clínica dos sintomas alimentares". Em: VOLICH, R.M, (org.) *Psicossoma* IV: corpo, história, pensamento. São Paulo: Casa do Psicólogo, 2008.

HEIMANN, P. "Acerca de la contratransferência (1950)". Em: *Revista Internacional de Psicoanálises*, n. 31. Disponível em: www.jaimeyasky.cl/jaimeyasky/Escritos___Writings_files/Paula%20Heimann%20(1950)%20Acerca%20de%20la%20Contratransferencia.pdf. Acesso em Fevereiro de 2017. Acesso em: out. 2022.

HORNSTEIN, R. "When the therapist has a body". Em: The Therapist's apperance and recovery: perspectives on treatment, supervision and ethical implications. JACOBS, M. J; NYE, S. (orgs.). *Eating Disorders – The journal of treatment & prevention*. vol. 18, n. 2, 2010.

LEVINE, M. P. "Supervision issues – enhancing the healer's effectiveness in eating disorder treatment". Em: The Therapist's apperance and recovery: perspectives on treatment, supervision and ethical implications. JACOBS,

M.J; NYE, S. (orgs.). *Eating Disorders – The journal of treatment & prevention.* vol. 18, n. 2, 2010. p. 165-175.

LOWELL, M. A; MEADER, L. L. "My body, your body: speaking the unspoken between the thin therapist and the eating-disordered patient". Em: *Clinical Social Work Journal*, vol. 33, n. 3, 2005.

MCDOUGALL, J. *As múltiplas faces de Eros.* São Paulo: Martins Fontes, 1997. p. 242.

MIRANDA, M. R. *Anorexia, bulimia e compulsões*: histórias de segredos e paixões. Trabalho apresentado no XX Congresso Brasileiro de Psicanálise, 2005.

ORBACH, S. "What can we learn from the therapist's body". Em: *Attachment & Human Development*, vol. 6, n.2, 2007.

PERSANO, H. L. "Contratransferência em pacientes com transtornos alimentares". Em: ZASLAVSKY. J; SANTOS, M. J. P (orgs). *Contratransferência:* teoria e prática clínica. Porto Alegre: Artmed, 2006.

PICOT, A; Mc CLANAHAN, S; CONVINSER, J. "The exploration of body image transference as a pathway to eating disorders recovery". Em: The Therapist's apperance and recovery: perspectives on treatment, supervision and ethical implications. JACOBS, M.J; NYE,S. (orgs.). *Eating Disorders – The journal of treatment & prevention.* vol. 18, n. 2, 2010.

RANCE, N. M; CLARCKE, V.; MOLLER, N. P. "If I see somebody…The therapist or anything, I'll immediately scope them out: anorexia nervosa client's perceptions of yheir therapist's body". Em: *Eating Desorders – The Journal os treatment and prevention*, v. 22. n. 2, 2014.

TAMBURRINO, G. *Enactments e transformações no campo analisante.* São Paulo: Escuta, 2016, p. 22.

Palavras adormecidas: mídias sociais, transtornos alimentares e subjetividade

PATRICIA GIPSZTEJN JACOBSOHN

O interesse pela tecnocultura dos transtornos alimentares surge como uma demanda da clínica. São frequentes os relatos sobre redes sociais, imagens, vídeos e uso dos aplicativos de controle ou rastreio de calorias e exercícios físicos. Por isso a necessidade de pesquisar e explorar o tema, além do anseio por novos recursos para manejar tais questões no exercício da clínica. Já existe amplo e rico material da leitura psicanalítica sobre o tema das redes sociais, dos selfies e afins, mas pouca literatura relacionando a tecnocultura e a psicanálise dos transtornos alimentares. Como ponto de partida, procurei pela pesquisa científica sobre o tema em diferentes abordagens. E ela é muito vasta. Felizmente, as publicações estão cada vez mais rápidas, o que confere uma atualidade impressionante. Essas publicações, somadas aos relatos de pacientes e à tecitura da interpretação analítica, permitem derivações teóricas e técnicas importantes. Como abordarei adiante, inclusive como conduta terapêutica.

A tecnologia, inegavelmente, é parte importante de nossas vidas. Diversos estudos a correlacionam com transtornos alimentares, seja pelo efeito das mídias sociais no desenvolvimento das desordens alimentares (Mabe *et al.*, 2014; Holland; Tiggermann, 2016), seja pelo impacto da tecnocultura na insatisfação da imagem corporal, ou pela combinação dos dois fatores (Lira *et al.*, 2017).

Começo fazendo uma breve descrição das redes sociais para podermos nos apropriar do nosso objeto de estudo. Já farei, nesta descrição, pequenos entrelaçamentos com as questões alimentares e de imagem. A seguir, discorro sobre a subjetividade contemporânea – precipitada e impulsionada, mas, ao mesmo tempo, mantenedora da tecnocultura. Assim, já de posse dessas questões, costuro as questões alimentares e o uso redes sociais e sua relação com insatisfação de imagem corporal, tocando em questões como internalização do ideal de beleza e endosso do ideal de magreza.

Logo após chamo a atenção para outro evento recente. Com a popularização dos smartphones, um recente fenômeno tem surgido: o uso de aplicativos rastreadores de calorias, exercícios ou ambos (*fitness and calories tracking apps*). Procurarei analisar impactos do seu uso com os transtornos alimentares.

Busquei refletir como fenômenos atuais, como a pandemia de covid-19, ao aumentar o uso de telas, impacta questões relativas à imagem corporal. Finalizo este texto com os impactos na clínica e com as novas condutas terapêuticas trazidas com essas novas demandas.

A evolução das redes sociais e os transtornos alimentares

Ao longo dos últimos 20 anos, o uso da internet nos transtornos alimentares foi se transformando. Dos antigos websites pró-anorexia e bulimia a mais nova mídia social: o TikTok. Infelizmente, de comum aos primórdios da net às recentes redes sociais, percebem-se anorexias e bulimias tratadas como estilo de vida, glamurizando-se a magreza extremada, desconsiderando seus aspectos patológicos, o que retarda o diagnóstico e piora o prognóstico.

Há 20 anos eram chocantes os relatos nos websites pró anorexia e bulimia, mas saltavam aos olhos as imagens destes sites (principalmente fotos que enalteciam uma magreza patológica). Pouco tempo depois, surgem os blogs (mais adiante falo sobre a escrita e sua função psíquica nos blogs). Tinham como característica principal os relatos mais pessoais e autorais. Algum tempo depois surgem os vlogs (vídeo-blogs, que eram os blogs sem escrita, somente filmados). O que me parecia ter mudado pela categoria vídeo era o realismo, a facilidade da via identificatória. É menos imaginativo, muito mais concreto, quase palpável. Para pacientes com transtornos alimentares, muitas vezes com a capacidade simbólica prejudicada, uma saída. Os vlogs de transtornos alimentares mostravam, principalmente, o cotidiano de pessoas com transtornos alimentares, sua alimentação, contagem de calorias, exercícios, como esconder o transtorno dos pais e outros infindáveis e inimagináveis vídeos. Primórdio do TikTok, talvez?

O Orkut foi a primeira rede social de sucesso. Foi lançado em 2004. Fez tanto sucesso no Brasil que em 2005 ganhou uma plataforma em português. Anos mais tarde, em 2008, a sede da empresa foi transferida da Califórnia para o Brasil, tamanho o sucesso por aqui. Em 2005, 50% dos usuários totais da rede eram brasileiros. E a popularidade cresceu ainda mais: em 2009, 75% dos internautas brasileiros acessavam o site (A história..., 2014). Um dos recursos possíveis eram as "comunidades", semelhantes aos grupos de hoje nas redes sociais. Alastraram-se comunidades pró-anorexia e bulimias, e pró-automutilação. No começo, sem nenhuma dificuldade, encontrava-se até onde comprar fórmulas anorexígenas sem receitas (eram, até então, liberados. A proibição só ocorreu em 2011).

Em 2014, o Orkut foi desativado. Foi engolido pelo Facebook, que até hoje é sucesso absoluto entre os usuários mais velhos (muito provavelmente por haver mais texto e menos imagens). Os mais jovens preferem o Instagram e o TikTok (talvez pela presença maciça de imagens e vídeos em detrimento do texto).

O Instagram, lançado em 2010, tornou-se, em poucos meses, um dos aplicativos mais baixados. Em apenas um ano, contabilizava dez milhões de usuários. Estima-se que, atualmente, a rede social contabilize mais de 800 milhões de usuários. Em 2012, o Facebook comprou o Instagram. Essa rede social permite o compartilhamento de fotos e vídeos. Dentre um de seus usos está a aplicação de filtros, sucesso absoluto entre os usuários. E, possivelmente, contribui para ideias irrealistas sobre aparência. Para efeito de entendimento, existem diferentes filtros. Alguns deles (que talvez incidam menos sob a ótica da imagem corporal) são caricaturais, aproximando-se de feições de animais ou personagens de desenhos animados. Outros filtros incidem diretamente na aparência. Mudam a tonalidade da pele, afinam o nariz, pronunciam bochechas, mudam a cor dos olhos ou preenchem lábios. São como uma plástica virtual instantânea. Aliás, têm sido frequentes os relatos de cirurgiões plásticos, os quais dizem que seus pacientes trazem solicitações de modificações faciais ou corporais através de imagens de redes sociais. Ou, ainda, de pacientes que trazem selfies com edições (filtros e afins – como os muitos aplicativos de edições de imagem) como referência de solicitações para cirurgias plásticas ou procedimentos estéticos. Pesquisas recentes estão sendo realizadas no sentido de analisar os impactos das edições de fotos na procura por cirurgias plásticas (Othman *et al.*, 2021).

Outras redes sociais importantes são o Twitter e o Snapchat. O Twitter é a rede social conhecida como microblog, que permite publicar textos com até 140 caracteres, além de links, imagens e vídeos. Mais jornalística, não faz tanto sucesso com o público mais jovem.

O Snapchat é uma rede social de mensagens instantâneas que podem conter textos, fotos e vídeos, os quais podem ser enviados a um grupo de amigos ou um a um. Seu grande diferencial, e talvez o impulsionador do grande sucesso do aplicativo entre os jovens, é que existe uma modalidade de postagem na qual, após 24 horas, o conteúdo é deletado pelo aplicativo. Eles ficam disponíveis por um dia quando são publicados na modalidade "história" (existe recurso parecido no Instagram). Se são mandados por mensagem privada, permitem somente uma visualização e somem em seguida. Dizem os jovens que é um importante recurso para aqueles conteúdos que não se quer que sejam copiados ou que tenham vida na internet, ou que não podem ser enviados a outras pessoas. Também possuem filtros, mas não relacionados a modificações faciais. São filtros "divertidos". Atentamos para o fato que *snap*, em inglês, é estalo, de natureza passageira. O Snap (como é popularmente chamado) não divulga dados de usuários por país, mas, segundo estatísticas, o Brasil é o quarto país com mais usuários no aplicativo (atrás de Reino Unido, França e Estados Unidos), algo em torno de 17 milhões de usuários (Riveira, 2019).

Por fim, chegamos ao TikTok. É, atualmente, a rede social de maior sucesso. Estima-se que haja mais de dois bilhões de usuários. Surgiu em

2014 com o nome de Musical.ly. Em 2017 foi comprado pela ByteDance, uma *startup* chinesa, e passou a chamar-se TikTok. Alguns números por curiosidade e para que tenhamos a dimensão de alcance da rede: o Musical.ly foi vendido por um bilhão de dólares. Atualmente, a ByteDance é a *startup* mais valiosa do mundo, valendo 75 bilhões de dólares. Em 2019, foi um dos aplicativos mais baixado no mundo e em ascensão, principalmente durante a pandemia de covid-19.

Consiste em uma rede social de compartilhamento de vídeos curtos (de até 60 segundos). Oferece muitos recursos de edição desses vídeos, bem como músicas, filtros, legendas. Assim como o funcionamento das diversas redes sociais, o usuário segue e é seguido por outros usuários. Os vídeos são variados, desde coreografias e imitações, até vídeos sobre a rotina dos usuários (como o que fazem, o que comem, seus exercícios físicos). Uma das características mais marcantes da rede talvez seja o fato de os vídeos precisarem parecer caseiros, o que penso, facilita a identificação dos usuários e os impulsiona a permanecer horas a fio na rede. Aliás, recebo jovens que se incomodam com o tempo que gastam na rede, como me disse uma paciente, "vendo nada". Um dos recursos da rede é o "For you". Consiste em uma seleção de vídeos que aparece na tela inicial e são sugeridos (por algoritmos) pelo próprio aplicativo, baseado nas pessoas que se segue, nas curtidas, nos seus interesses e nos vídeos de maior sucesso. Ou seja, crescem as possibilidades de um vídeo de um seguidor amador ser amplamente visualizado e obter muitas curtidas. Não gostaria de me alongar muito aqui sobre essa rede social. Somente gostaria de chamar atenção para ela e as interações com as questões alimentares e de imagem. Atualmente, é a rede social que tem atraído meu interesse e está sendo foco de estudos. Já existem pesquisas do uso do aplicativo e da interface dos transtornos alimentares (Herrick *et al.*, 2020).

Esta breve descrição foi feita para que possamos conhecer a etiologia e o funcionamento das redes e, assim, entrelaçá-las ao universo psíquico de nossos pacientes e às questões alimentares.

Subjetividades contemporâneas

A tecnocultura, de certo, promoveu impactos na subjetividade (Jacobsohn *et al.*, 2019). Há impactos na estruturação psíquica e, consequentemente, na construção identitária. As mudanças subjetivas percebidas nos últimos anos e que incidem no funcionamento psíquico dos jovens parecem ter relação com o uso da internet. Se é a internet que impacta a subjetividade ou se são as mudanças subjetivas que impactam a internet, não parece haver importância.

A escrita na tecnocultura (websites, perfis, textos) pode ser pensada como um relato autobiográfico (Jacobsohn *et al.*, 2019). E a escrita tem papel fundamental na constituição da subjetividade. Escrever-se é um reescrever-se, a invenção de um novo sentido que legitima a experiência do sujeito. Diz Calligaris (1998, p. 49): "Narrar-se não é diferente de inventar-se uma vida. Ou debruçar-se sobre sua intimidade não é diferente de inventar-se uma intimidade. O ato autobiográfico é constitutivo do sujeito e de seu conteúdo".

Para o autor, os diários íntimos e as autobiografias são escritos por motivos variados e que, frequentemente, se combinam: respondem às necessidades de confissão, de justificação ou de invenção de um novo sentido.

Weinberg (2012), em um artigo sobre psicopedagogia, faz uma bonita correlação entre a escrita e elaboração de conflitos. Afirma que o conflito psíquico, quando trabalhado sob a forma de linguagem, traz alívio para o sujeito, já que a escrita possibilita classificar, ordenar fatos, fazer análises e sínteses, argumentar e tirar conclusões. Para a psicanálise, a escrita tem especial importância na estruturação do sujeito, como também é uma via importante de acesso ao inconsciente, além da fala (Freud 1908, 1915, 1925).

O desejo de Freud, em 1915, de que os diários adolescentes fossem levados ao conhecimento público, se materializa na tecnocultura. Em suas palavras:

> O diário é uma pequena joia. Realmente, creio que até hoje ninguém pôde enxergar com tamanha clareza e veracidade os impulsos psíquicos próprios do desenvolvimento de uma garota de nosso nível

> social e cultural nos anos que precedem a puberdade. Como essa garota é afetada pela consciência do seu secreto saber, mas gradualmente supera isso, tudo é expresso de forma tão encantadora, tão séria e natural, nessas anotações despretensiosas, que certamente despertará enorme interesse em educadores e psicólogos. Acho que é seu dever entregar esse diário ao conhecimento público. Meus leitores lhe serão gratos por isso. (1915, p. 294-295)

O que Freud talvez não tenha previsto foi o uso maciço de imagens como suporte narcísico na *web*. Sim, de certo que ele já postulava que em nossa constituição psíquica o outro desempenha papel fundante como imagem especular: existo através daquilo que o outro vê em mim.

Kehl (2004) enlaça os conceitos de subjetividade e imagem. Fala sobre o modo contemporâneo de alienação para designar a expropriação do simbólico através do que chama de imagem fetiche. Diz que a lógica que se impõe a partir dela é: o que aparece é bom, o que é bom, aparece; em que o reconhecimento social depende inteiramente da visibilidade. "Dependemos do espetáculo para confirmar que existimos e para nos orientar em meio a nossos semelhantes, dos quais nos isolamos" (2004, p. 49). Aponta para a subjetividade industrializada, produzida em série, espetacularizada, que se consome atualmente, de modo a preencher o vazio da vida interior da qual abrimos mão por força da "paixão de segurança", que é a paixão de pertencer à massa, identificar-se com ela, nos termos propostos pelo espetáculo.

Veras (2018) chama a atenção para o crescente fenômeno das selfies. Afirma que uma selfie não é um autorretrato convencional. Elas permitem ter o "objeto" olhar no bolso e retirá-lo, muitas vezes como um vício, para reiterar sua presença em cena. Diz que este é um significante que marca a nova relação entre tecnologia e corpo: o olhar da câmera é um prolongamento do corpo, sem cortes. "Ou seja, no mundo atual, sempre que precisar de alguém para olhar para você, você o encontrará no final de seus braços" (2018, p. 206). E finaliza dizendo que as selfies surgem quando toda uma geração é incapaz de encontrar sua unidade para além do espelho.

O corpo parece ser, na atualidade, a via eleita de expressão do mal-estar. Os distúrbios da oralidade, a drogadição, os transtornos ansiosos e as doenças psicossomáticas dão, de certo modo, essa dimensão. E o excesso é a adjetivação predominante. Sujeitos assolados por um excesso de angústia e um psiquismo empobrecido (de pensamentos e linguagem) que não encontram outra via de expressão possível que não o corpo. E, em tempos de internet, as imagens são o suporte para este empobrecimento da linguagem, que perde seu valor associativo, simbólico, metafórico, criativo e continente. Kallas (2016, p. 60) assim descreve:

> Nessa situação, as pessoas apresentam um discurso por imagens, uma narrativa que nos remete ao tempo presentificado, aquela cena falada se apresenta no instante em que é descrita, não tem um enredo, um passado, não se associa a nenhum pensamento ou ideia. A linguagem literal domina a cena psíquica e não pode mais regular as intensidades e os excessos.

A adolescência, que no passado já foi considerada como "crise necessária" (Freud), como moratória (Erikson), como síndrome (a síndrome da adolescência normal, de Aberastury e Knobel), hoje parece ter se transformado. O adolescente de hoje não parece estar mais em crise, aparenta estar mais adaptado ao contexto social e familiar de referência. Parece se sentir em condições de dirigir sua própria experiência, de dar direção para sua existência (Cosenza, 2018). Uma grande característica da experiência adolescente atual talvez seja o esvaziamento de sentido. Domenico Cosenza nos ajuda a entender esse fenômeno quando explica que atualmente existe um esvaziamento das soluções enigmáticas. Se antes o adolescente precisava, em seu processo de subjetivação, passar pelo outro, pela porta de entrada do outro, na atualidade, parece não necessitar mais "passar pela porta de entrada do outro" para encontrar as soluções ou reconhecimento identitário. Observa-se um esvaziamento das soluções enigmáticas, no qual o outro não é mais tão necessário. A sexualidade pode ser um exemplo: ela perdeu seu caráter enigmático. Basta um clique, basta um Google. Assim o é, também, com o conhecimento ou com o saber. O jovem de hoje tem a impressão de ter o saber no bolso, mas não dentro de si.

Algo que me chama a atenção é o uso adolescente do termo "deletar" para se referir ao fim de relações afetivas. Segundo Veras (2018), o deletar é diferente do recalque, pois é um desaparecimento sem rastro. Não parece ser um "não posso saber" ou um esquecimento, é um desaparecimento sem rastro, que não parece deixar cicatrizes ou marcas. Como uma experiência emocional não simbolizada, que foge ao fluxo associativo e não pode ser usada como efeito relacional do vivido. Aliás, parece fugir do trabalho psíquico que o encontro com o outro demanda.

Três outros pontos têm me capturado na clínica do adolescente atualmente: a satisfação máxima, a dificuldade dos jovens de enfrentar o imprevisto e a dificuldade da relação com o ócio. Nossos jovens buscam o máximo prazer em tudo (talvez a palavra da moda – plena(o) ou estou plena(o) – advenha daí). Satisfação máxima é o imperativo categórico superegoico moderno: experimente tudo, consuma muito, goze de tudo e com tudo. Sem perder nada! E qualquer imprevisto é vivido como uma angústia da ordem do insuportável. Tudo precisa ser tão planejado e controlado como um percurso do Waze. Outro sofrimento moderno é o do "tenho que fazer algo estruturado". Preencher o vazio da existência é uma ordem. O tempo livre um problema (Você leitor, espera hoje um táxi – ou carro de aplicativo, sem fazer mais nada junto?).

Com isso, não quero dizer que a tecnocultura é pior. Penso que o ideal nostálgico do "antes era melhor" não leva a nada, apenas restringe possibilidades e compreensões. Não parece ser melhor ou pior, é apenas diferente (Veras, 2018, p. 23).

Importante estarmos atentos a essa subjetividade contemporânea, às mudanças que vão paulatinamente se efetuando e que se manifestam diferentemente em cada jovem. Mas certamente impactam a clínica.

Insatisfação de imagem corporal e uso de redes sociais

Alguns estudos já avaliam o impacto do uso de redes sociais e a sua relação com a insatisfação da imagem corporal. Na população brasileira,

Lira, Ganen, Lodi e Alvarenga (2017) afirmam em sua pesquisa que o acesso diário maior de dez vezes ao dia ao Facebook e Instagram aumentou a chance de insatisfação corporal em 6,57 e 4,47 vezes, respectivamente – comparadas às jovens que acessavam mensalmente. Eles observaram que as jovens que acessavam as redes sociais Facebook e Instagram diariamente e acessavam o Snapchat de uma a cinco vezes e de cinco a dez vezes por dia tinham maior chance de serem insatisfeitas com sua imagem corporal se comparadas àquelas que acessavam mensalmente. Entretanto, 60% dessas jovens diziam não haver malefícios em seguir tais redes. Aquelas que diziam haver algum, os mais citados foram: "viciar", absorver informações sobre padrão de beleza e ocorrência de *bullying*.

Holland e Tiggermann (2016) efetuaram uma revisão sistemática do impacto do uso de redes sociais na imagem corporal e transtornos alimentares. Compilaram interessantes resultados de 20 pesquisas. Afirmam que os estudos demonstraram que maior tempo total de permanência nas redes sociais está relacionado com índices maiores de insatisfação com imagem corporal e transtornos alimentares, como também com índices maiores de vigilância corporal, maior endosso de ideal de magreza, mais frequentes comparações de aparência e menor satisfação com o peso entre jovens do sexo feminino. Da mesma forma, aquelas que passam mais tempo no Facebook e que checam mais frequentemente seus perfis tiveram maior foco na magreza e maior insatisfação de imagem corporal. Existe também uma correlação entre o tempo de permanência no Facebook e o comer transtornado. Além disso, a frequência de checagem das redes sociais está relacionada ao investimento na aparência dos adolescentes. Como medida de engajamento com o Facebook, alguns estudos investigaram a relação entre a quantidade de "amigos", a imagem corporal e comer transtornado. Há achados de pesquisa que maiores quantidades de "amigos" eram benéficas, pois se relacionam a uma maior aprovação da aparência. Entretanto, a maioria dos estudos sugerem uma correlação negativa entre a quantidade maior de "amigos" e aprovação de aparência. Adolescentes com maior quantidade de amigos no Facebook reportaram maiores níveis de vigilância corporal, foco em magreza, internalização de ideais de beleza e comportamento de dieta. Da mesma forma, um estudo recente (analisado pelos autores) afirma que ter mais "amigos" no Facebook está relacionado com foco em magreza e comparações de aparência em estudantes de ensino médio. Outros estudos demonstram que pessoas que se ligam mais ao Facebook são também mais orientadas à aparência. Compartilhar mais fotos no Facebook leva a maiores probabilidades de preocupações com a aparência e endosso do ideal de magreza. Além disso, visualizar fotos de outros usuários foi associado com insatisfação do peso, foco em magreza, internalização do ideal de magreza e auto-objetificação. Interações maiores em redes sociais (ver, curtir, comentar) foi relacionado com um maior foco em magreza e comparações de aparência.

Mabe, Forney e Keel (2014) têm achados semelhantes. O comer transtornado está associado ao uso mais frequente do Facebook. Atentam ao fato que o uso típico do Facebook (não excessivo, em torno de 20 minutos por dia) contribui para a manutenção de preocupações relacionadas ao peso e forma corporal, além de um estado de ansiedade, ambos os fatores estabelecidos como riscos de desenvolvimento de transtornos alimentares.

Fitness and calories trackers

Chamo atenção aqui para um novo e crescente fenômeno. Observa-se, cada vez mais, o uso de smartphones e tablets cotidianamente. Em pesquisa realizada pela Fundação Getúlio Vargas em abril de 2019, no Brasil, eram 230 milhões de smartphones e 324 milhões de dispositivos portáteis (tablets e notebooks). Mais especificamente em forma de aplicativos, eles têm sido usados como contadores de calorias, diários alimentares – controle da ingestão calórica (e quantidade de lipídios, carboidratos e afins), rastreamento de exercícios físicos e até controle de peso perdido. Pesquisas recentes têm demonstrado que esse uso tem sido associado às patologias alimentares, principalmente correlacionando a uma piora da sintomatologia.

Alguns aplicativos foram desenvolvidos especificamente para o uso no tratamento dos transtornos alimentares, tendo seu uso amplamente disseminado nos tratamentos e apresentando bons resultados (Jurascio *et al.*,

2015). Muitos deles servem como diários alimentares, com acesso associado do nutricionista, inclusive. Importante mencionar que os aplicativos de rastreio de calorias e exercício mencionados excluem, obviamente, aqueles desenhados para fins de tratamentos dos transtornos alimentares.

Os aplicativos, conhecidos em inglês como *fitness tracker* ou *calories trackers*, podem ter impacto em pacientes com transtornos alimentares. No consultório, percebo que eles acabam por tornarem-se mais obsessivos e perfeccionistas na contagem de calorias, na checagem do peso ou na frequência de atividade física. Nesses apps é possível colocar quais são seus objetivos nutricionais e de peso. E, em alguns, quanto do peso que se quer perder e com qual velocidade.

Alguns desses aplicativos são somente para exercício físico (corrida, sendo o mais comum). Importante dizer que o usuário pode formar uma rede de outros usuários que tem acesso aos dados (quilometragem e percurso) ou, então, pode-se compartilhar na redes sociais.

Não quero dizer, com isso, que o uso desses apps é nocivo para todos. Quero correlacioná-los e/ou chamar a atenção para o seu uso em pacientes com transtornos alimentares ou de imagem, que é meu cotidiano clínico. Muitos desses aplicativos foram desenhados para o uso em populações saudáveis ou com sobrepeso, exatamente com o objetivo de ajudar os usuários a objetivos saudáveis e perda de peso. Algumas pesquisas relacionam o rastreio de calorias com telefone celular ou uso de aplicativos pode levar ao aumento de comportamentos associados a transtornos alimentares e prejuízos clínicos (apud Levinson *et al.*).

Pelos relatos no consultório, percebo que pacientes com transtornos alimentares frequentemente fazem uso desses aplicativos ou já o fizeram, principalmente na fase mais aguda dos sintomas. Também tenho a impressão de que, durante o uso, alguns pacientes supervalorizam (ainda mais) peso, forma corporal, calorias e atividade física, trazendo uma concretude ainda maior para os seus relatos, como também um aspecto (ainda mais) repetitivo nas suas falas. O que me parecia uma impressão foi confirmada nas pesquisas científicas aqui mencionadas.

Levinson *et al.* (2017), em pesquisa realizada somente com pacientes de transtornos alimentares, chegaram ao impressionante número de 73% de pacientes que afirmaram que o uso do aplicativo contribuiu de alguma forma ao seu transtorno alimentar, e 30% disseram que o aplicativo ajudou muito no seu transtorno alimentar.

Simpson e Mazzeo (2017) perceberam que os indivíduos que usam aplicativos de rastreio de calorias relatam maiores preocupações com o comer e restrição dietética, o que aumenta a rigidez e ansiedade em relação a ingesta calórica, preocupante especialmente em pacientes com transtornos alimentares.

A pandemia de covid-19 e o impacto do isolamento no uso de mídias sociais e imagem corporal

Como anteriormente mencionado, causa imensa alegria a quantidade de produção científica relativa à pandemia e sua interface com os transtornos alimentares com tamanha rapidez e qualidade.[1]

A pandemia de covid-19 aumentou de forma considerável o uso de telas, principalmente (mas não só) entre adolescentes. Vall-Roque, Andrés e Saldanha (2020), em recente estudo, analisam o uso de redes sociais no lockdown espanhol e a associação com distúrbios de imagem, baixa autoestima e busca da magreza. Eles relatam um aumento estatisticamente significativo na frequência de uso das redes sociais (Instagram, Youtube, Tiktok, Twitter e Facebook) durante o lockdown, bem como o aumento do número de mulheres que seguem perfis com foco em aparência no Instagram (em comparação a antes do lockdown). Seguir esses perfis, somado ao aumento da frequência de uso do Instagram, prediz, segundo a pesquisa, maiores níveis de busca de magreza. Uma relação significativa foi encontrada entre a frequência do uso do Instagram com insatisfação corporal, busca de magreza e baixa autoestima no grupo mais jovem (14-24 anos). E a relação entre a frequência de uso do Instagram e a busca de magreza foi encontrada no grupo mais velho (25-35 anos).

---

1 Escrevo esta parte do texto em fevereiro de 2021, portanto, com a pandemia ainda em curso.

Tenho tido essa impressão no consultório. Tenho percebido que o isolamento social imposto pela pandemia aumentou o tempo de tela e, consequentemente, de redes sociais. Chegou ao ponto de incomodar alguns pacientes, que percebem o seu uso excessivo. Vejo grande impacto em pacientes mais velhas, que, pela pandemia, mostram-se ainda mais preocupadas com o peso e com a alimentação. A isto soma-se o aumento de uso das redes sociais. Posso pensar que há um impacto psíquico desses dois eventos.

Parece-me muito prematuro qualquer tipo de interpretação. Estamos ainda inundados pelo real, bastante traumático e assustador. Penso que, com o passar dos anos, melhores (e mais livres) interpretações poderão ser feitas. Somente quis mencionar aqui o fato, pois houve considerável aumento do tempo de uso de redes sociais.

Concluindo

Essas novas demandas ditadas pela web, em consonância com a chamada subjetividade contemporânea, nos convidam a repensar a clínica. As questões impostas pela virtualidade e pelo entrelaçamento com questões alimentares e de imagem precisam adentrar a sala de análise, para que possam se tornar material de investigação, reflexão e associações. Penso que só assim poderemos fazer com que a reflexão faça frente às atuações.

Como afirma Zeferino Rocha (2008), um dos desafios da "psicanálise do amanhã" – marcada pelo vazio interior, pelo colapso das identidades, do fascínio das palavras ocas e do hedonismo aniquilante – será repensar a teoria e alargar a escuta clínica. Ele fala em repensar os modelos de subjetivação, não dissociando o inconsciente do imaginário social no qual ele se nutre e se forma.

Portanto, penso que estaríamos deixando de lado uma parte importante da vivência subjetiva de nossos pacientes, da possibilidade de expressão de um mal-estar se não pudermos tocar nos pontos e associações referentes à tecnocultura. Como já expus, ela pode ser fonte premente de sofrimento. Requer elaboração, costura psíquica – já que são vivências, afetos, impressões ou marcas psíquicas que estão em partes no mundo mental dos nossos pacientes.

Como conduta terapêutica, tenho investigado, no caso a caso da minha clínica, questões referentes à virtualidade e transtornos alimentares. Pergunto, quando não parte do paciente, quais são os perfis seguidos, o que mais veem, se usam algum aplicativo de exercício, de alimentação, como fazem esse uso, quanto tempo passam em redes sociais, quais redes, desde quando, o que eles acreditam que os conecta tanto às redes sociais, qual impacto mental elas têm, qual a importância emocional e social delas, o que é entretenimento, o que é sofrimento. Todos esses questionamentos são feitos de modo amplo e inespecífico, para que não se precipite algo latente ou, ainda, para que não se dirija curiosidade onde antes não havia. E, é claro, procurando manter o estranhamento necessário ao encontro com cada paciente.

Não raro vamos produzindo costuras lindas da tecnocultura com as questões alimentares e de imagem, com o sofrimento particular de cada paciente, mas também com os movimentos sociais, com o feminismo, com expressões culturais. Busco trabalhar o entrelaçamento da tecnocultura na economia psíquica de cada paciente, a depender da dinâmica psíquica e da forma de expressão do sintoma.

Na análise, a beleza serve ao encontro de palavras, ao descolamento das representações imagéticas brutas que as redes sociais oferecem. Ao dar vida às palavras na produção de sentido, para que a experiência possa ser simbolizada, nossos pacientes têm como possibilidade o enriquecimento psíquico. E, aos pacientes mais jovens, possibilita-se uma experiência de interioridade, que faz frente à experiência de exposição tão comum nas redes sociais. Palavras e afetos no lugar de emojis.

Referências bibliográficas

A HISTÓRIA do Orkut. *Techtudo*, 5 jul. 2014. Disponível em: www.techtudo.com.br/noticias/noticia/2014/07/historia-do-orkut.amp. Acesso em: 21 jun. 2022.

CALLIGARIS, C. "Verdades de autobiografias e diários íntimos". *Revista Estudos Históricos*, . 11, p. 43-58, 1998.

COSENZA, D. *A recusa na anorexia*. Belo Horizonte: Scriptum, 2018.

FREUD, S. "Carta à dra. Hermine Von Hug-Hellmuth (1915)". Em: ______. *Introdução ao narcisismo:* ensaios de metapsicologia e outros textos (1914-1916). Obras Completas, vol. 12. Trad. de Paulo César de Souza. São Paulo: Companhia das Letras, 2010.

______. "Nota sobre o bloco mágico (1925)". Em: ______. *O eu e o id, "autobiografia" e outros textos* (1923-1925). Obras Completas, vol.16. Trad. de Paulo César de Souza. Companhia das Letras: São Paulo, 2011.

______. O escritor e a fantasia (1908). Em: ______. *O delírio e os sonhos na Gradiva, Análise da fobia de um garoto de cinco anos e outros textos* (1906-1908). Obras Completas, vol. 8. Trad. de Paulo César de Souza. Companhia das Letras: São Paulo, 2015.

FUNDAÇÃO GETÚLIO VARGAS, 2019. "30ª pesquisa anual de administração e uso de tecnologia da informação nas empresas, realizada pela Fundação Getúlio Vargas de São Paulo (FGV-SP)". Disponível em: eaesp.fgv.br/sites/eaesp.fgv.br/files/noticias2019fgvcia_2019.pdf. Acesso em: jun. 2022.

HERRICK, S. S. C.; HALLWARD, L.; DUNCAN, L. R. "'This is just how I cope': an inductive thematic analysis of eating disorder recovery content created and shared on TikTok using #EDrecovery". *International Journal of Eating Disorder*, 2020.

HOLLAND, G.; TIGGEMANN, M. "A systematic review of the impact of the use of social networking sites on body image and disordered eating outcomes". *Body image* n. 17, p. 100-110, 2016.

JACOBSOHN, P. G.; FIGUEIREDO, M.; ALVARENGA, M. S. "Transtornos alimentares em tempos de tecnocultura". Em: ALVARENGA, M. S.; DUNKER, K. L.; PHILIPPI, S. T. (Orgs.). *Transtornos alimentares e nutrição*: da prevenção ao tratamento. Manole: Barueri, 2019.

JURASCIO, A.; MENASSE, S.; GOLDSTEIN, S.; FORMAN, E.; BUTTRYN, M. "Review of smartphones applications for the treatment of eating disorders". *European Eating Disorder Review*, v. 23, n.1, p. 1-11.

KALLAS, M. B. L. D. M. "O sujeito contemporâneo, o mundo virtual e a psicanálise". *Reverso*. n. 38, p. 55-63, 2016.

KEHL, M. R. "O espetáculo como meio de subjetivação". Em: BUCCI, E.; Kehl, M. R. *Videologias:* ensaios sobre televisão. São Paulo: Boitempo, 2004.

LEVINSON, C.; FEWELL, L.; BROSOF, L. "My fitness pal calorie tracker usage in eating disorders". *Eating Behaviors*, 2017.

LIRA, A. G.; GANEN, A. P.; LODI, A. S.; ALVARENGA, M. S. "Uso de redes sociais, influência da mídia e a insatisfação com a imagem corporal de adolescentes brasileiras". *J Bras Psiquiat*, n. 66, p. 164-71, 2017.

MABE, A. G.; FORNEY, K. J.; KEEL, P. K. "Do you 'like' my photo? Facebook use maintains eating disorder risk". *International Journal of Eating Didorders*, v. 47, n. 5, p. 516-523, 2014.

OTHMAN, S.; LYONS, T.; COHN, J., SHOKRI, T.; BLOOM, J. D. "The influence of photo editing applications on patients seeking facial plastic surgery services". *Aesthetic Surgery Jornal*, v. 41, n. 3, Pages NP-101-NP110, march 2021.

RIVEIRA, C. "Ressurreição? Graças ao Android, Snapchat tem alta recorde de usuários". *Revista Exame*, 2019. Disponível em: exame.abril.com.br/negocios/ressurreicao-gracas-a-android-snapchat-tem-alta-recorde-de-usuarios/amp/. Acesso em: jun. 2022.

ROCHA, Z. "A experiência psicanalítica: seus desafios e vicissitudes, hoje e amanhã". *Ágora: Estudos em Teoria Psicanalítica*, v. 11, n. 1, 101-116, 2008.

SIMPSON, C., MAZZEO, S. "Calorie counting and fitness tracking technology: Associations with eating disorder symptomatology". *Eating Behaviors*, 26, 89-92. 2017.

VALL-ROQUÉ, H; ANDRÉS, A; SALDANÃ, C. "The imapact of Covid-19 lockdown on social network sites use, body image disturbances and self-esteem among adolescents and young women". *Research Square*. 2020.

VERAS, M. *Selfie, logo existo*. Salvador: Corrupio, 2018.

WEINBERG, C. "O gato comeu". Em: RUBINSTEIN, E. *Psicopedagogia:* uma prática, diferentes estilos. São Paulo: Casa do Psicólogo, 2012.

Compulsão alimentar e compulsão por álcool e outras drogas: substituição de sintomas?

SILVIA BRASILIANO

O meu interesse pelo tema das compulsões teve início há mais de vinte anos, quando iniciei os estudos para a minha tese de doutorado, cujo tema era: *Comorbidade Entre Dependência de Substâncias Psicoativas: Perfil e Evolução de Mulheres em um Tratamento Específico para Dependência Química* (Brasiliano, 2005). A pesquisa foi realizada em um programa de tratamento exclusivo para mulheres dependentes de álcool e drogas[1] com 80 pacientes. Elas foram avaliadas com instrumentos padronizados para diagnóstico psiquiátrico, seguimento e evolução em um ano de tratamento e aspectos específicos dos transtornos alimentares, mais propriamente padrão e comportamento alimentar e imagem corporal. Na avaliação inicial, 55% da amostra tinha alguma questão alimentar, sendo que 33,75% tinham um transtorno alimentar clínico (anorexia nervosa, bulimia nervosa, transtorno alimentar sem outra especificação e transtorno da compulsão alimentar) e 21,25% tinham transtornos alimentares subclínicos. Entre as pacientes com transtorno alimentar clínico, a maioria (aproximadamente 40%) das pacientes tinha diagnóstico de transtorno de compulsão alimentar. Entre aquelas com transtornos subclínicos, cerca de 20% tinham um diagnóstico anterior desse

1 Programa da Mulher Dependente Química (PROMUD) do Instituto de Psiquiatria do Hospital das Clínicas da Faculdade de Medicina da Universidade de São Paulo (IPq – HC – FMUSP).

mesmo transtorno. Com relação ao padrão e ao comportamento alimentar na avaliação inicial, como esperado, 100% das mulheres com transtornos alimentares clínicos ou subclínicos tinham sintomas de patologia alimentar e 100% das pacientes do grupo sem transtorno alimentar não apresentavam qualquer alteração.

Após um ano de tratamento, todas as pacientes (independentemente da presença do transtorno alimentar) tinham evoluído globalmente e no consumo de álcool e drogas. No quesito alimentar, o tratamento oferecido trouxe benefícios para as pacientes com transtorno subclínico. Por volta de 34% delas não apresentavam mais patologia alimentar.

O dado mais surpreendente, contudo, ocorreu com as pacientes sem transtorno alimentar. Após um ano de tratamento, um total de 34% haviam desenvolvido uma patologia alimentar. Esse dado indicava que nas abstinentes de álcool e/ou drogas, um terço delas apresentava sinais de um outro transtorno, no caso, o alimentar (Brasiliano 2005).

Na época quase não havia estudos sobre a associação entre uso de álcool e drogas e transtornos alimentares – compulsão alimentar. Algumas pesquisas, tanto na população geral quanto na de tratamento, apontavam a ocorrência conjunta dos dois transtornos especialmente entre mulheres, sugerindo que talvez a suscetibilidade para um aumentasse a ocorrência do outro. No entanto, a natureza da relação entre eles estava por esclarecer (Hochgraf; Brasiliano, 2004). Das poucas investigações existentes, umas sugeriam fatores de risco compartilhados, outras apontavam a impulsividade como um traço subjacente aos dois quadros e outras ainda indicavam a automedicação como fator comum. Nenhuma dessas hipóteses era consensual (Brasiliano; Hochgraf, 2010). Mesmo com os resultados sugestivos da minha tese, naquele momento, em termos psiquiátricos, falar em substituição de sintomas era considerado um grave erro técnico.

O conceito de *food addiction*, a possibilidade de que a comida pudesse ter efeitos aditivos e que a compulsão alimentar pudesse obedecer aos mesmos critérios descritos para álcool e drogas, embora tivessem sido já esboçados, só foram pesquisados de forma mais aprofundada ao longo da primeira década de 2000.

Os estudos iniciais observavam que a dependência de comida tinha sinais muito semelhantes aos quadros de dependência de substâncias psicoativas, que incluíam continuar a comer muito, mesmo que isso causasse danos à saúde e à vida familiar e social, comer em segredo, comer tudo o que estivesse disponível, ao alcance da mão, e também comer até se sentir desconfortável. Outras pesquisas apontavam semelhanças dos comportamentos alimentares com os comportamentos inseridos no diagnóstico de dependência de álcool e drogas. Além dos já citados anteriormente, notava-se: uso inadequado da substância/comida; padrão habitual e repetitivo de uso, desejo imperioso ou fissura de consumir, falta de controle ou fracasso nas tentativas, preocupação com o uso, uso para regular o estresse e o estado emocional, negação da gravidade (Melin, 1998).

Atualmente, parece provável que o mecanismo da compulsão seja único e que tanto a dependência de comida quanto a dependência de substâncias psicoativas partilhem dos mesmos processos neurobiológicos (Casa, 2016).

Se a produção científica em 2005 ainda era inconclusiva, a hipótese da substituição de sintomas não era alheia à psicanálise. O termo adição foi cunhado por Otto Fenichel em 1945 e é utilizado como extensão da denominação usada para a dependência de substâncias psicoativas quando se refere a outros objetos, ou aquilo que Fenichel chamou de dependência sem drogas (Fenichel, 1981). Em relação aos transtornos alimentares, esse quadro sugeria que o comer compulsivo fosse visto como um comportamento aditivo no qual a substância/o objeto seria a comida.

A palavra adição provém do latim *addcitum* que, como apontam Kalina e Kovadloff (1983, p. 24):

> nos tempos da República Romana designava o homem que, para pagar uma dívida, se convertia em escravo por não dispor de outros recursos para cumprir o compromisso contraído.

Addictum era, então, aquele que abria mão de sua identidade e colocava-se como assujeitado, por não ter, por vontade própria ou por causas fortuitas, sabido cuidar daquilo que o singularizava. Ele era o homem que se forçava e era forçado a assumir uma identidade inferior à sua, absolutamente desconhecida, mas que lhe permitia um lugar social (Kalina; Kovadloff, 1983; Brasiliano *et al.*, 2021).

Nas palavras de duas pacientes:

> Maria,[2] uma paciente de 30 anos obesa mórbida, que engordou 60 kg em três anos, relata em uma sessão que estava muito angustiada, sufocada, pois não sabia mais quem era. "Isso me dá pânico, tenho medo!'. 'Que pessoa é essa que eu me tornei?", pergunta-se.
>
> Ana outra paciente, dependente grave de crack, briga com o terapeuta quando ele aponta como ela está magra. Rejeita a observação: "é você que me olha assim! Eu sei como eu sou!". Dias depois, entra em uma sessão, senta-se toda encolhida e chora muito. A calça, tamanho 34 que ela vestiu, estava tão larga que ela teve que amarrar uma faixa na cintura para que a roupa não escorregasse. "Essa pessoa não sou eu!", diz muito triste.

A clínica das adições passou a ser muito prevalente no final do século passado. As histéricas com suas conversões, os neuróticos obsessivos com sua vida de dúvidas e culpas pareciam ter cedido lugar a apresentações psicopatológicas diversas: drogadições, transtornos alimentares (anorexia e bulimia), quadros psicossomáticos, entre outros. Se é claro que essas não eram patologias novas, o que impressionava era o enorme protagonismo social que elas estavam assumindo (Brasiliano *et al.*, 2021).

Na tentativa de entender essa quase epidemia, um primeiro olhar volta-se para o social. Hermann (2010) coloca que, embora a psicanálise privilegie a psicogênese infantil em detrimento da psicogênese cultural,

> [...] quando um quadro nosográfico assume caráter epidêmico [...] é sensato, para dizer o mínimo, deter-se um instante para ver se não estamos pondo o acento na sílaba errada. (p. 19)

Embora, o autor se referisse especificamente à obesidade, sua afirmação pode ser estendida para outros transtornos psiquiátricos.

Não há como pensar o ser humano fora de sua época, de seu contexto sócio-histórico. Embora a singularidade de cada indivíduo não possa ser reduzida a uma cópia das relações que o incluem e atravessam, as manifestações

---

2 Todos os nomes de pacientes são fictícios.

sintomáticas não são alheias à cultura (Rojas; Sternbach, 1997). A drogadicção, os transtornos alimentares, os quadros compulsivos são sintomas do nosso tempo. Em outras palavras, se o sintoma é uma solução de compromisso, é também uma apelação ao outro e se formula dentro de códigos sociais compartilhados, ou, como diz Ocariz (2002, p. 33), os "sintomas são históricos e não há como pensar o ser humano fora do tempo e do espaço que lhe são próprios".

Por mais intrigante que possam ser, os drogadictos, as anoréxicas, os obesos não são desviantes, mas sim emergentes do que se convencionou chamar de sociedade pós-moderna (Brasiliano; Hochgraf, 2010; Brasiliano 2016; Brasiliano *et al.*, 2021).

No decorrer da história, o homem já foi regido pelos deuses, pelos soberanos e pela ciência. No cenário atual da sociedade ocidental, a crença é que o ser humano é regido somente por si mesmo. Há uma acentuada valorização da pessoa, que é responsável por tudo o que lhe ocorre e pela forma como construirá sua existência, pois ela se fará de acordo com normas próprias. Há um individualismo extremo, uma permanente exaltação ao narcisismo e um enfraquecimento de vínculos sociais. Cada qual age, pensa e sente por si. As mudanças são muito rápidas e o indivíduo tem que estar sempre alerta para acompanhá-las e compreendê-las (Birman, 2006).

A sociedade pós-moderna permitiu que o homem se aventurasse pela vida atrás do seu desejo, que em termos psicológicos significa o movimento de busca por algo que não pode ser alcançado e, por isso, é o fundamento de todo movimento criativo. O indivíduo pode seguir sua vida em qualquer direção, com qualquer objetivo e em qualquer lugar do mundo, é ele quem tece o seu destino, tentando criar-se e recriar-se (Birman, 2006).

A ênfase no indivíduo tem, contudo, uma contrapartida. Como ele não pode se apoiar em um mundo que regule as relações pessoais, ao traçar e percorrer o seu caminho, ele estará fundamentalmente só. Assim, a principal produção da sociedade pós-moderna também é o desamparo (Birman, 2006). A leitura é: se o sujeito tem sucesso, ele é festejado, o mérito é todo seu. Mas se algo não sai bem, a culpa é totalmente sua, foi ele quem não se esforçou, não fez bem, escolheu errado. A enorme proliferação da literatura e dos cursos de autoajuda baseia-se exatamente nessa noção; ou seja, o homem sozinho pode treinar sua mente para ser bem-sucedido no amor, na carreira, na vida financeira e até na cura de todas as suas doenças.

Em função desse cenário é que as drogadições, os transtornos alimentares, os quadros psicossomáticos e os compulsivos têm sido incluídos naquilo que chamamos de patologias do desamparo (Rojas, 1996), também nomeadas como patologias narcísicas ou do vazio.

As palavras de uma paciente de 40 anos que passara por uma cirurgia bariátrica ilustram esse ponto:

> Regina refere uma vontade irrefreável de comer: "Qualquer coisa serve". "Sinto dentro de mim algo que não sei explicar, uma dor no peito, que não é dor de verdade, parece que tem... Não sei mais o quero, ah não sei como falar isso, não consigo achar as palavras!"

A busca de sucesso e de eficácia na nossa sociedade deve se dar através de soluções rápidas. É preciso estar atento às novidades e há pouco espaço para a dor e o sofrimento, que devem ser evitados ou magicamente solucionados (Kalil, 2016). O consumo se rege por essa lógica: o vazio interior poderá ser sanado se for preenchido comendo, bebendo, comprando, usando pílulas e drogas. O mito da liberdade de escolha, tão caro à sociedade moderna capitalista, encontra um paradoxo: o homem pode escolher o que quiser, desde que seja consumindo. O consumo é a única via de satisfação (Brasiliano; Hochgraf, 2010; Brasiliano *et al.*, 2021).

É nesse sentido que os drogadictos são emergentes sociais, representam a vitória de toda e qualquer ação de marketing: um sujeito que consome a mesma substância, da mesma forma durante anos a fio (Freda, 1993).

Nem todos os sujeitos da sociedade pós-moderna são dependentes ou compulsivos. O que ocorre? Como explicar?

Em primeiro lugar, é preciso ter claro que, diferentemente do que muitos pensam, a busca dos adictos, seja ela expressa em alcoolismo, bulimia, compulsão alimentar, sexo ou por compras, não é uma determinação para fazer mal a si mesmo ou um desejo de autodestruição. Ao contrário, a procura carrega a ilusão de que está se fazendo algo para se ajudar, para poder enfrentar as dificuldades e angústias do dia a dia (McDougall, 2001).

> Bia tinha 45 anos quando foi procurar ajuda por um quadro grave de alcoolismo. Foi modelo na juventude, mas "sem saber por que" começou, perto dos 30 anos, a comer desenfreadamente e a engordar. Nessa época, tinha uma relação muito turbulenta com o marido, que com frequência a traía e do qual ela não conseguia se separar. Estava triste e angustiada, a comida lhe dava conforto, "aquecia a alma". Quando pesou 140 kg fez cirurgia bariátrica. Recuperou o corpo de juventude, mas não a vitalidade; deprimiu-se e não sarou mais, como ela mesmo diz. Quando a filha estava na pré-adolescência, Bia progressivamente aumentou o uso de álcool, pois bebendo ela se esquecia do que estava vivendo, ou como ela fala "acalmava a alma". Chegou a uma garrafa de destilado ao dia. No início do tratamento parou de beber, mas voltou a engordar. Diz: "ou eu como, ou eu bebo, não tem como, preciso de algo para afastar o tédio, ter prazer. Se não dá para beber, vamos comer!"

O propósito da busca aditiva é, então, ter prazer. Comendo ou bebendo, Bia, tal como outras pessoas com problemas dessa ordem, sente-se bem. É um remédio rápido para o seu mal-estar e sua angústia. Ao menos, temporariamente, alivia sua sensação de desamparo e tampona o seu vazio, sua dor intolerável (Kalil, 2010). Não importa com qual objeto, o que é preciso é livrar-se dos sentimentos dolorosos de ansiedade, raiva, medo, culpa, tristeza ou depressão ou de tudo aquilo que resultar em tensão, seja boa ou ruim. Uma vez encontrada, a solução aditiva é sempre buscada como forma de atenuar o incômodo ou a dor psíquica (McDougall, 2001). Tal como na República Romana, o adicto é escravo de uma única solução para lidar com sua vida.

Teorizando a respeito, alguns estudiosos propõem que na relação da mãe (ou seu substituto) com o bebê poderíamos encontrar as bases para esses padrões de desenvolvimento psíquico (McDougall, 2001; Fernandes, 2006; Bruno, 2010; Miranda, 2010). O primeiro contato de um recém-nascido com o mundo, o modo como vai experimentar e aprender sobre ele, suas vivências de prazer, frustração, angústia e gratificação são advindas do processo de amamentação. É na relação mãe-bebê que se fundará o psiquismo e a personalidade do indivíduo.

De forma simples e didática, temos que, se essa relação se desenvolver bem, ou seja, se a mãe consegue investir positivamente no filho, proporcionando-lhes experiências de afeto e satisfação, aos poucos o bebê iria criando dentro de si uma representação materna de amor e cuidado (McDougall, 2001). A capacidade de estar só é um resultado desse processo (Winnicott 1998). Referindo-se à introjeção da função materna, Fernandes (2006, p. 206) afirma:

> Essa introjeção é que irá assegurar, na ausência da mãe, a possibilidade de um apaziguamento através da constituição de um objeto interno capaz de garantir o enfrentamento das adversidades ao longo do crescimento.

Por outro lado, a relação da mãe com o bebê pode não ser suficientemente boa para o desenvolvimento psíquico do bebê por variadas questões. Com relação à mãe, podemos pensar nas mães muito narcísicas, ou seja, que têm pouca capacidade de enxergar e se relacionar com o outro, ou nas mães que não têm nenhuma segurança na sua capacidade de sustentar e apoiar o filho em seu crescimento. Fernandes (2006) fala ainda das mães intrusivas, ou seja, das mães que investem excessivamente no bebê, que têm dificuldades de abandonar a unidade fusional mãe-bebê. Essa autora define as mães como "mães de extremos" para referir que ou há falta ou há excesso de investimento materno no bebê.

No que diz respeito ao bebê, pode-se pensar nas crianças que têm características de muita avidez e agressividade. Na verdade, a interação entre os dois pode não funcionar bem também pela mistura de todos esses fatores mais o meio ambiente. Nessas situações, o padrão de desenvolvimento da criança pode ser afetado e o mecanismo de introjeção pode não ser processado adequadamente.

Em outras palavras, se a mãe não tem ou tem poucas condições psíquicas para perceber as necessidades do bebê, ela responderá às suas demandas a partir de suas próprias necessidades (Fernandes, 2006). Assim, essa criança terá dificuldades de introjetar uma mãe interna, uma representação materna de uma mãe cuidadora. Desse modo, estabelece-se uma relação simbiótica entre mãe e filha, o que significa que continuam como um todo indiscriminado. O processo separação/individuação fica prejudicado. Nesse caso, a filha tem medo de contar com seus próprios recursos e pode permanecer pouco capaz de autocuidar-se e autotranquilizar-se. Quando houver um impacto psicológico ou provindo do ambiente, a criança procurará então a presença da mãe para lidar com essa experiência. É como se ela tivesse estabelecido uma relação aditiva com a presença da mãe e sua função de cuidado (McDougall, 2001).

O exemplo de Paula ilustra bem essa situação:

> Paula, uma mulher de 30 anos, que relata um quadro grave de dores crônicas, tornou-se dependente de opioides. Comparece à primeira consulta acompanhada de sua mãe. Quando é chamada pelo psiquiatra, a mãe dirige-se junto com a filha ao encontro do profissional. Este pede que ela fique na sala de espera, mas a mãe diz: "doutor, mas ela não sabe falar de suas dores. Quem sabe onde dói sou eu!"

Quando essa vivência inicial não é relativizada pela vida ou por outras relações afetivas, na adolescência ou na idade adulta, a pessoa iria buscar outros recursos externos a si próprio para atenuar as tensões psíquicas. O álcool, as compras, a comida, o sexo poderiam ser usados como objetos para lidar com esse sofrimento. Como nas experiências iniciais, com esses objetos, o sentimento de bem-estar costuma ser intenso, a tendência é repetir esse comportamento.

Além disso, como as faltas do mundo interno não podem ser reparadas por objetos externos, o comportamento aditivo terá de ser constante para proporcionar alívio, podendo adquirir então uma dimensão compulsiva. Temos que pensar que, ao não encontrar lugares de apoio e sustentação, a base de constituição da subjetividade é falha. A falta de recursos internos torna os sofrimentos psíquicos muito ameaçadores; há um enorme vazio e é como se o indivíduo fosse desintegrar-se. Por isso não há tolerância à espera ou à frustração. Como a angústia que é mobilizada não pode ser simbolizada, ela aparece sob a forma de atuações, descargas no corpo ou no mundo externo através de atos: beber, usar drogas, comer muito, entre outros. A incorporação substitui a elaboração (Brasiliano; Hochgraf, 2010; Brasiliano *et al.*, 2021)..

Como afirma McDougall (1983), é necessário para o sujeito estabelecer estratégias sintomáticas para garantir sua sobrevivência psíquica. As adições seriam o que ela nomeia como atos sintoma. Referindo-se a eles, ela diz:

> Todo ato-sintoma ocupa um lugar de um sonho nunca sonhado, de um drama em potencial, onde os personagens desempenham o papel de objetos parciais ou até são disfarçados em objetos-coisas, numa tentativa de imputar aos objetos substitutivos externos a função de um objeto simbólico que está ausente ou danificado no mundo psíquico (os alimentos ou a droga que servem como resposta à angústia de castração [...]. (p. 162)

O caso de Marta é significativo por abordar essas questões:

> Marta tem quase 50 anos. Quando era jovem, em meio às inúmeras dietas, desenvolveu um quadro de compulsão alimentar, principalmente com doces. Como tinha vergonha, comia sozinha e em segredo. Após o casamento, Marta resolveu que tinha que se controlar e conseguiu por um tempo. Contudo, um dia ficou muito assustada, pois, ao acordar, percebeu que sua camisola estava suja de doces, melada. Quando foi até a cozinha espantou-se ainda mais, pois também a encontrou toda suja: a panela de arroz estava em cima da mesa vazia e um pote de calda de chocolate, já vencido, estava ao lado, também vazio. Ela não havia se dado conta, nem se lembrava do que tinha acontecido. Voltou a ter compulsões e a engordar. Como ganhou muito peso na gestação, foi indicada cirurgia bariátrica. Diferentemente do que ela esperava, ficar magra não foi maravilhoso. Ela não se reconhecia no espelho e tinha ficado intolerante com alguns alimentos que gostava. Como tinha muitos compromissos sociais, frequentemente bebia uma pequena taça de champanhe para brindar. Percebeu que isso a fazia sentir-se muito bem, relaxada. Passou a beber mais e como fazia com a comida, escondido. Rapidamente se tornou dependente de álcool; seu dia orientava-se pelo horário de beber (sempre no fim da tarde, antes de o marido e os filhos chegarem). Numa viagem em que o marido disse que não toleraria que ela bebesse, sem perceber gastou muito dinheiro. Fez inúmeras compras, algumas de coisas que jamais iria usar, e sentiu-se arrasada. Como de costume, escondeu do marido. Ao iniciar o tratamento, conseguiu

controlar o uso de álcool, quebrou todos os cartões de crédito e estava se treinando para comer pouco. Nesse momento, ficou desesperada, pois não sabia como preencher a vida. "Será que não tem nada que eu possa fazer para me sentir preenchida?"

Marta e suas inúmeras compulsões revelam como o consumo pode se tornar a via privilegiada de acesso à plenitude. O imaginário social favorece a passagem da carência ao vazio, que pode, então, ser preenchido (Brasiliano, 2008; Rojas; Sternbach, 1997).

O preenchimento, a incorporação tranquilizam o indivíduo, pois temporariamente funcionam como garantias do seu desamparo, parecendo sanar suas aflições. Contudo, como a angústia não pode ser elaborada, ela reaparecerá e, frente a novas situações sentidas como insuportáveis, o ciclo reiniciará.

O indivíduo com compulsões está longe de si mesmo. Como o abuso serve para protegê-lo do contato com seu mundo interno, ele pouco sabe o que se passa consigo mesmo. A comida, o álcool, as drogas ou qualquer outro objeto ou situação que pode ser usada para atenuar o sofrimento são, para o psiquismo, equivalentes funcionais. Quando um não está disponível, outro logo poderá entrar em seu lugar.

O grande desafio da psicanálise, frente às compulsões, é instaurar o discurso que pode mediar, através da simbolização, a relação entre o sujeito e suas atuações. Sua possibilidade é de articular um sentido ali por onde ele se perdeu, em que não há palavras, nem comunicação e é impossível ao indivíduo identificar como seu e de sua vida (Jorge, 1994). A proposta remete ao despertar impossível para os sujeitos que sofrem com as drogadições, os transtornos alimentares, as compulsões, reconstruindo o que não foi dado anteriormente, mas pode ser buscado, inscrevendo o antes e o depois da droga e da comida em uma história pessoal de um sujeito particular (Ponczec, 1993; Jorge, 1994; Brasiliano, 2008).

Referências bibliográficas

BIRMAN, J. *Arquivos do mal-estar e da resistência.* Rio de Janeiro: Civilização Brasileira, 2006. 418 p.

BRASILIANO, S. *Comorbidade entre dependência de substâncias psicoativas e transtornos alimentares:* perfil e evolução de mulheres em um tratamento específico para dependência química. Tese (doutorado). São Paulo: Faculdade de Medicina da USP, 2005.

______. "Psicoterapia analítica de grupo com drogaditos: há uma especificidade afinal? Contribuições para uma discussão". *Vínculo – Revista do NESME*, 2(5); 2008. Disponível em: www.pepsic.bvsalud.org/scielo.

______. "A adolescência e as drogas – reflexões sobre o profissional que atua com jovens e familiares". *Vínculo – Revista do NESME*, 3(3); 2016. Disponível em: www.pepsic.bvsalud.org/scielo.

______.; HOCHGRAF P. B. "Comorbidade com transtornos alimentares". Em: SEIBEL, S. D *Dependência de drogas.* 2. ed. São Paulo: Atheneu, 2010. p. 727-747.

BRASILIANO, S.; NASCIMENTO, G. C. G.; BRITO, L. M. A.; ELY, P. *Psicoterapia analítica de grupo com alcoolistas e drogaditos.* Em: SANTEIRO, T. V.; FERNANDES, B. S.; FERNANDES W. J. *Clínica de inspiração psicanalítica*: teoria, prática e pesquisa. Londrina: Clínica Psicológica, 2021. p. 416-434.

BRUNO C. A. N. B. Desastre na gênese do pensamento em distúrbios alimentares. Em: BRUNO CANB (org.). *Distúrbios alimentares:* uma contribuição da psicanálise. Rio de Janeiro: Imago, São Paulo: Sociedade Brasileira de Psicanálise de São Paulo, 2010. p. 81-98.

FREDA, H. "Toxicomania: uma das formas da modernidade". Em: INEM, C. L., ACSELRAD, G. (eds). *Drogas*: uma visão contemporânea. Rio de Janeiro: Imago, 1993. p. 33-36.

FENICHEL, O. *Teoria psicanalítica das neuroses.* Rio de Janeiro: Livraria Atheneu, 1981. p. 350-6.

FERNANDES, M. H. *Transtornos alimentares:* anorexia e bulimia. São Paulo: Casa do Psicólogo, 2006. 303 p.

JORGE, M. A. C. "Entre a psicanálise e a religião: o ato toxicomaníaco". Em: BITTENCOURT, L. (ed.). *A vocação do êxtase*: uma antologia sobre o homem e suas drogas. Rio de Janeiro: Imago, 1994. p. 9-14.

HERMANN, F. "Apesar dos pesares: breve contribuição ao estudo da obesidade". Em: CANB, B. (org.). *Distúrbios alimentares:* uma contribuição da psicanálise. Rio de Janeiro: Imago, São Paulo: Sociedade Brasileira de Psicanálise de São Paulo, 2010. p. 19-23.

HOCHGRAF, P. B.; BRASILIANO, S. "A compulsão alimentar e outras compulsões/dependências e adições nos transtornos alimentares". Em: PHILIPPI S. T., ALVARENGA M. *Transtornos alimentares*: uma visão nutricional. Manole: São Paulo, 2004. p. 83-101.

KALIL, F. "A compulsão alimentar e suas implicações na clínica psicanalítica". Em: GONZAGA AP, WEINBERG C. (orgs). *Psicanálise de transtornos alimentares*. São Paulo: Primavera Editorial, 2010. p. 167-185.

______. "Considerações psicanalíticas sobre a compulsão alimentar". Em: WEINBERG C (org). *Psicanálise de transtornos alimentares*. São Paulo: Primavera Editorial, 2016. p. 124-135.

KALINA E.; KOVADLOFF, S. *Drogadicção*: indivíduo, família e sociedade. 3. ed. Rio de Janeiro: Livraria Francisco Alves Editora, 1983. 104 p.

MCDOUGALL, J. *Em defesa de uma certa anormalidade:* teoria e clínica psicanalítica. Porto Alegre: Artes Médicas, 1983. 182 p.

______. "The psychic economy of addiction". Em: PETRUCELLI, J., STUART, C. (eds). *Hunger and compulsions:* the psychodynamic treatment of eating disorders & addictions. New Jersey: Jason Aronson Inc, 2001. p. 3-26.

MELIN, P. "Comorbidade dos transtornos alimentares". Em: NUNES, M. A. A.; APPOLINÁRIO, J. C.; ABUCHAIM, A. L. G.; COUTINHO, W. e cols. *Transtornos alimentares e obesidade*. Porto Alegre: Artes Médicas, 1998. p. 97-110.

MIRANDA, M. R. "A complexidade da relação mãe-filha nas patologias dos contrários". Em: CANB, B. (org.). *Distúrbios alimentares:* uma contribuição da psicanálise. Rio de Janeiro: Imago, São Paulo: Sociedade Brasileira de Psicanálise de São Paulo, 2010. p. 124-54.

OCARIZ, M. C. "O dispositivo psicanalítico no começo do século XXI". *Percurso Revista de Psicanálise*, 2002;29:33-40.

PONCZEC, I. S. "Entre parênteses". Em: INEM, C. L.; ACSELRAD, G. (eds.). *Drogas:* uma visão contemporânea. Rio de Janeiro: Imago, 1993. p. 98-103.

ROJAS, M. C. "Grupos: terapêutica e prevenção. Os dispositivos vinculares na clínica do fim do milênio". *Revista da Associação Brasileira de Psicoterapia Analítica de Grupo*, 1996;03:181-95.

______.; STERNBACH, S. *Entre dos siglos*: una lectura psicoanalítica de la posmodernidad. Buenos Aires: Lugar Editorial, 1997. 188 p.

THE NATIONAL CENTER ON ADDICTION AND SUBSTANCE ABUSE (CASA) Understanding and addressing food addiction: a science-based approach to policy, practice and research. 2016. Disponível em: www.centeronaddiction.org/addiction-research/reports/understanding-and-addressing-food-addcition-science-based-approach-policy. Acesso em: out. 2022.

WINNICOTT, D. W. "A capacidade para estar só". Em: *O ambiente e os processos de maturação*. Porto Alegre: Artes Médicas, 1998. p. 31-37.

Uma reflexão sobre psicanálise, cura e transtornos alimentares

TALITA AZAMBUJA
THAIS FONSECA DE ANDRADE

"É preciso sair da ilha para ver a ilha. Não nos vemos se não saímos de nós"
– Saramago, 1997

Celebração e despedida foi o tom de nosso último encontro com a Cybelle.
Um belíssimo jantar!
Ah! Quantas saudades!
Seu sorriso aberto, alegre, disposto em dividir seu saber, expressa sua vitalidade.
Falamos das flores e dos rios, dos vinhos e dos livros.
Foi dessa forma que começamos a sonhar este texto...

"Transtorno alimentar tem cura?"

Esta sessão ocorreu depois do final de semana. A paciente chega pontualmente em seu horário e, quando a analista vai chamá-la na sala de espera, observa, em seu tom de voz ao cumprimentá-la e na maneira apressada de caminhar até a poltrona, um estado que a leva a ter a impressão de que a analisanda apresenta alguma urgência. A analista expressa essa observação para Júlia que prontamente responde:

– Transtorno alimentar tem cura?
– Transtorno alimentar?
– Quero saber se vou me curar dessa doença.

Inspiradas pela pergunta feita por Júlia, uma jovem de 21 anos que vivia atormentada pela possibilidade de engordar e queixava-se de seus vômitos eventuais e do terror de começar a comer e não conseguir parar mais, nos propomos a refletir como vemos a noção de cura em nossa clínica.

Assim, neste capítulo do livro, temos a intenção de pensar mais amplamente sobre a cura em psicanálise, tendendo a nos afastar cada vez mais de sua noção orgânica, na qual existe um remédio ou uma ação mágica capaz de nos coroar com essa finalidade idealizada.

Para pensar a posição do analista frente à expectativa de cura, apoiamo-nos no referencial de Bion em *Transformações* (1965, 2004). Segundo esse autor:

> Seria incompatível com a teoria e a prática psicanalítica que o analista trabalhasse sobre as emoções de seu paciente do mesmo modo que um pintor poderia trabalhar sobre sua tela. O pintor que trabalhe sobre as emoções de seu público com uma finalidade em vista é um propagandista, cuja perspectiva corresponde à de pintor de pôsteres – sua intenção não é que seu público esteja livre para escolher o que vai fazer da comunicação. A posição do analista é semelhante à do pintor que, através da sua arte, acrescenta algo à experiência de seu público. Já que os psicanalistas não almejam conduzir a vida do paciente, mas capacitá-lo a conduzi-la de acordo com as próprias luzes e, portanto, conhecer que luzes são essas, Taβ[1], sob a forma de interpretação ou de um estudo científico escrito, deveria representar a representação verbal do analista, referente a uma experiência emocional. [...] A única limitação necessária de expressão verbal é que ela expresse a verdade, sem nenhuma outra implicação além de ser verdadeira na visão do analista". (Bion, 1965 2004, p. 53, 54)

Partindo desse olhar sobre a posição do analista, não atendemos um paciente pensando em curá-lo; tal ideia não permeia nossa forma de trabalhar, tampouco a maneira que a compreendemos e como nos compreendemos como analistas.

---

1 Bion, em *Transformações* (1965), criou símbolos visando discriminar a representação do analista daquela do paciente. Um destes símbolos é Taβ, o qual corresponde a produto de transformação final do analista.

Para nós, a análise é um movimento de busca de possibilidade de expansão psíquica por meio da construção de uma rede simbólica; é um trabalho de tecitura das experiências emocionais que surgem a partir do encontro da dupla analítica.

Segundo Malzyner (2010, p. 253): "Há algo de único em cada encontro entre analista e analisando que propicia o surgimento de conteúdos íntimos daquele que nos procura em busca de uma análise" e acrescentamos em nós também.

Nesse sentido, se formos querer falar em cura, talvez possamos dizer que a cura na análise não é, mas está em um processo contínuo, atemporal e ligada à capacidade de pensar e à condição vincular analista⇌analisando e analisando e a sua vida. Aqui, corroboramos a ideia de Azambuja e Colucci (1999, p. 72) sobre os conceitos de narcisismo e social-ismo de Bion (1960), ao dizerem que:

> Uma das múltiplas funções da psicanálise é permitir a observação do que ocorre com o sujeito e a consequente investigação do novo que emerge frente a sua interação com o mundo. Esta ampliação das percepções favorecerá a aproximação do sujeito com o outro, permitindo o estabelecimento de novos vínculos, símbolos e relações [...]. Estar-em-análise é permanecer em tensão constante na direção mediana entre as forças narcisismo⇌social-ismo que nem sempre encontram pontes simbólicas satisfatórias.

A indagação de Júlia, feita com um tom de voz que continha um misto de aflição, tensão e desejo de alguma garantia, despertou angústia na analista que a escutava, pois gostaria de dar a sua analisanda uma resposta positiva; mas a verdade é que a analista não tinha outra coisa a dizer, a não ser responder sinceramente que não sabia com certeza (se ela iria se curar).

Esta comunicação foi difícil para a analista, uma vez que, a princípio, se sentiu pressionada a sanar a dúvida de sua paciente. Contudo, tolerou essa dificuldade por sustentar concomitantemente uma atitude psicanalítica de fé (Bion, 1970) em relação ao que pode emergir daquele encontro e acreditar que o trabalho analítico propicia "transformações no campo da experiência emocional da dupla, a partir de um espaço potencialmente infinito, como passa a ser concebido o espaço psíquico" (Prada e Silva, 2013, s.p.).

A analista também falou para sua analisanda que, apesar de não saber, elas poderiam descobrir juntas o que se revelaria que, naquele momento, era completamente desconhecido para ambas. A paciente ficou visivelmente desapontada e o silêncio se instalou por algum tempo.

O fato de que a pergunta existiu possibilitou que ambas sofressem o impacto emocional do que veio por consequência dela. Um clima de tensão emergiu entre a analista e sua analisanda, e a primeira intuiu que um dos trabalhos dessa dupla analítica apareceu ali.

De acordo com Ferro (1998, p. 32), citando Puget e Wender (1987), a análise se dá frequentemente nas situações limítrofes, em que se ativa uma função psicanalítica capaz de produzir "a compreensão e a semantização do que é inconsciente, não compreendido, não pensado até aquele momento".

A analista, que em um primeiro momento se viu tomada por aquelas emoções, pôde, em um segundo momento, observar-se e observar o que se passou ali entre elas e comunicar para Júlia a percepção de seu desapontamento frente à resposta da analista, ou a não resposta. Na pergunta de Júlia subjazia o desejo de ter algo fora dela: a analista ou sua resposta ou um saber que desse conta do que ela não sabe e acha difícil tolerar, algo que de maneira rápida pudesse sanar seu sofrimento.

Chamamos de reverie (Bion, 1962) a condição da analista de receber e sonhar as identificações projetivas da paciente e ser capaz de apresentar para a mesma algo que tenha captado a partir da experiência emocional que viveu. A reverie do analista propicia um ambiente para diálogo verdadeiro, no qual uma conversa sincera pode acontecer.

Esse termo foi adotado por Bion (1962) ao referir-se a um estado de mente que o bebê exige da mãe. A mente da mãe precisa estar em um estado de calma e receptividade para receber os próprios sentimentos do bebê e dar-lhes significado. A ideia é que este, por meio da identificação projetiva, inserirá na mente da mãe um estado de ansiedade e terror do qual é incapaz de fazer sentido e que é sentido como intolerável (especialmente o medo da morte). Dessa forma, a reverie da mãe é um processo de fazer algum sentido para o bebê, função conhecida como "função alfa". Mediante a introjeção de uma mãe receptiva e compreensiva, o bebê pode começar a desenvolver sua própria de reflexão sobre seus próprios estados mentais (Hinshelwood, 1991).

O periscópio

A linguagem estética, aspecto emocional da percepção sensorial, nos ajuda a construir esta reflexão.

> Se os homens vivem na barriga de uma baleia
> só podem sentir frio e falar
> dos cardumes periódicos de peixes e de muralhas
> escuras como uma boca aberta
> e de cardumes periódicos de peixes e de muralhas
> escuras como uma boca aberta e sentir muito frio.
> Mas se os homens não querem falar sempre da mesma coisa
> Tratarão de construir um periscópio para saber como se desordenam
> as ilhas e o mar e as demais baleias – se é que existe tudo isso.
> E o aparelho há de se fabricar com as coisas que temos à mão e então
> surgem desagrados, por exemplo, se de nossa casa arrancamos uma costela
> Perderemos para sempre sua amizade e se o fígado ou as barbatanas,
> é capaz de matar-nos.
> Estou achando que vivo na barriga de alguma baleia, com minha
> mulher e Diogo e todos os meus avós. (Cisneiros apud Gullar,
> 2014, p. 256)

A palavra periscópio tem, para nós autoras, muitos significados além daquele formal da língua Portuguesa. No dicionário Michaelis, encontramos este: "instrumento ótico, empregado principalmente nos submarinos, que permite observar um objeto em todas as direções, por cima de um obstáculo que se interponha à sua visão direta" (Periscópio, s.d.).

A visão direta de Júlia buscava uma resposta que naquele momento aliviasse sua angústia, o que poderia, na sua fantasia, ser um caminho mais seguro no sentido de garantir uma satisfação imediata: a extinção do sintoma que denunciava no corpo o sofrimento psíquico. Isso posto, nos remetemos ao princípio de prazer mencionado por Freud em seu artigo escrito em

1911, "Formulações Sobre os Dois Princípios do Acontecer Psíquico". O princípio de prazer tem a função de aliviar o aparelho psíquico do excesso de estímulos acumulados e de fazer a atividade mental se recolher (o recalque) com relação aos atos que possam causar desprazer (Freud, 1911/2004).

Já a visão proporcionada pelo periscópio possibilita ver além do conhecido, além da barriga da baleia, na qual "só podem sentir frio e falar dos cardumes periódicos de peixes e de muralhas escuras como uma boca aberta e de cardumes periódicos de peixes e de muralhas escuras como uma boca aberta e sentir muito frio".

A repetição é o que de maneira tão sensível o poeta nos convidou a observar no trecho anterior. Repetir, sentir frio e... acrescentamos aqui: sentir fome. Tudo parece igual, repetitivo e conhecido, o que nos remete à força da pulsão de morte imperando na busca de conter o movimento, manter tudo inerte, quase congelado.

Freud, em "Recordar, Repetir e Elaborar" (1914/2006, p. 165), diz que na repetição o indivíduo reproduz algo não como uma lembrança, mas como uma ação. Repete sem perceber que está repetindo e, sob a égide de uma força incessante, busca inconscientemente descarregar uma tensão com a finalidade de resolver um conflito que não se resolve. É uma espécie de prisão, como se fosse um grande labirinto emocional. Nesse funcionamento psíquico, o que parece prevalecer é a ausência da capacidade de sonhar/pensar e o ódio à realidade interna e externa, aspectos que Bion (1957, 1993) reconhece como pertencentes à parte psicótica da personalidade.

Anorexia psíquica?

Estamos aqui falando de Júlia, uma moça que tem dificuldades com a comida e com seu corpo: sente-se gorda, quando é magra e esbelta. Em muitas sessões, relatou odiar seu corpo, suas formas e, por isso, se sente muito ansiosa quando chega o final de semana, porque tem receio de receber convites de suas amigas para sair à noite. Relaciona sua ansiedade ao fato de se sentir gorda e não querer sair de casa; diz sentir-se aliviada quando ninguém a procura.

Observamos um jeito de funcionar que vai fazendo com que Júlia se isole do outro e se aprisione. Assim, ela fica "presa na barriga da baleia", restrita à sua "normalidade". Restringe o alimento afetivo/social assim como sua comida, porque tem a fantasia de que comerá tudo que tiver a sua frente.

É tudo ou nada. Território mental de extremos.

Ela tem fome de quê?

Bebida é água!
Comida é pasto!
Você tem sede do quê?
Você tem fome de quê?
A gente não quer só comer
A gente quer comer
E quer fazer amor
A gente não quer só comer
A gente quer prazer
Pra aliviar a dor
– Titãs

Talvez Júlia tenha fome de encontrar um outro que possa receber e conter as projeções de sua destrutividade. Talvez ela tenha fome de desenvolver uma condição simbólica que a permita tecer histórias e tecer a sua história (Andrade; Nacif, 2017). Quem sabe "uma sopinha de letrinhas" servida com uma voz que embala a alma possa trazer calma?

Pessoas com transtornos alimentares apresentam questões sobre peso, calorias, sobre quantidades e não sobre qualidade, o que diz respeito à oralidade e a um mundo extremamente infantil. Se estivermos pensando a cura como a possibilidade de ampliação psíquica de simbolismo, ela vem por meio de um investimento afetivo.

Junto com o leite vêm gotinhas de amor, junto com a comida vem a brincadeira do aviãozinho. Talvez Júlia não tenha recebido isso em sua vida, então ela fica presa à questão concreta: eu vou ter cura? Como se o que ela tivesse pudesse ser resolvido com um remédio, quando, na verdade, os transtornos alimentares são sintomas que envolvem uma complexidade emocional profunda que, em muitos casos, diz respeito a uma questão da relação com a mãe.

Ademais, talvez ela sinta fome da verdade. A verdade para Bion (2000, p. 136) "é algo que o homem necessita expressar; é algo que precisa procurar e encontrar, [...] é algo que ele necessita sentir na atitude que os outros têm em relação a ele".

Quando a analista falou para Júlia que não sabia a resposta, apresentou algo para sua analisanda que era verdadeiro e as duas viveram uma experiência emocional advinda daí. Dessa forma, a verdade pode tornar-se alimento da mente como a comida é para o corpo. Diz Bion (1965, 2004, p. 54): "o crescimento mental saudável parece depender da verdade do mesmo modo como o organismo vivo depende do alimento".

Além disso, se pensarmos teoricamente sobre os transtornos alimentares, o que falta é uma rede simbólica e esse alimento é constituído por meio de experiências emocionais vividas na interação com o outro. Júlia fez uma pergunta para sua analista e não recebeu a resposta que queria naquele momento. Contudo, a analista lhe ofereceu um outro tipo de alimento, que foi confiar que ela pudesse tolerar uma ausência. Talvez Júlia sentisse fome desse olhar em direção a ela e a analista pôde captar isso.

É a construção do periscópio sendo realizada, trabalho a quatro mãos que propicia expansão intrapsíquica e possibilita a percepção da existência de outros mundos para além do seu, para além do eu. A começar do outro – analista.

Pensamos na análise como um lugar no qual seja possível para o paciente a construção desse periscópio interno ou, como diria Bion, aparelho para pensar os pensamentos (Bion, 1962). Uma construção que, ao nosso ver, acontece por meio da dinâmica vincular, está sempre sendo, está sempre sofrendo transformações e expressa o interjogo entre o narcismo⇌social-ismo e as experiências emocionais oriundas daí.

Com relação ao aparelho para pensar os pensamentos, Bion (1994, p. 128) menciona que:

> É conveniente encarar o pensar como um processo que depende de uma resposta bem-sucedida de dois principais desenvolvimentos mentais. O primeiro deles é o desenvolvimento dos pensamentos. Estes requerem um aparelho que deles se encarregue. O segundo desenvolvimento,

> consequentemente, é o desenvolvimento do aparelho que provisoriamente chamarei de processo de pensar. Repetindo: o processo de pensar passa a existir para lidar com os pensamentos. (Bion, 1994, p. 128)

Para Bion, há um pensamento que é por ele denominado pensamento sem pensador, o qual existe antes da capacidade de pensar. Ele considera "o processo de pensar um desenvolvimento imposto à psique pela pressão dos pensamentos" (Bion, 1994, p. 128).

Além disso, o pensar em Bion está relacionado à experiência emocional e à condição de tolerância à frustração e aos pensamentos. Se a paciente mencionada anteriormente pode tolerar sua frustração causada pela descoberta de que sua analista não tem uma resposta para lhe dar sobre algo que ela não sabe, abre uma brecha: a possibilidade de lidar com o desconhecido. Quem sabe um novo pensamento possa surgir? Quando a capacidade para tolerar frustração é suficiente, a ausência do seio, diz Bion (1988, p. 103), "se transforma num pensamento e desenvolve-se um aparelho para pensá-lo".

Voltando à pergunta da paciente, se ela pode se curar, a conversa naquele momento, partindo da experiência emocional vivida pela dupla, tomou um caminho o qual pensamos mais conjugado com o princípio de realidade e com a busca pela verdade.

Muito ecoou em outras sessões, a partir dessa pergunta, sua dificuldade de lidar com seus limites, de tolerar frustração, seu desapontamento com a analista e ainda assim Júlia sentir algo, que não sabe bem o que é, mas que a faz querer continuar a análise. Seria o alimento verdade? Seria o sentimento que também começava a brotar em Júlia de se sentir olhada e reconhecida como alguém com recursos internos para lidar consigo mesma e com sua vida? A analista confiou que Júlia pudesse tolerar.

O fato é que foi possível observar um movimento novo surgindo entre a analista e a analisanda, uma nova história começa a ser contada e vivida.

Discussão final

Pensamos que uma pessoa acometida por anorexia e ou bulimia pode ou não se curar. É possível que essa dor psíquica irrepresentável que usa o corpo como expressão encontre outros caminhos para se expressar, sofra transformações, deixe de ser dor e deixe até de existir.

O que observamos em nossa experiência clínica por meio das narrativas dos pacientes e da maneira de se relacionarem conosco é uma abertura à vida. Algo acontece que o mundo ameaçador como o vivenciavam começa a se tornar menos assustador, e consequentemente as coisas da vida começam a existir de um jeito novo. Novas experiências começam a aparecer, enquanto as questões ligadas ao corpo, ao medo de engordar, ao comer, às calorias vão desvanecendo, sendo menos investidas, deixando de ocupar um lugar central nas sessões e em suas vidas.

Acreditamos que "esse algo que acontece" esteja ligado à constituição da capacidade de criar pontes simbólicas (pensar, sonhar). É o trabalho de "construir um periscópio... para saber como se desordenam as ilhas e o mar e as demais baleias – se é que existe tudo isso".

Gostaríamos de salientar a importância de que a pessoa que está com anorexia e ou bulimia receba um acompanhamento, visando tanto às questões concretas e práticas ligadas ao comer e à nutrição quanto às questões de seu funcionamento psíquico e de seu jeito de estar no mundo, de se relacionar consigo mesma e com o outro, uma vez que os transtornos alimentares envolvem uma dinâmica que é física⇌psíquica.

Um trabalho realizado em conjunto com uma equipe interdisciplinar que cuidará do manejo com relação aos aspectos nutricionais e psiquiátricos, quando estes últimos forem necessários, e da dinâmica familiar, contribuirá para que possamos exercer nossa escuta e função analítica mais livremente.

Nosso trabalho acontece a conta-gotas, os passos são tímidos em direção à construção de um vínculo de confiança. Em muitos momentos, corremos o risco de ficarmos paralisados transferencialmente pela desesperança e pelo sentimento de impotência, presos na barriga da baleia. Contudo, no encontro analítico verdadeiro, há potencial para movimento e criatividade.

Referências bibliográficas

ANTUNES, A. Comida. In: Titãs. Jesus não tem dentes no país dos banguelas. São Paulo: WEA Discos, 1987.

ANDRADE, T. F.; NACIF, T. A. "Construção simbólica em pacientes com fome de estórias". Em: Weinberg, C. *Psicanálise de transtornos alimentares*. São Paulo: Primavera Editorial, 2016.

AZAMBUJA, D. C.; COLLUCCI, A. M. "Lugar da psicanálise". *Revista USP*, São Paulo, n. 43, p.70-83. Setembro – Novembro de 1999.

BION, W. *Atenção e interpretação*. Tradução Paulo Cesar Sandler. Rio de Janeiro: Imago, 2006.

______. *Learning from experience*. London: Karnac Books, 1962.

______. *Cogitações*. Trad. Ester Hadassa Sandler e Paulo Cesar Sandler. Rio de Janeiro: Imago, 2000.

______. *Transformações, do aprendizado ao crescimento*. Tradução Paulo Cesar Sandler Sandler. Rio de Janeiro: Imago, 1965.

______. "Differentiation of the psychotic from the non-psychotic personalities". Em: ______. *Second thoughts*. London: Karnac, 1993 (Trabalho original publicado em 1957).

______. "Uma teoria sobre o processo de pensar". Em: ______. *Estudos psicanalíticos revisados*. Trad. Wellington Marcos de Melo Dantas. Rio de Janeiro: Imago, 1994. (Trabalho original publicado em 1967).

CISNEIROS, A. "Poema sobre Jonas e os desalienados". Em: GULLAR, F. *O prazer do poema*. Uma antologia pessoal. Organização Ferreira Gullar. Rio de Janeiro: Edições de Janeiro, 2014.

FERRO, A. *Na sala de análise*: emoções, relatos, transformações. Rio de Janeiro: Imago, 1998.

FREUD, S. (1911). "Formulações sobre os dois princípios do acontecer psíquico". Em: ______. *Escritos sobre a psicologia do Inconsciente*, V.1. Coordenação geral da tradução Luiz Alberto Hanns. Rio de Janeiro: Imago, 2004.

______. (1914). *Recordar, repetir e elaborar*. Em: ______. *Edição Standard Brasileira das Obras Psicológicas Completas de Sigmund Freud*. Rio de Janeiro: Imago, 2006.

HINSHELWOOD, R. *Dicionário do pensamento kleiniano*. Porto Alegre: Artes Médicas, 1991.

MALZYNER, G. "A clínica do vazio: a relação entre masoquismo e transtornos alimentares". Em: GONZAGA, A. P; WEINBERG, C. *Psicanálise de transtornos alimentares*. V. 1. São Paulo: Primavera Editorial, 2010.

PERISCÓPIO. Michaelis – moderno dicionário da língua portuguesa. São Paulo: Melhoramentos. Disponível em: michaelis.uol.com.br/moderno/portugues/index.php. Acesso em: out. 2022

PRADA e SILVA, M. A fé: Bion e Kierkegaard. *IDE*, São Paulo, vol. 36, n.56, 2013. Disponível em: pepsic.bvsalud.org/scielo.php?script=sci_arttext&pid=S0101-31062013000200008. Acesso em: out. 2022

SARAMAGO, J. *O conto da ilha desconhecida*. São Paulo: Companhia das Letras, 1997.

Emagrecer a qualquer preço

CYBELLE WEINBERG

Estou fazendo quimioterapia. Tenho 1,58 m e antes do início do tratamento pesava 60 kg. Não acho que estivesse gorda. No entanto, quando dividi a minha aflição frente aos efeitos do tratamento com uma pessoa conhecida – bióloga e professora –, ouvi o seguinte comentário: "Pense no lado bom, você vai emagrecer...".

Após duas sessões de quimioterapia, perdi três quilos. Durante um almoço em família, enquanto eu provava vários alimentos diferentes, tentando encontrar algum que não me provocasse náuseas e cujo sabor fosse minimamente suportável, ouço a seguinte frase: "Aproveita para emagrecer...". Essa partiu de uma economista, também professora.

Como se não bastasse, depois de perder mais um quilo, encontro um colega – médico psiquiatra e psicanalista –, que num primeiro momento não me reconhece. Pede desculpas, diz que eu estou diferente e que ele não sabe o que é. Diz que eu estou muito mais bonita (*sic*) e pergunta se eu emagreci. Digo que sim, que há três meses descobri um câncer. Então escuto a seguinte pérola: "Você está muito melhor, acho que eu também vou querer ter um câncer...".

Quando trabalhei no Instituto de Psiquiatria do HC, ouvi de algumas pacientes internadas no ambulatório de transtornos alimentares (AMBULIM), diagnosticadas com bulimia nervosa, que comiam alimentos estragados e/ou bebiam água contaminada com o objetivo de adoecer e perder peso. E, em minha pesquisa de doutorado, encontrei documentos descrevendo o hábito de algumas religiosas que viveram no século XVII que beijavam as feridas de companheiras afligidas pelo câncer e esfregavam-se com os seus curativos com o intuito de se contagiar. Isso porque as doenças particularmente dolorosas eram interpretadas como uma forma de martírio e as chagas abertas, uma participação na Paixão de Cristo.

Pois bem. A bióloga que eu cito, assim como a economista e o médico, vivem no século XXI, não comungam nenhuma crença religiosa e não estão internadas em nenhuma clínica psiquiátrica. Mas representam muito bem uma sociedade profundamente transtornada, doente, em que as pessoas perderam a capacidade de empatia com o sofrimento do outro.

Você perdeu o emprego? Se divorciou? Está de luto por um ente querido? Está com câncer? Tudo bem, veja o lado bom: você vai emagrecer!

Referências bibliográficas:

Texto publicado no site da CEPPAN. Disponível em: redeceppan.com.br/emagrecer-a-qualquer-preco-2/. Acesso em: out. 2022.

Também pode ser encontrado no livro abaixo:

Sardenberg, C. A. (ed.). *O livro da Belle:* histórias de mulheres. São Paulo: Amar-Amaro, 2021. (p. 53-54)

Autoras

Aline Eugênia Camargo

Psicóloga e Psicanalista. Mestre em Psicologia Social pela USP, membro do Departamento de Psicanálise e do Departamento de Psicossomática Psicanalítica do Instituto Sedes Sapientiae, docente do curso de especialização: *Psicossomática Psicanalítica, corpo e clínica contemporânea.*

Participante de grupos de estudos e seminários sobre a psicossomática psicanalítica do Instituto de Psicossomática de Paris (IPSO).

Autora do livro Fobia (São Paulo: Casa do Psicólogo, 2001) e co-organizadora do livro Alonso, S. L.; Gurfinkel, A C. e Breyton, D. M. (org.) – *Figuras clínicas do feminino no mal-estar contemporâneo* (São Paulo: Escuta, 2002), e de diversos artigos em coletâneas e revistas psicanalíticas sobre os temas da psicossomática e dos transtornos alimentares e obesidade.

Ana Carolina Saraiva

Psicóloga clínica pela PUC-SP. Especialização em Psicoterapia Psicanalítica pela USP. Especialização em Orientação Profissional pela Colméia.

Psicoterapeuta individual e grupal do ambulatório Protad/Ambulim (IPq/HCFMUSP), de 2009 a 2012.

Membro da CEPPAN desde 2007 e Coordenadora desde 2020.

Ana Tereza Arantes de Almeida Alonso

Psicóloga e psicanalista. Membro do Departamento de Formação em Psicanálise do Instituto Sedes Sapientiae, Autora de capítulos de livros sobre Psicanálise e Transtornos Alimentares, Docente em cursos sobre Psicanalise e sobre a Clínica da Psicanálise dos Transtornos Alimentares. Participante do estudo COWAP-IPA Committee on Women and Psychoanalysis no grupo de estudo junto à SBPSP. Participante de grupos de estudos sistemáticos sobre Silvia Bleichmar com Maria Cristina Perdomo e do estudo sistemático sobre André Green com Fernando Uribarri. Membro da CEPPAN.

Camila Deneno Perez

Psicanalista. Graduada em Psicologia. Mestre em Psicologia Social pela PUC-SP. Especialista em Saúde Mental Multiprofissional pela Secretaria Estadual de Saúde. Realizou formação em Psicanálise pelo Centro de Estudos Psicanalíticos e em Psicanálise com Crianças pelo Instituto Sedes Sapientiae. Foi membro da CEPPAN de 2015 a 2019. Atualmente é membro do Grupo Brasileiro de Pesquisas Sándor Ferenczi e do Núcleo Acesso do Instituto Sedes Sapientiae. Docente no curso de formação em Psicanálise do Centro de Estudos Psicanalíticos.

Carla Puglisi

Formada em Psicologia pela PUC-SP em 2001. Especialização em Psicoterapia Breve Psicanalítica e Formação em Psicanálise pelo Instituto Sedes Sapientiae. Psicoterapeuta individual e grupal do Programa Interdisciplinar de Atendimento, Ensino e Pesquisa dos Transtornos Alimentares na Infância e Adolescência (PROTAD) do HC-FMUSP de 2007 a 2010.

Christiane Baldin Adami Lauand

Psicóloga, formada pela Universidade Presbiteriana Mackenzie (2001) e Mestre em Ciências pela Escola de Enfermagem de Ribeirão Preto – USP (2010).

Membro da equipe multidisciplinar e coordenadora do Grupo de Apoio Psicológico aos Familiares do Grupo de Assistência em Transtornos Alimentares do GRATA/HCFMRP – USP, em Ribeirão Preto (2006 a 2010).

Desde 2011, sou membro efetivo da CEPPAN (Clínica Cybelle Weinberg de Estudos e Pesquisas em Psicanálise da Anorexia e Bulimia) com sede em São Paulo.

Autora do livro 'A quem pertence essa história? Compreendendo a transgeracionalidade nos transtornos alimentares' (Sá Editora, 2020).

Daina Edith Paegle Bittar

Psicóloga, formada pelo Instituto de Psicologia da Universidade de São Paulo (USP). Atua como psicóloga clínica desde 2021 na área de inclusão escolar e em consultório particular com adultos, crianças e adolescentes.

Elisa Gan

Psicanalista pelo Instituto Sedes Sapientiae e pelo CEP, Especialista em Psicossomática Psicanalítica pelo Instituto Sedes Sapientiae, Autora de artigo no livro Psicanálise dos Transtornos Alimentares Vol II, colaboradora do Grupo de Estudos CEPPAN, Membro da Rede CEP (centro de estudos Psicanalíticos), Membro da CEPPAN.

Ester Zatyrko Schomer

Psicóloga, Terapeuta Familiar Sistêmica. Coordenadora da Terapia Familiar do Ambulim: Ambulatório de Bulimia e Transtornos Alimentares do HCMUSP de 1995 a 2020. É autora de capítulo dos livros *Anorexia e Bulimia: o que são?* Como ajudar? Um guia de orientação p pais e familiares/ Taki Athanássios Cordás (et al)-Porto Alegre: Artmed: 1998; *Anorexia e Bulimia Nervosa:* uma visão multidisciplinar/ Henriette A Bucaretchi org-SP: casa do Psicólogo, 2003; *Síndromes Psiquiátricas*: diagnóstico e entrevistas p profissionais de saúde mental/ Cristiano N de Abreu (et al), – Porto Alegre, 2006; e *Nutrição em Psiquiatria*/ Taki A Cordas, Adriana T Kachani e cols-Porto Alegre: Artmed, 2010

Atua como psicóloga colaboradora do Gruda (Grupo de doenças Afetivas do HCFMUSP) de 2002 a 2004, e nas clínicas Unidade e Cesame.

Fabiana Maria Gama Pereira

Psicóloga e psicanalista, com formação no NUCEP (Centro de Estudios em Psicoanalisis Lacaniano. Instituto Del Campo Freudiano, filiada a Associação Mundial de Psicanálise), e no Centro de Psicoanalisis Aplicado (CPA), em Madri. Doutora e mestre pela Universidade Federal de Pernambuco e pela Universidade de Salamanca, na Espanha. Tem Pós-doutorado pela Universidade Federal de PE. Membro da CEPPAN e psicóloga colaboradora do PROATA (Núcleo de atendimento aos transtornos alimentares) da UNIFESP. Suas principais linhas de pesquisa são: corpo, transtornos da imagem corporal, transtornos alimentares, clínica da criança e do adolescente. É autora de artigos em livros e revistas nacionais e internacionais.

Fernanda Kallil

Antes advogada, Fernanda mudou o rumo de sua vida profissional, iniciando sua formação em Psicologia, concluída em 2005 pela Universidade Fumec, em Belo Horizonte/MG. Sempre interessada em Transtornos Alimentares e Psicanálise, realizou inúmeros cursos na CEPPAN (Clinica de Estudos e Pesquisas em Psicanálise da Anorexia e Bulimia) desde 2006 onde tornou-se membro colaborador da Instituição, a convite da fundadora Cybelle Weinberg. Especializou-se em Transtornos Alimentares e Obesidade pela Divisão de Psicologia do Instituto Central do Hospital das Clínicas da Faculdade de Medicina da USP em 2007. Em Belo Horizonte foi uma das pioneiras no tratamento psicológico e psicanalítico dos Transtornos Alimentares e Obesidade, tendo lecionado por 13 anos sobre o tema para psicólogos e nutricionistas em diversas instituições de ensino, como o Ciclo Ceap (Centro de estudos avançados em Psicologia), onde foi coordenadora e ministrante dos cursos "Transtornos Alimentares e obesidade", "Tratamento psicológico da Compulsão Alimentar"(São Paulo, Rio de Janeiro, Brasilia e BH), Faculdade Fead, Universidade Fumec e muitas outras instituições de ensino como professora convidada. Atua em consultório particular em Belo Horizonte, desde 2005, dedicando-se hoje exclusivamente aos atendimentos clínicos.

Gabriela Domingues Caetano Soares Maia

Psicanalista. Doutora e Mestre em Teoria Psicanalítica pela Universidade Federal do Rio de Janeiro (UFRJ). Bacharel em Filosofia pela Universidade Estadual de Campinas (UNICAMP). Foi membro associado do Instituto de Estudos da Complexidade (IEC-RJ) entre 2017 e 2022.

Gabriela Malzyner

Psicóloga e psicanalista, Mestre em psicologia clínica pela PUC-SP, Docente da formação em psicanálise do Cep-Sp, Coordenadora do núcleo de infância e adolescência do Cep- SP. Consultora do Centro de excelência e nutrição e dificuldades alimentares do Pensi-Sabará Hospital Infantil e Membro da Academy of eating disorders.

Ilana Tawil Schwartzman

Psicóloga pela Universidade Presbiteriana Mackenzie e psicanalista pelo Instituto Sedes Sapientiae. Possui Master em estudos psicanalíticos pela Birkbeck University of London. Aprimoramento em psicopatologia psicanalítica e clínica contemporânea pelo Instituto Sedes Sapientiae.
Fez parte do ambulatório SOMA no Instituto de Psiquiatria do HCFMUSP-IPQ de 2011 a 2018. Psicanalista credenciada da Gesto Psicanálise. Membro da equipe CEPPAN

Ivy Martinez

Psicanalista, supervisora clínica, psicóloga graduada pela Universidade Estadual Paulista Júlio de Mesquita Filho – UNESP. Mestre em Ciências pelo programa de Saúde da Criança e do Adolescente pela Faculdade de Ciências Médicas da Unicamp. Pesquisadora no Ambulatório de Crianças e Adolescentes Obesos do Hospital de Clínicas HC-Unicamp. Aspirante a membro do Departamento de Psicanálise do Instituto Sedes Sapientiae.

Jaqueline Pinto Cardoso

Psicanalista, formada em Psicologia em 2000 pela USP. Mestre em Psicologia Clínica (IPUSP) e tem Especialização em Psicologia Hospitalar em Instituição Pediátrica (ICR/HCFMUSP).
Foi Membro da CEPPAN de 2002 a 2012, participando como autora de capítulos da coleção Psicanálise de Transtornos Alimentares (vol. 1 e 2).
Participa do Ciranda – Núcleo de Psicanálise com a criança e o adolescente (NR Cereda São Paulo).
Atualmente atende em Consultório particular e no Centro Maiêutica de Psicologia, tendo como orientação teórico-clínica a psicanálise lacaniana.

Maria Helena Fernandes

Psicanalista, Doutora em Psicanálise e Psicopatologia pela Universidade de Paris VII, com pós-doutoramento pelo Departamento de Psiquiatria da UNIFESP, professora do Curso de Psicanálise e professora colaboradora do Curso de Psicossomática do Instituto Sedes Sapientiae em São Paulo. É membro dos Departamentos de Psicanálise e de Psicossomática do mesmo Instituto. É autora dos livros L'hypocondrie du rêve et le silence des organes: une clinique psychanalytique du somatique (Presses Universitaires du Septentrion, 1999), Corpo (Casa do Psicólogo, 2003) e Transtornos Alimentares: anorexia e bulimia (Casa do Psicólogo, 2006).

Marina J. Abud da Silva

Psicóloga, formada pelo Instituto de Psicologia da Universidade de São Paulo (IPUSP), especialista em psicologia hospitalar pelo Hospital das Clínicas da Faculdade de Medicina da Universidade de São Paulo (HCF-MUSP). Atua como psicóloga clínica desde 2018 em instituições de saúde e consultório particular.

Marina Fibe De Cicco

Psicóloga e mestre em Psicologia Clínica pelo Instituto de Psicologia da Universidade de São Paulo (USP). Psicanalista, membro do Departamento Formação em Psicanálise do Instituto Sedes Sapientiae. Tem formação em clínica pais-bebês e intervenção precoce pela Universidade de Columbia (Nova York). Atua também como docente e supervisora clínica. É autora do livro Muito corpo, poucas palavras: clínica dos casos-limite (Sá Editora: 2020).

Marina F. R. Ribeiro

Psicanalista, Profa. Dra. IPUSP, Profa. e orientadora de mestrado e doutorado no Programa de Pós-graduação em Psicologia Clínica do IPUSP; coordenadora do LiPSic (Laboratório Interinstitucional de Estudos da Intersubjetividade e Psicanálise Contemporânea). Autora de vários livros e artigos publicados em revistas nacionais e internacionais.

Marina Ramalho Miranda

Psicóloga e Psicanalista. Docente e Membro efetivo da Sociedade Brasileira de Psicanálise de São Paulo, da Federação Psicanalítica da América Latina (FEPAL) e da International Psychoanalytical Association (IPA). Mestre e Doutora pelo Núcleo de Psicanálise do Programa de estudos pós-graduados em Psicologia Clínica da PUCSP, com a tese intitulada "Anorexia Nervosa e Bulimia à luz da Psicanálise: a complexidade da relação mãe-filha". Especialista em Saúde Mental pela Faculdade de Saúde Pública da FMUSP. Supervisora clínica pelo Conselho Regional de Psicologia de São Paulo. Membro da COWAP (Women and Psychoanalysis Committee). Membro do Laboratório de Adolescência da SBPSP. Coordenadora de grupos de estudos em SP e no interior. Membro de Comissões Examinadoras de Dissertações e Teses cujos temas versam principalmente sobre os transtornos alimentares entre outros. Autora de artigos em revistas psicanalíticas e capítulos de livros sobre o tema.

Marta Rezende Cardoso

Psicanalista; Graduada em Psicologia pela PUC-Rio com Mestrado por essa mesma instituição. É Doutora em Psicanálise pela atual Universidade de Paris Cité (França), sob a orientação de Jean Laplanche. É Professora Titular do Instituto de Psicologia da Universidade Federal do Rio de Janeiro (UFRJ). É pesquisadora do CNPq e membro da Associação Universitária de Pesquisa em Psicopatologia Fundamental. Publicou alguns livros e vários artigos em periódicos e coletâneas.

Silvia Brasiliano

Graduação em Psicologia pela Pontifícia Universidade Católica de São Paulo (1979), especialista em Psicanálise Familiar pelo Instituto Sedes Sapientiae, doutorado em Ciências pela Faculdade de Medicina da Universidade de São Paulo (2005). Psicanalista. Coordenadora do Programa da Mulher Dependente Química (PROMUD) do Instituto de Psiquiatria do Hospital das Clínicas da Faculdade de Medicina da Universidade de São Paulo (IPq – HC – FMUSP). Autora de vários artigos, inúmeros capítulos e co-autora do livro: Como lidar com o alcoolismo: guia prático para familiares, professores e pacientes (Hogrefe, 2018).

Talita Azambuja

Psicóloga clínica, Membro Efetivo do Instituto Sedes Sapientiae. Psicanalista, Membro Associado da Sociedade Brasileira de Psicanálise, SBPSP- IPA.

Autora de capítulos de livros sobre Psicanálise e Transtornos Alimentares e outras publicações.

Thais Fonseca de Andrade

Psicóloga, Mestre em Ciências pela Faculdade de Filosofia, Ciências e Letras da Universidade de São Paulo – USP-RP, Especialista em Psicoterapia Psicanalítica pelo Instituto de Psicologia da Universidade de São Paulo-USP-SP e Membro Filiado ao Instituto de Psicanálise "Durval Marcondes" da Sociedade Brasileira de Psicanálise de São Paulo, SBPSP-IPA. Autora de capítulos de livros sobre Psicanálise e Transtornos Alimentares e outras publicações.

Sobre a CEPPAN

A Clínica Cybelle Weinberg de Estudos e Pesquisas em Psicanálise da Anorexia e Bulimia (CEPPAN) desenvolve, desde 2000, um projeto de pesquisa e atendimento em transtornos alimentares. Formada por um grupo de psicanalistas, oferece psicoterapia, supervisão clínica, grupos de estudos, cursos e palestras.

Atualmente a CEPPAN é coordenada por Ana Carolina Saraiva e Patricia Gipsztejn Jacobsohn. E conta em sua equipe com as psicanalistas:

Ana Tereza de Almeida Alonso, Carla Puglisi Cardoso, Christiane Baldin Adami-Lauand, Elisa Gan, Fabiana Gama Pereira, Gabriela Vargas, Heloísa Spadoni, Ilana Tawil Schwartzman, Jacqueline Sacon e Renata Arnoni.

www.redeceppan.com.br
Instagram: ceppan_clinica

Sobre a organizadora

Patricia Gipsztejn Jacobsohn

Psicóloga pela Universidade Presbiteriana Mackenzie. Psicanalista pelo Departamento Formação em Psicanálise do Instituto Sedes Sapientiae. Mestre em Psicologia Clínica pela Pontifícia Universidade Católica de São Paulo. Especialista em Psicoterapia Psicodinâmica da Pré-Adolescência e Adolescência pelo Instituto Sedes Sapientiae. Coordenadora da CEPPAN (Clínica Cybelle Weinberg de Estudos e Pesquisas em Psicanálise da Anorexia e Bulimia). Membro do Conselho Técnico da Astralbr (Associação Brasileira de Transtornos Alimentares).

Equipe editorial: Lourdes Magalhães, Larissa Caldin e Manu Dourado
Preparação: Fabricia Carpinelli
Revisão: Letícia Bergamini
Diagramação: Manu Dourado
Capa: Larissa Caldin

Dados Internacionais de Catalogação na Publicação (CIP)
Angélica Ilacqua CRB-8/7057

Psicanálise de transtornos alimentares III / organização de Patricia Gipsztejn Jacobsohn ; CEPPAN. -- São Paulo : Primavera Editorial, 2022.
352 p.

ISBN 978-85-5578-113-1

1. Alimentação – Aspectos psicológicos 2. Alimentação – transtornos 3. Anorexia 4. Bulimia 5. Psicanálise I. Jacobsohn, Patricia Gipsztejn II. CEPPAN

22-1569 CDD 616.8526

Índices para catálogo sistemático:
1. Alimentação – Aspectos psicológicos

PRIMAVERA
EDITORIAL
Av. Queiroz Filho, 1560 – Torre Gaivota – Sala 109
05319-000 – São Paulo – SP
Telefone: (55 11) 3034-3925
(55 11) 99197-3552
www.primaveraeditorial.com
contato@primaveraeditorial.com